マテリアル・ガールズ
フェミニズムにとって現実はなぜ重要か

キャスリン・ストック　中里見博 訳

MATERIAL GIRLS
Why Reality Matters for Feminism

慶應義塾大学出版会

日本語版への序文

二〇二一年末に『マテリアル・ガールズ』の英国版ペーパーバックの序文を書いて以来、この国の政策状況には重要な変化があった。ある意味でイギリスは、トランス活動家のアジェンダが主要な公的機関や組織を支配するようになると何が起こりうるかについてのテストケースとして見ることができるかもしれない。というのは、二〇一五年から二〇二一年ころまで、間違いなくそれがイギリスで起こったからだ。イギリスの経験が示唆していることで勇気づけられるのは、情報が比較的自由に行き交うことが許される民主主義社会では、最終的にはトランス活動家のレトリックや政策に対する一般市民や専門家の抵抗が生じるということだ。トランス活動家の運動の成功の多くは、具体的に何が要求されているのか、ほかに何が問題になっているのか、だれが影響を受けるのかを人びとが正しく理解していないことに依拠しているからだ。だがいまや、公共政策において生物学的性別に関する客観的事実よりもジェンダーアイデンティティに関する内面的感情を優先させると、弱い立場にあるグループにとって望ましくない結果を招くことが多いということを、人びとが徐々に理解し始めている。

大きな進展があった分野の一つは、ジェンダーアイデンティティの混乱やジェンダー違和を持つ子どもや思春期の若者が、社会的・薬学的にジェンダー移行することに対する医療専門家の態度である。最近まで、イギリスの国民保健サービス（NHS）の小児科医と心理学者は、ジェンダーに関連する医療を通常の小児科診療の例外として分類していたようである。ジェンダー違和のある子どもや若者の治療は、「ジェンダー肯定」〔本人のジェンダーアイデンティティを他人および社会が肯定し、それを尊重・実現する措置をとるべきとする考え」を信奉するイデオローグや活動家の臨床医の手に委ねられていた。かれらは、混乱し傷つきやすい若者たちの、性別と一致しないジェンダーアイデンティティを自動的に肯定し、人生を左右する薬物療法をしばしば長期化させた。しかし、国民保健サービスのジェンダーアイデンティティ発達サービスで、子どもや若者の治療を担当しているにもかかわらず、一連の不祥事（適切な記録やフォローアップの欠如、信頼できる実験的証拠がほとんどない薬物の使用など）が明るみに出て、独立機関による調査が依頼され、二〇二二年にサービスの閉鎖が勧告された。

それに代わって新設された若者向けサービスでは、ジェンダー肯定は公式のアプローチとしては廃止された。そして、「思春期ブロッカー」（性別とジェンダーアイデンティティの不一致を訴える身体的に健康な子どもたちの思春期の発現を阻止する強力な薬）は、臨床試験を除いて禁止された。初めて、政治的なスローガンではなく、適切なエビデンスに基づく医療手順がこの分野の医学に適用されることになった。同様に、二〇二三年、教育省は学校向けの指針を作成し、教師は学校で、保護者に無断で子どもたちの性別と一致しないジェンダーアイデンティティを肯定してはならないこと、また肯定せねばならないという教師に対する当然の期待もまったくないことを定めた。このように医療と教育の両面で、発達段階にある子どもや十代にとってジェンダー肯定は、犠牲を伴わない行為でも、無害な行為でもないことが広く認識されるようになった。

また、男性から性的襲撃を受けやすい場所、性的暴力から回復するために必要な場所には、女性のための男女別スペースを確保することが重要であるとの社会の理解も高まっている。二〇二三年にスコットランドで話題になった事件として、性別の法的変更も外科的手術も受けていない男性レイプ犯「アイラ・ブライソン」が当初、拘留中に女子刑務所に収容されたことがあった。世論の反発はスコットランド政府を大いに困惑させ、政府は刑務所政策の緊急見直しに着手した。現在、保守党と労働党の二大政党は、女性や少女が服を脱ぎ、シャワーを浴び、眠ることができる純粋な男女別スペースの維持（というより返還）に尽力しているようだ。いまやレイプ被害者シェルターやＤＶシェルターもまた、少なくとも理論上は、男性（どのようなジェンダーを自認していようと）を排除することが許される場所である。

しかし、良識が完全に回復するまでには、まだかなりの道のりがある。実際には、「トランスフォビア」という非難がいまだに一般的であるため、女性を自認する男性を女性向けサービスから排除することに、サービス提供者は非常に神経質になっていることが多い。プロやアマチュアの女子スポーツの多くでは、女性のジェンダーアイデンティティを持つと主張する男性がいまだに競技に参加しており、女子選手に対して生まれつき不公平な身体的優位性を持ち、時にはその身体的大きさや強さによって競技相手の安全を脅かしている。「性別は変更できない」とか「ジェンダーアイデンティティが女性だからといって、文字どおり女性になれるわけではない」と声高に主張することを、人びとはいまだにためらうことが多い。なぜなら、そのようなことを言ったり書いたりすると、職を失ったり、ひどい場合には警察に逮捕されることさえあるからだ。大学の研究者がトランス運動を公然と批判したり、嫌がらせを受けずに研究成果を発表したりすることは、いまだに難しい。ＬＧＢＴ＋のサークルでは、ゲイの男性やレズビアンはいまだに自分たちの性的指向を、特定の生物学的性別に魅かれるのではなく、両性が潜在的に持っているジェンダーアイデンティティに向けられたものだと考えるよう圧力をかけられている。そしてその結果、苦悩や混乱、怒りが生じている。

残念ながら、国際的な状況はさらに悪い。欧州連合（ＥＵ）、アメリカ、カナダ、オーストラリア、インド、ニュージーランド、そして疑いなくほかの国々でも、トランス活動家のスローガンと政策はますます定着しつつある。ほとんどの国では、中心的な問題に対する国民の理解度は、イギリスで実現されているようなレベルにはまだ達していない。多くの政治家、教育者、医療関係者はいまだに、トランス活動家の要求を推進することを、ほかのいかなる集団にも有害な影響を与えることのない、一つの小さな集団の人びとのために社会正義を前進させる単純な問題だと考えている。

これ以上の間違いはないだろう。本書はその理由を説明する。

イングランド、二〇二四年二月

マテリアル・ガールズ　目次

凡例

- 本書の底本は以下のとおり。Kathleen Stock, *Material Girls: Why Reality Matters for Women*, Fleet, 2021.
- 著書本人から、本書のために「日本語版への序文」を寄せていただいた。
- 読者の便宜を考えて、小見出しを変えたり、改行箇所を若干増やしたりした。
- 原著にあったケアレスミスは、特に断ることなく適宜修正した。
- 引用で既訳のあるものについては、できるだけ参照したが、訳文は必ずしも既訳どおりではない。
- 本文中の［　］は著者による補足、〔　〕は訳者による補足説明である。

序章

本書は、「性別（セックス）」について、そして「ジェンダー」として知られる謎めいたものについての本である。二一世紀の最初の四半世紀に（まったく予期せぬことだったが）「ジェンダーアイデンティティ」と呼ばれるものに関する哲学的理論が、いかにして人びとの意識を捉え、イギリスや国際機関に強い影響を与え、抗議や暴力さえ引き起こしたかについて書かれている。

二〇〇四年、イギリス政府は「ジェンダー承認法（Gender Recognition Act）」という新しい法律を導入した。これにより、トランスの人たちは「ジェンダー承認証明書」を取得し、自分の希望に沿って、公式の法律用語で「獲得したジェンダー」と呼ばれるものを手に入れることができるようになった。二〇〇四年当時、イギリスでは、約二〇〇〇〜五〇〇〇人のトランスがいると推定されていた。[1] 当時のトランスの一般的なイメージは、主に「医学的にジェンダー移行した」大人の「トランス女性」、「男性から女性へのトランスセクシュアル」であった。具体的には、外見の多くの側面を変えるために長期間にわたって女性ホルモンを投与した成人の男性であり、出生時の生殖器官の形を変える「性別適合」手術も受けた人であった。ジェンダー承認法は、何よりトランスセクシュアルの人が出生時の性別ではなく、希望する性別を記録した出生証明書を再発行できるようにするために制定されたものである。そうすることで、トランスセクシュアルは詐称者の疑いから身を守ることができたし、戸惑いや屈辱を感じるような状況で自分の出生時の性別を無理やり暴露されるのを避けることもできた。ジェンダー承認証明書を取得するためには、申請者は手術やホルモン治療を受ける必要はないが、二年間希望のジェンダーで生活し、移行に真剣であることを証明しなければならない。また、「ジェンダー違和」として知られる心理状態、つまり自分の出生時の性別を持つ身体に対して、心身を消耗させるほど深刻な不安感があることの公式診断も必要である。

その六年後の二〇一〇年、「ジェンダー再適合」は「平等法」〔職場や社会一般における差別から市民を保護する法律で、それまでのいくつかの差別禁止法を単一の法律に置き換え保護を強化した〕によって保護される特性として正式に位置づけられた。これによって、ジェンダー再適合を理由にだれかを差別することは違法となった。保護対象となるためには、正式なジェンダー承認証明書は必要ない。その代わり、以下の要件を満たせば、この法律の条項のもとで保護される。すなわち、「性別の再適合を目的として、性別の生理的ないしそのほかの属性を変更するプロセス（またはその一部）に入ることを申し出ている場合、そのプロセスの最中である場合、またはそのプロセスを完了している場合」である。政府の法案説明書では、〔ジェンダー再適合の〕このかなり不透明な定義はさらに、「ある人が自分の性別を変更するプロセスを提案、開始、または完了した」状況と説明されている。(2)

本書を執筆している二〇二〇年時点で、ジェンダー承認法の導入から一六年、平等法の導入から一〇年が経ったが、その間に実際の状況はいくつかの大きな点で変化した。最も明らかなのは、イギリスにおけるトランスの人数が急増したことである。ＬＧＢＴの運動団体、ストーンウォールによると、「最良の推定値」は「約六〇万人」である。[3] 二〇一八年、政府はこの数字をやや低く、より慎重に「二〇万～五〇万人」としたうえで、二〇〇四年以降、ジェンダー承認証明書を受け取ったのはこのうち約五〇〇〇人にすぎないと指摘した。[4]

人数の増加とともに、トランスに対する世間のイメージも激変している。一つは、実際の割合はまだわからないが、トランス人口のなかに、自分を「トランス男性」または「ノンバイナリー」（男性でも女性でもない、あるいはその両方）とみなす女性が相当数含まれるようになったことだ。もう一つは、トランス人口がもはや大人だけではなくなったことだ。この二つの変化は、子ども向けのジェンダークリニックにおいて、女児の患者数が男児の患者数を追い抜いたという事実にも反映されている。二〇一〇年に、国民保健サービス（ＮＨＳ）の児童向け「ジェンダーアイデンティティ発達サービス（ＧＩＤＳ）」に紹介されたのは男児四〇人、女児三二人だったが、二〇一九年には男児六二四人に対して女児は一七四〇人に増加した。二〇一八～一九年にＧＩＤＳが診察した最年少の患者は三歳だった。[5]

二〇一一年、ＧＩＤＳの医師は「思春期ブロッカー」と呼ばれる薬の投与を開始した。思春期と、それが通常もたらす身体的変化を遅らせるために、クリニックで一部の患者に処方している。[6] 臨床医はほかの症状に対してこれらの薬を処方することは認可されているが、ジェンダー違和を持つ子どもや青年に使用することは認可されていない（保健リサーチ機構によると、とくに小児医療では「臨床から学んだ未認可の薬を使用するのは一般的」だという[7]）。

思春期ブロッカーを投与された多くの若い患者は、その後、成人年齢に達したときに異性ホルモン投与に進み、時には手術にも踏み切ることがあるというエビデンスがある。しかし、最近ではトランスの人たちの全員が医学的に移行するわけではなくなっている。この点が、トランスに対する二〇〇四年段階のステレオタイプがいまや時代遅れになっているもう一つの側面である。二〇一九年のアメリカの研究によると、外性器の手術の「普及率は『トランス男性』〔つまり身体的には女性〕の約二五～五〇パーセント、『トランス女性』〔つまり身体的には男性〕の五～一一パーセント」である。[8] イギリスの数字はわからないが、多くのトランスが手術を希望していないことは明らかである。耳にする範囲では、かなりの割合のトランスがホルモン剤も投与していないようだ。医療関係者の多くはいまだにトランスであることを障害と考え、ジェンダー違和という病態と結びつけて、薬や手術で治療するものと考えている。だが、いまや多くのトランスはこの考えを拒否しており、あわせてトランスには医学的な診断や介入が必要であるという含意も拒否している。

トランスの人口が増えるにつれて、その政治的発言力が強くなっている。トランスの政治的利益が、初めて一般の人びとの意識の前面に位置するようになった。イギリスの著名なトランス運動団体、ストーンウォール、マーメイド、スコットランド・トランスアライアンス、ジェンダード・インテリジェンス、GIRES、プレス・フォー・チェンジ、オールアバウト・トランスなどは、多くの新しい施策に対して協調して効果的に働きかけ、一定の成功を収めてきた。ロビー活動の直接的な成果として、二〇一五年以来イングランドとスコットランドの主要政党が、ジェンダー承認法の改正案を支持してきたことがある。その改正案は、ジェンダー違和の医学的診断と、事前に二年間「獲得したジェンダー」で生活していたことの証明という二つの要件を削除し、ジェンダー承認証明書の取得要件を「自認」つまり「セルフＩＤ」〔自認だけで法律上の性別を変更すること〕の問題にするものだ。改正案の新たな条件のもとでは、ジェンダー承認証明書の取得、したがって出生証明書の変更は、純粋に行政手続上のものとなり、かなり短時間で完了する事柄になるであろう。この提案に最初は熱心だった保守党は後に賛同を撤回したが、労働党、自由民主党、スコットランド国民党はいずれもまだ公式に支持しており、二〇一九年の総選挙における各党のマニフェストにも盛り込まれた。仮に労働党が政権に返り咲いた場合、この法改正の実施を目指すと考えるのが妥当だろう。本書の執筆中にも、「女性と平等特別委員会」は、法案に賛同する立場からジェンダー承認制度改革の問題を再び検討しているようだ。

ジェンダー承認制度の改革に向けたロビー活動が集中的に始まったきっかけは、トランス活動家の考えのなかで「ジェンダーアイデンティティ」と呼ばれるものの重要性が新たに認識されたことである。それに関する理論によれば、人をトランスにするのはジェンダー再適合のプロセスではなく、ストーンウォールが言うように、「自分のジェンダーに対する本人の生得的な感覚である。その感覚は、出生時に割り当てられた性別と一致することもあれば一致しないこともある。このことは、男性であれ女性であれ、あるいはほかの何であれ変わらない[9]」。つまり内面の感情である。性別ではなくジェンダーアイデンティティこそが、人を男性、女性、あるいはノンバイナリーにすると考えられている。自分が望む代名詞もジェンダーアイデンティティによって決まる。つまり自分が「彼女」「彼」または（ノンバイナリーの場合の）「かれら」のいずれで呼ばれたいかが決まる。法改正に賛成の学者たちのなかには、そもそも物質的には人間に二元的な性別など存在しないのだ、と付け加える者もいる。学校や大学の教員たちは現在、生得的なジェンダーアイデンティティと、性別は「出生時に割り当てられる」ことを生徒や学生に教えるよう、トランス運動団体から助言されている。

トランス運動団体は、少なくともこの五年間、ジェンダー承認証明書の取得要件に関する改正案と並行して、平等法によって保護される特性を「ジェンダー再適合」から「ジェンダーアイデンティティ」に改正するよう政府に働きかけてきた。また、平等法から一定の適用除外を撤廃することも迫っている。

それは、特定の状況下では性別に基づく区別は差別にならないとするもので、トランスの人びとを特定の性別に限られた男女別スペースから〔たとえば「トランス女性」を女性専用スペースから〕排除する可能性があるからだ。[10] それと同時に、こうした運動団体の一部（最も顕著にはストーンウォール）は、平等法の現行の適用除外のあり方は不適切だから、インクルーシブであるためには、公共施設や社会資源を提供する通常のほとんどのケースでは適用除外を認めるべきでないと、さまざまな機関や団体に助言している。これに全国の施設や社会資源の担当者の多くが耳を傾けた。その結果いまや複数の全国的な機関の女性専用施設――たとえば更衣室、ホステルの寮、公衆トイレ、寝台列車、学校施設、学生寮、レイプ被害者支援センター、DVシェルターなど――の運営方針が、男性であれ女性であれ、自分は女性だと自認するすべての人の利用を認めるものに明確に変更された。男性専用施設でも、男性であるとの自認を理由にして同様の方針が適用されるようになった。また、「ジェンダーニュートラル」（古い言い方ではユニセックス）な施設も大幅に増えている。

この変化の驚くべき結果の一つは、二〇一六年以降、「トランス女性」（なかにはジェンダー承認証明書を取得していない者もいる）が、女子刑務所内で女性受刑者と一緒に収容されるようになったことだ。また、驚くべきことに、一部のアマチュアやプロのスポーツ競技において、「トランス女性」が女子選手と一緒に競技するようになった。一方で、もともと職場や社会生活における女性の機会均等を確立するために設けられた社会資源（たとえば、女性向けの研修やメンタリングの機会、選抜候補者リストや表彰など）は、いまや女性と自認する人ならたいていだれでも明確に受け入れるようになっている。データ収集においても、ジェンダーアイデンティティが性別に取って代わろうとしている。たとえば、一部の学者からの抗議やイングランドでの同様の計画に対する躊躇にもかかわらず、本書執筆時点で、スコットランドと北アイルランドの国勢調査当局は、二〇二一年の国勢調査の回答者に対して、性別に関する質問についてはジェンダーアイデンティティに関する質問と捉えて回答してもよいと指示する予定である。[11] 多くの有力な国家機関の共通の同意により、いまやジェンダーアイデンティティが、どのような公共スペースに入ることができるか、どのような社会資源を利用できるか、データ収集の目的のために人がどのように分類されるべきかを決定するのである。

それと同時に、生物学上の性別について公的に言及することが大幅に減少している。政治家や役人などの公人から、「トランス女性は女性であり、トランス男性は男性である」と言われ、それについて「議論すべきではない」と言われることが当たり前になった。トランスでない人もトランスの人も、電子メールの署名やSNSのプロフィール欄で、自分のジェンダーアイデンティティを示す代名詞を明示することが例外的なことではなくなっている。職場によっては、トランスの同僚社員の性別を尋ねたり、コメントしたりすることが、公式の人事方針で「トランスフォビア」に該当するとされる危険性がある。ジェンダーアイデンティティを支持し、性別を遠ざける傾向は、公衆衛生上のコミュニケーションにも及んでおり、いくつかの国の医療機関は、女性や女児と呼ばず、「月経のある人」や「子宮頸部のある人」という呼び方をするようになった。

このような社会的機関や社会で使われる言葉の変化は急速であり、一部の人びとに大きな動揺を招いている。世代間格差も生まれている。多くの若い人たちは、進歩の名のもとにこの変化を歓迎し、反対意見をトランスの人たちに対する社会の憎しみの大きさとして捉えている。年配の女性の多くは、このプロセスで実質的な発言権を持たないまま、急速に消えていくようにみえるものに不安を感じたり、完全にパニックに陥ったりしている。主流のフェミニストグループは、この問題に関与しないか、トランス活動家の要求を無抵抗に受け入れるかのどちらかである。その一方で、草の根の女性グループが設立され、提案された変更に対抗する最善の方法を議論してきた。ところがそうした集りに対して、若いトランス活動家たちは、メガホン、発煙筒、落書き、そしてある時は爆破予告で抗議した。[12] 女性参加者は、至近距離から怒鳴られ、水をかけられ、突き飛ばされ、その場に入るのを阻まれたりした。私もそうされた一人だからよく知っている。

私がこれを書いている二〇二〇年、世間での騒動は世界的なものになった。J・K・ローリング（『ハリー・ポッター』シリーズの著者）が、トランス活動家の要求を議論する際に、女性や少女の利益に配慮すべきだと主張するブログ記事を書いた後、激しい反発を受けたのである。[13] 世界中から「トランスフォビア」という非難が殺到し、それはしばしば脅迫や侮辱を伴っていた。ダニエル・ラドクリフやエマ・ワトソンなど、ローリングの本の映画で有名になったスターたちは、ローリングと距離を置き、「トランス女性は女性」というスローガンを繰り返すことに躍起になった。[14] ローリングの本を出す出版社の社員たちは、ローリングの最新作には携わらないと断言した。[15] 世間の注目は、かつてないほどこの対立に集まっている。

ジェンダーアイデンティティが台頭した背景には、もともとアカデミズムから生じた考え方がある。私も大学教員で、イギリスの大学の哲学科に勤めている。研究歴の大半を、フィクションとイマジネーションに関する問題の探究に費やしてきたのだが、フェミニズム哲学の分野でも時々論文を発表してきた。フィクションとフェミニズムという二つの専門分野は、トランス活動家の主張に関する議論と大いに関係がある。それでも、私が最近、性別とジェンダーに専門的な関心を向けているにもかかわらず、この分野ではほとんど部外者だとみなされていることは記しておく価値がある。ここ数年、公の場でこのテーマについて書いたり話したりしており、学術論文も執筆しているが、私はジェンダー研究の学科に勤めているわけでも、クィア理論やトランス研究の分野で仕事をしているわけでもない。私自身はトランスではない。私はフェミニズム哲学の専門家でさえない（少なくとも以前はそれが自分の専門だとは思っていなかった）。

つまり、すでにその分野で活躍している学者たちの多くは、私にはその「資格がない」と考える。私が雑誌にオピニオン記事を書いたり、テレビで話したりすると、目を丸くされるのを感じる。私は的外れで、知的に洗練されていない田舎者であり、かれらがとっくに片づけてしまったような古い間違った考え方をしているとみなされるのである。「彼女は文献を読んだことがないのか？」「どうしてそんなに世間知らずなんだ」などと言われる。また、よくある反応として、私は藁人形論法〔筋違った反論、論点をすり替えた議論〕をしているに違いない、学者たちはかれらが考えていると私が考えているようなことを実際は考えていないのだ、と言われる。「性別とジェンダーの区別がないと思っている人などいないよ、キャスリン」と私は言われるが、そう言う人たちの多くは、私に次のように言う学者たちと同一の人物なのだ――たとえ性別が持つさまざまな影響を議論するという目的であっても、「トランス女性」は生物学的には男性であることに一般論として言及することはトランスフォビアだ、と。あるいは、そもそもからして私はトランスフォビアであり――私の意図するところが何であれ――私の言うことに耳を傾けるべきではない、と攻撃されることもある。

けれども、この分野での私の部外者としての地位には、多くの利点もある。私のみるかぎり、セックスやジェンダーの問題を扱う分野では、知識の生産に関する標準的な学問的規範が守られることが少ない。この分野全体が、受け入れがたいほど政治的になっている。論文や書籍というのは一定の意見を述べたり、誤りをおかす可能性があったり、近視眼的な議論であったりするものだが、特定の論文や書籍がまるで聖典のように扱われている。トランス作家のアンドレア・ロング・チュウが言うように、その結果は「陳腐な敬虔さ」と「何か教会のようなもの」である。[16] 疑問や批判を抱いても差し支えない小さな事柄もあれば、否定するとトランスフォビアとされる根本的な正統学説もある。エビデンスや事実は、トランスジェンダーの政治的大義と考えられているものに役立つときにのみ重要だとみなされる。時々（あるいはまれに）現れる哲学的な批評——とりわけトランスでない学者によるもの——は、トランスの人びとに対する実際的な攻撃に等しいものとして扱われるのがつねであり、トランスの人びとについての見解に対する批評としては、あるいはトランス活動家の政治的主張に対する批評としては扱われない。哲学的な批評は、冷静に取り組む価値はなく、強い道徳的な非難と抑圧によってのみ対処されるべきであると考えられている。そのような判断は、アカデミックマネージャー〔学科長と協力して、学科運営方針を実行し、教員や学生の研究を支援する指導的管理職〕、ジャーナル編集者や論文査読者を通じて上層部から下りてきて、現場で大きな争いにならずに、異論が「文献」に載らないようにする。さらに悪いのは、そのような判断により、そもそも何らかの真面目な異論が学問分野にほとんど入ってこなくなることだ。

　このような息苦しい状況のなかで、私は間違いなく異端者に分類される。それで大いに結構だ。私は「教会」に行くために哲学の専門家になったわけではないのだから。先ほど引用した論考で、アンドレア・ロング・チュウはトランス研究を専門にする多くの学者が内心では「戦いを求めてうずうずしている」とも表現している。私は、ここで知的な戦いを提供できることに、この上ない喜びを感じている。私がそうするのは、学問的な厳密さのためでもあるし、これから述べるように、ジェンダーアイデンティティに基づく政策によって人生に悪影響を受ける女性や少女たちのためでもある。さらに、ジェンダーアイデンティティの名のもとに、あるいは自分たちの名のもとになされる政治的要求に反対しているにもかかわらず、いつも無視されている多くのトランスの人びとを代弁してそうするのである。彼ら／彼女らは、恐怖から解放された生活を送る権利がある。自分たちを差別と暴力から適切に守る法律と政策を持つ権利がある。しかし、これから私が主張するように、ジェンダーアイデンティティを軸とした法律や政策は、そのための正しい路線ではない。

代名詞についての注意書き　本書では、トランスの人たちが希望する代名詞を使い、彼ら／彼女らの性別ではなくジェンダーアイデンティティを理解できるようにした。この選択に至った経緯とその意味合いについては、第6章（「私自身の代名詞の使い方」）で述べる。同時に私は、ほかの人が異なる選択をする権利も擁護する。

第1章　ジェンダーアイデンティティの簡潔な歴史

本書でさまざまな角度から検証することになる、現代のトランス運動の四つの公理を紹介しよう。

①すべての人は、ジェンダーアイデンティティという重要な内面状態を持っている。

②一部の人は、内面のジェンダーアイデンティティと、医師によって出生時に割り当てられた生物学上の性別（生物学的に男性［male］または女性［female］であること）とが一致しない。これが、トランスの人たちである。

③生物学上の性別ではなく、ジェンダーアイデンティティが、人を男性（man）または女性（woman）（またはそのどちらでもないもの）にする。

④トランスジェンダーの存在は、生物学的性別ではなくジェンダーアイデンティティを承認し、法的に保護すべき道徳的義務を、すべての人に生じさせる。

意外に思われるかもしれないが、これらは哲学的な主張とみなすことができる。哲学というと、堅い本を読み、小難しい言葉を使い、捉えどころのない議論を延々とするといったイメージがある。学問的な側面からみれば、それはあながち間違いではなかろう。しかし、私たちの多くは日々、哲学的な思考をしている。なぜ自分が一〇年前の自分と同じ人間であると言えるのか、飼い猫に心はあるのか、それはどんなものか、昨夜ビールを八杯飲んだ後の自分の行動に厳密に言って責任はあるのか、自分がいまマトリックス〔一九九九年のアメリカ映画『マトリックス』で描かれた仮想世界〕のなかにいないことをどうやって確認できるのか――このようなことを考えるとき、あなたは哲学をしていることになる。また、社会にとってどのような仕組みの組織が最適か、そこで人びとにどのような権利や保護が与えられるべきかを考えようとするときにも哲学をしていることになる。

先に挙げた四つの公理を端的に表わすために、私はそれらを「ジェンダーアイデンティティ理論」と呼ぶことにする。私は、ジェンダーアイデンティティ理論に批判的だが、トランスの人びとに対しては批判的ではない。むしろ親しみと尊敬の念を抱いている。ある哲学的な立場を批判する場合、まずその立場をかなり中立的に表現することから始めるとよいだろう。偏見なく、その支持者がするように説明することを心がけるべきだ。そうすることで、見かけ倒しの勝利に安易に頼ることがなくなる。そこで、ジェンダーアイデンティティ理論が急速に知的発展を遂げた八つの重要な局面を挙げ、今日私たちが遭遇している、広く普及した影響力ある文化現象の、簡潔ではあるが有益な歴史について紹介したいと思う。

局面1　ボーヴォワールが「人は女に生まれるのではない、女になるのだ」と言った

フランスの実存主義者でフェミニストのシモーヌ・ド・ボーヴォワールは、一九四九年に出版した『第二の性』〔第二巻〕の冒頭で、心に響くこのフレーズを書いた〔中島公子ほか訳『決定版　第二の性Ⅱ　体験』新潮社、一九九七年、一二頁〕。ボーヴォワールの研究者であるセリーヌ・ルブーフはこう言っている。「フェミニズム理論の著作では、冒頭でこの一節を唱えることは、〔礼儀として〕教会の家族用の会衆席に着く際にお辞儀をすることに相当する」[1]。二〇世紀の最後の四半世紀以降、ボーヴォワールの有名なフレーズは、「女であること」と「生物学的に女に生まれること」とは同じではないという考えを伝えるために、熱心に取り上げられるようになった。

　ボーヴォワールは『第二の性』のなかで、女性と男性の社会的な扱われ方の違いを指摘することに多くの紙幅を割いている。生物学的な幼女から少女へ、さらに大人の女性へと育つ過程で、女性はどのように振る舞い、考え、感じるべきかということに関するイメージやステレオタイプにますますさらされることを明らかにした。少女と女性は「女らしさ（フェミニティ）」と呼ばれるものにさらされるのである。ボーヴォワールは、女らしさの文化的表象のほとんどが男性によって形成され、その大部分が男性の利益になっていると主張した。女性は、男性が望むもの、必要とするもの、無意識に恐れるもの、渇望するもの、憎むもののすべてになることを期待されている。女性は、人間世界の中心人物である男性との関係において、「他者」なのだ。そのことを立証するために、ボーヴォワールは、男性たちの意識を通して構築された「女性性（ウーマンフッド）」の歴史上普遍的なイメージや神話について記述した。豊穣な大地なる母、貞淑な聖母、

淫らな娼婦、魅惑的な妖精、恐ろしい姥（うば）。ボーヴォワールはこう書いている。「処女、母、妻、姉妹、召使い、愛人、男を寄せ付けない貞淑な女、にこやかなオダリスク〔女奴隷〕など、男性の気まぐれな憧れを包括することのできる女性像など［……］存在しない」[2]。言い換えれば、女らしさをめぐる期待は矛盾しているのだ。女性は、優しく、家庭的で、従順で、慎み深く、無私で、責任感があることを期待されているが、同時に、刺激的で、性的に利用可能で、「軽薄で、幼稚で、無責任」であることや、そのほかの矛盾したものであることも期待されている[3]。

一九六〇年代、七〇年代、そして八〇年代に、ボーヴォワールの影響もあって、いわゆる「第二波」フェミニストたち（その一部は大学に新設された女性学の学科に所属していた）が、男女それぞれが直面する期待、ステレオタイプ、別々の規範の束として理解される「女らしさ」と「男らしさ（マスキュリニティ）」にとくに関心を持つようになった。第二波フェミニストたちは、そのように理解された女らしさと男らしさに、「ジェンダー」という特別な名前を与えた。多くのフェミニストにとって、（この意味での）ジェンダーを、女性と男性に関する生物学的な一般論に基づかない、純粋に社会的なものとして考えることが重要であった。生物学的な「性別」と社会的な「ジェンダー」という概念的な区別が生み出された。一九七二年、イギリスのフェミニスト社会学者アン・オークレーは次のように書いている。「『性別』とは、男性と女性の間の生物学的差異を指す言葉である。それは目に見える外性器の違いであり、それと関連する生殖機能の違いである。しかし、『ジェンダー』は文化の問題である。それは『男らしさ』と『女らしさ』という社会的分類を指している」[4]。

その数十年後、一部のフェミニストは、この区別を越えて、よりラディカルな立場へと移行した。その論者たちは、賛意を込めてボーヴォワールを次のように解釈し始めた——ボーヴォワールは、「女性性」それ自体が本質的に社会的なものであり、生物学的なものではないと言ったのだ、と。つまり、「女性性」において問題となるのは、生物学的に女性であることではなく、女らしさという制限的な社会的期待、ステレオタイプや規範が女性に投影されること、そしておそらく女性がそれを内面化することなのだ、と。これらの論者は、女性と少女を、定義上、女らしい「社会的役割」を投影された人びとの集合体であると考えた。それに付け加えれば、女性ほどは言及されないが、男性と少年は、男らしい「社会的役割」を持つ人びとの集合体に違いないとされた。すなわち、たくましく、頭脳明晰で、決断力があり、競争的で、感情的でなく、荒々しいなど、社会が男性に投影する男らしさの独特の期待である。

この見解の帰結として、（少なくとも潜在的には）女であることは生物学的に女性であることを必要とせず、男であることは生物学的に男性であることを必要としないとなるように見える。男性が、自分自身に女らしい社会的役割を系統的に投影するかぎりにおいて、彼は（むしろおそらく彼女は）女性になることができる。したがって、「トランス女性」がほかの女性と同じように女らしい社会的役割を担うかぎり、「トランス女性」が文字どおり女性とみなされる可能性が開かれるわけである。

ボーヴォワールが実際に、「女であること」と生物学的に女性であることを概念的に区別しようとしたかどうかは、議論の余地がある。私はボーヴォワールにそういう意図があったとは思わない。しかし、女らしい社会的役割を担うことが「女であること」である、という考え方は、多くのフェミニストにとって天の恵みのように受け取られた。その理由は、「トランス女性」を女性として受け入れる理論を生み出すことが直接の目的だったからではない。むしろもっと自己本位な理由であり、「生物学的決定論」として知られるものの亡霊から逃れるためであった。フェミニストたちは、女性の性格や行動、人生の選択肢が女性の生物学的構図によって決まり、女性を専門職や知的生活よりも家庭生活に当然適しているとみなす、歴史的に根強い考えから逃れたいと考えていた。生物学的決定論の考え方は、一部の伝統主義者によって、女性の役割が家庭的、母性的、従順なものなどに比較的限定されていることを正当化するために使われてきたし、現在でも使われている。生物学的決定論という制限的な考えを打ち破る一見巧妙な方法は、次のように主張することのように思われた。女であることは、つまるところ生物学的に女性であることと必ずしも同じではないのだから、女性に関する生物学が、女性の社会的なあり方に関する重要なことを決定するわけがない、と。一九八一年にフランスのフェミニスト、モニク・ウィティグは次のように述べた。「女性と男性の間に『自然な』違いがあると認めることで、[……]私たち女性は自分たちの抑圧を示す社会現象を自分のものとして受け入れ、変革を不可能にしてしまう[5]」。それなら、自然な違いを完全に取り除いてしまうのが最善だと考えられたのだ。哲学者であり、後にジェンダー研究の権威(グル)となるジュディス・バトラーは一九八六年に次のように書いた。「性別とジェンダーの区別は、解剖学が運命であるという主張を否定する長年のフェミニストの努力にとって決定的に重要だった[……]。両者が区別されたことにより、女性の価値や社会的な機能を生物学的必然に帰すことはもはや不可能になったのだ[6]」。

だがこれは、議論の戦略としては大胆なものだった。小惑星が地球に衝突することはないと主張するために、「地球」という言葉を「小惑星に衝突することができないもの」と再定義することと似ているところがある。そのような主張によって、伝統的な性差別主義者が職場や大学、会員制クラブから女性を排除することを正当化できなくなったかどうかは、はっきりしない。だが、「トランス女性」を文字どおり女性とみなすことができるという考え方に、概念的な余地が開き始めたことは確かである。

局面2　マネーとストーラーが「ジェンダーアイデンティティ」概念を導入した

一九六〇年代、フェミニストが性別と「ジェンダー」とは別物であると主張し始めたころ、臨床医たちが、生物学的な性別とアイデンティティの関係についての人びとの考え方に変化をもたらし始めていた。ニュージーランドの心理学者で小児科医のジョン・マネーは、倫理的に疑わしい臨床事例に関与したことで、おそらく最もよく知られている人物であろう。その臨床事例とは、男児デイヴィッド・ライマーが陰茎包皮環状切除術に失敗した後、彼自身が同意したのではない「性別適合」医療を受け、成人してから自殺するという結末を迎えた悲劇である〔デイヴィッドへのインタビューを元にした著作に、ジョン・コラピント『ブレンダと呼ばれた少年』村井智之訳、無名舎、二〇〇〇年、再刊扶桑社、二〇〇五年がある〕。

その一方で、マネーについてはあまり知られていないことがある。マネーの臨床的な仕事が、その後のトランスの人たちに関する言説の形成に非常に大きな影響を与えたことだ。この仕事の過程で、マネーは、ジェンダー役割とジェンダーアイデンティティという、相互に関係する二つの重要な理論的概念を強調した。

「ジェンダー役割」とは、マネーによると、「人が、それぞれ少年や男性、少女や女性という地位にあることを自己開示するために言ったりやったりすることのすべて」である。それは、「一般的な物腰、身なり、態度」を含む[7]。つまり、ジェンダー役割は行動的なものである。それは、ボーヴォワールの言う社会から投影される「女らしさ」や「男らしさ」への一連の期待といったものとは必ずしも同じではない。それはむしろ、おそらくはそうした投影に少なくとも部分的に反応した結果、発達中の子どもや大人が採用するようになる女らしい、または男らしい一連の振る舞いのようなものだ。ジェンダー役割とは、人が社会で「男のように」あるいは「女のように」行動するために行なうあらゆることと考えられている。

マネーは人はみなジェンダー役割を担っていると述べてはいるが、そもそもマネーがこの概念を生み出したのは、自ら関わっていた、いわゆるインターセックス（今日では性分化疾患ないし性分化差異［DSD］として知られる人びと）に適用するためだった。一部の人は、染色体があるべき身体的特徴にうまく合致していない。マネーはそのような子どもたちを担当していた。そして、DSDの人たちの外見的な「ジェンダー役割」、つまりその人たちがどのように「女の子として」または「男の子として」振る舞うかは、かれらの外見に現れない生物学的状態の事実と一致しない場合がある、と考えたのである。

第二の概念であるジェンダーアイデンティティは、ジェンダー役割の概念から生まれた。マネーが言うように、「ジェンダーアイデンティティとは、ジェンダー役割に関する私的な経験であり、ジェンダー役割はジェンダーアイデンティティの公的な現れである」[8]。ジェンダーアイデンティティは、心理的に内面化されたジェンダー役割と考えられた。人はそれぞれ発達の初期において、全体的に「ジェンダー化」された方法で自分自身と心理的に関係するようになるが、それが人により自分の生物学的性別に関する事実と一致する場合と、一致しない場合があると仮定された。マネーは、ジェンダーアイデンティティを、男性または女性、あるいはそのどちらでもないものとして考え、どちらでもない場合を「アンドロジニー」だとした[9]。この分野で活躍するもう一人の影響力のあるアメリカの臨床医、ロバート・ストーラーも、「両性具有（ヘルマフロディティク）」のジェンダーアイデンティティ、つまり「男性でも女性でもなく、両方（あるいはどちらでもない）」について語っている[10]。

マネーとストーラーにとって、ジェンダーアイデンティティという考え方はそもそも、DSDの人びととの共同作業から生まれたものだった。マネーらは、DSDの人びとは、自分の性別に関する比較的複雑な「外側の」事実と一致しない「内側の」ジェンダーアイデンティティを持つことが多いと仮定した。だがこの発想、つまり外見的に現れる性別と一致しない内面的なジェンダーアイデンティティという発想は、染色体や形態学上は標準的であるにもかかわらず、ジェンダーアイデンティティが身体の性別に関する事実と強く衝突している人びと（つまり現代の用語でトランスの人たち）にも当てはまるのではないかと、マネーらは考えた。さらにマネーらは、「アンドロジニー」や「両性具有」のジェンダーアイデンティティ、つまり男性でも女性でもない、あるいはその両方である可能性も明示的に認めていた。マネーとストーラーは、生物学に捉われずに、選択可能なジェンダーアイデンティティの数は二つに限定される必要はないと考えていた。この点で、かれらの考えは、数十年後に明確に「ノンバイナリー」というジェンダーアイデンティティが出現することを予見していたのである。

局面3　アン・ファウスト＝スターリングが、生物学的な性別は「連続体」だと主張した

何世紀もの間、人間には生物学的な男性または女性という二つの状態しかありえず、すべての人間は疑いなく明確にそのどちらかに属して生まれてくるという前提があった。最近の共通認識では、それは正しくないとされている。アメリカのブラウン大学で生物学とジェンダー学の教授を務めるアン・ファウスト＝スターリングは、一九八〇年代後半から、生物学的な性別は自然な二項対立ではないことを世

間に広めるうえで影響力を発揮してきた。

主にファウスト＝スターリングの貢献により、染色体と身体との関係についての従来の常識が疑われるようになり、ＤＳＤの人びとに対する一般の理解がこの五〇年間で飛躍的に高まった。ほとんどの人間の身体において、染色体構成はＸＸかＸＹのどちらかであり、それぞれ第一次性徴と第二次性徴の組み合わせのどちらかと一致している。たとえば、ＸＹ染色体の保有は通常、陰茎と睾丸の保有と一致し、ＸＸ染色体の保有は通常、陰唇、膣、卵巣、思春期以降の乳房の保有と一致する。しかし、ＸＹ染色体を持つＤＳＤの子どもは、完全型アンドロゲン不応症（ＣＡＩＳ）となることがあり、その場合外性器は陰茎と下降した睾丸ではなく、陰唇、クリトリス、膣で構成される。ＸＸ染色体を持つ子どもは、先天性副腎過形成症（ＣＡＨ）となる可能性があり、その場合陰茎と睾丸に似た非常に「男性的」な外見を持つ性器になる。また、卵精巣性疾患では、卵巣と精巣の両方が体内に存在する場合がある。ＤＳＤにはさまざまな種類があり、ＤＳＤを持って生まれてくる新生児の数は想像以上に多い。ファウスト＝スターリングによると、それは人口の一・七パーセントにものぼるという[11]。

ファウスト＝スターリングは、ＤＳＤに基づき、生物学的性別に関する一つの学問的立場を提唱している。生物学的性別は二つだけでなく、少なくとも五つ存在するという立場である。標準的な男性と女性のほかに、「両性具有者」（たとえば、卵精巣性疾患）、「男性仮性両性具有者」（ＸＹ染色体と「女性化」した身体を持つ者）、そして「女性仮性両性具有者」（ＸＸ染色体と「男性化」した身体を持つ者）である[12]。他方でファウスト＝スターリングは、多様な性別を分類しようとするあらゆる方法（自身の分類法を含む）は、どちらかといえば恣意的であると考えているようだ。『ニューヨーク・タイムズ』紙の論説では、ジョン・マネーが以前に主張した、受胎以降の異なる時点で連続的に発生する性分化の異なる段階または

「層」の区別を支持している。すなわち「染色体」、「胎児性腺」、「胎児ホルモン」、「内性器」、「外性器」、「思春期ホルモン」および「思春期形態」という層の区別である。ファウスト＝スターリングの言わんとすることは、性別を均質で全体的な状態として語ることをやめ、代わりに、ある人がどのような性別を持つかを、それらの多様な層の観点から語るべきだということだと思われる。同じ人が、ある層では「M（男性）」とされ、別の層では「F（女性）」とされることもありうる。[13] 生物学的性別は、「広大で、無限に変化する連続体」であるとファウスト＝スターリングは述べている。[14]

もしもファウスト＝スターリングが正しいのであれば、出生時に性別が「記録」されることについては、もっと慎重にならなければならない。現実的な問題として、助産師や医師が性別を間違える可能性がある。より厳密に概念的なことを言えば、新生児を単に「男」または「女」と書き記すことは、まぎれもなく前もって存在する単一の均質的状態を反映するものではない可能性がある。その場合、出生時の二元的な性別は、記録されたものではなく、医師によって「割り当てられた」フィクションであり、少なくとも非常に単純化されたものであると言った方がよいことになる。

局面4　バトラーが「ジェンダーはパフォーマンスである」と説いた

一九九〇年、アメリカの学者ジュディス・バトラーは、『ジェンダー・トラブル——フェミニズムとアイデンティティの転覆』〔竹村和子訳『ジェンダー・トラブル——フェミニズムとアイデンティティの攪乱』青土社、一九九九年〕を出版した。同書は、クィア理論、ジェンダー研究、トランス研究という新しい学問分野と、リベラルな知識人全般の両方に多大な影響を与えた。大まかに言えば、バトラーはフランスのポスト構造主義や脱構築主義の哲学理論を取り入れ、それを「female」と「woman」、「male」と「man」という概念に適用した。

バトラーは、人間が意味を持って考えることのできるものはすべて、いわば「端から端まで」、社会的に構築されたものであるという仮説を立てている。その意味するところは、言語以前に物質的事実は存在しない、ということである。つまり文化的に特殊なかたちで言語的・社会的に構築される以前に物質的事実は存在しない。言語的なカテゴリーは、科学的、生物学的なものも含めて、世界の既存の区分を反映する手段ではなく、それがなければ存在しなかったものを作り出す手段である。バトラーによれば、とりわけ科学的な用語は、支配と従属の「ヒエラルキー」を作り出し、社会集団の間の権力関係を固定化する。そのことは、生物学的な男性と女性というカテゴリーにも当てはまる。そのいずれも恣意的で人為的なものであり、事前の物質的な区分を反映するものではない。それらのカテゴリーが実際に反映しているのは、「排除的」な権力関係であり、だれが「本物」の女性あるいは男性として分類され、だれが分類されないかを決定する（たとえば、レズビアンや男らしい容姿の女性は「本物」の女性に分類されず、ゲイや女らしい容姿の男性は「本物」の男性に分類されない）。

ポスト構造主義というラディカルな武器が適用された後、「female」、「woman」、「male」、「man」といった概念には何が残るのだろうか。バトラーによればその答えは、「パフォーマンスとしてのジェンダー」である。たとえば、社会的にまたは生物学的に女性であることは、物質的に安定した状態ではなく、むしろ、反復可能な一種の社会的パフォーマンスである。ドラァグクイーンも、「トランス女性」も、伝統的な主婦も、みなそれぞれのやり方で女性という「ジェンダー」を演じている。特定の種類のパフォーマンスが、他の種類のパフォーマンスよりも本物であったり、適切であったりすることはない。

このラディカルで常識を覆す思想路線は、出版当時、大学の人文系学科に興奮と衝撃を与え、それ以来、その余波はずっと続いたままである。一九九〇年代には、この『ジェンダー・トラブル』を基本文献の一つとしたクィア理論という学問領域が形成された。それは、性別やジェンダー、セクシュアリティに適用される批判理論の一分野である。一九七〇年代から八〇年代にかけて設立された女性学の学部は、ジェンダー研究へと次々と改名し始めた。その新しい学部は、それまで多くのフェミニストが主に関心を持っていた、範囲の狭い、異性愛的で、白人とヨーロッパ中心的な「女性であること」のパフォーマンスだけでなく、あらゆるジェンダーパフォーマンスに関心を持つものと理解された。多くの関係者が、フェミニズムとは、女性の解放を目的とするものではとくに（あるいはまったく）なく、「排除的」なジェンダー慣行全般を批判することを目的とした政治プロジェクトであると考えるようになった。結局のところ、生物学的な女性というものがヒエラルキーの権力関係を支える社会的構築物にすぎないのであれば、それに政治的活動の焦点を当てることは、その社会的構築物に明白な妥当性を与えてしまい、さらにそれを固定化することになる。それならば、ドラァグやトランスのような、男らしさ、女らしさを越境する、予期せぬパフォーマンスによって、転覆的に性別を「クィア」する方がよいのは明白である、というわけだ。あるいは、もしそうすることができないのであれば、女らしさや男らしさなど完全に無視すればよいのである。

局面5　ジュリア・セラーノが「ジェンダーアイデンティティが人を女性や男性にする」と言った

二〇〇〇年代は、現代のトランス運動にとって重要な一〇年であった。それ以前の数十年間には一見ばらばらにみえた理論的概念が、この期間に、よりまとまりのある思想体系として統合され、一般の文化に浸透していった。ジェンダーアイデンティティ理論が本格的に展開するようになったのはこの時期だ。覚えておく価値があるのは、少なくとも一部の人によれば、「トランスジェンダー」という言葉が現在のような意味で理解されるようになったのは一九九二年で、「トランス」の人という言い方が正式に使われるようになったのはようやく一九九八年になってからだということである。[15] それ以前は、「トランスセクシュアル」という言葉の方がずっとなじみがあった。二〇〇〇年代の最初の一〇年間は、現代のトランス運動（トランスの人びとを支持する政治活動）が、重要かつ組織化されたかたちで軌道に乗った時期である。新しく生まれ変わったジェンダーアイデンティティの概念が、この時トランス活動家の語りの重要な構成要素となった。

ジェンダーアイデンティティとは、これまでの議論からわかると思うが、大まかに言えば、女性または男性、あるいはそれ以外のものとして意識的に概念化された、自分自身の内面的な心理的表象である。二〇〇〇年代以降、進歩的な人びとの間では、人を女性や男性にするのは生物学的な性別でも「社会的役割」でもなく、自分は女性または男性であるという**ジェンダーアイデンティティを持っている**ことである、という考えがかなり一般的になり始めた。

この考えが人びとの間に定着した時期を正確に特定するのは難しいが、影響力のある文献として、アメリカの生物学者で「トランス女性」のジュリア・セラーノが二〇〇七年に発表した『ウィッピング・ガール』〔矢部文訳『ウィッピング・ガール――トランスの女性はなぜ叩かれるのか』サウザンブックス社、二〇二三年〕がある。一般の文化に『ウィッピング・ガール』が果たした特筆すべき貢献は、「トランス女性」はほかの女性と同じように女性の一種であるという考えを広めたことである。セラーノは、「トランス」という言葉は「カトリックの」や「アジアの」と同じように「トランスの」という形容詞として扱われるべきで、「トランス女性」を複数の名詞が接続した複合名詞と考えるべきでないと主張している[16]。これに関連して、『ウィッピング・ガール』はトランスでない人びとの呼び方を広めることに大いに貢献した――「シスジェンダー」である。後に「シス」と短縮され、ジェンダーアイデンティティと性別が「一致している」人びとのことを指す言葉になった[17]。

セラーノによれば、女性という一般的なカテゴリーは、「トランス女性」と「シス女性」で構成されている。そのどちらも女性の一種である。男性というカテゴリーは、「トランス男性」と「シス男性」で構成されており、どちらも男性の一種である。セラーノは、自らの考えを次のように明らかにしている。「トランス女性」とは、女性のジェンダーアイデンティティを持つことによって定義されるものであり、医学的、法的な手続や身体的、行動的特徴によって定義されるものではない、と。以下をまとめると、女性のジェンダーアイデンティティを持っていることこそが人を女性にするのであり、それはシスであるとトランスであるとを問わない、という明確な意味が現れることになる――「トランス女性」とは女性としてのジェンダーアイデンティティを持つ人のことである、シス女性も女性としてのジェンダーアイデンティティを持っている、シス女性と「トランス女性」は分類学的に同じ地位にある異なる種類の女性である。

この考え方は非常にラディカルなものである。二〇世紀のフェミニストたちがボーヴォワール風の口調で「女になる」ことについて語ったとき、それは女らしさに関する一連の社会的規範や期待を課されることを意味していたのであり、何らかの「内なる」アイデンティティを持つことを意味していたわけではなかった。また、ジョン・マネーやロバート・ストーラーがジェンダーアイデンティティについて語ったとき、ジェンダーアイデンティティを持つことが人を女性や男性にすることだとは考えられていなかった。セラーノのような二一世紀のトランス活動家は、マネーとストーラーからジェンダーアイデンティティという考え方を、フェミニズムから（単に）「女に生まれる」こと以外の何かが人を女性にするという考え方を効果的に取り入れ、これらを結び付けて、次のように判断したのである。人を女性にするものは内なる女性のジェンダーアイデンティティであり、それと同様に、人を男性にするものは内なる男性のジェンダーアイデンティティである、と。ファウスト＝スターリングとバトラーは、両者あいまって、生物学的な意味での「本物」の女性や男性が存在するという考えを否定したとみなされたが、そのかぎりでトランス活動家の役に立った。

セラーノの『ウィッピング・ガール』が影響力を持ったもう一つの側面は、性的指向とは何かという文化的理解の大きな変化と関連している。つまり何をもってゲイやレズビアン、バイセクシュアルやストレートであるとみなすのかの理解である。かつて性的指向はきわめて単純に分類されており、ある人の生物学的な性別と、その人が魅かれる相手の生物学的な性別の間に存在する関係によって決まっていた。それによって、同性指向（ホモセクシュアル、ゲイ、レズビアン）、異性指向（ヘテロセクシュアル、ストレート）、両性指向（バイセクシュアル）のいずれであるかが決まった。従来の理解では、「トランス女性」

であるセラーノは、生物学的な女性に魅かれる生物学的な男性になるのだが、『ウィッピング・ガール』で自分を「レズビアン」と称している。この結論は、ジェンダーアイデンティティの論理から導かれるものである。まず女性のジェンダーアイデンティティを持つことが人を女性にする。そして、女性のジェンダーアイデンティティを持つ人が、同じく女性のジェンダーアイデンティティを持つほかの人びとに常に性的魅力を感じるとする。レズビアンとは定義上、女性に魅力を感じる女性であるから、その人はレズビアンに違いないという論理である。それと同様にゲイとは、男性のジェンダーアイデンティティを持つ人が、別の男性のジェンダーアイデンティティを持つ人に魅かれることであり、それぞれの割り当てられた性別は関係ないと理解される。男性異性愛者とは、男性のジェンダーアイデンティティを持つ人が女性のジェンダーアイデンティティを持つ人に魅かれること、といった具合である。「トランス男性」のマックス・ウルフ・ヴァレリオは、セラーノの本の前年に出版された自伝、『テストステロン・ファイル』のなかでこう書いている。「女性としての私の性的指向は、表面上レズビアンであった。男性としての私のそれは異性愛である[18]」。

性的指向に関する伝統的な理解からのこのような逸脱は、驚くべきことだと思うのだが、その後、同性愛者の権利擁護を活動の本来的使命とする団体によって熱心に取り上げられるようになった。進歩的と自称する組織にとって、所与の生物学的性別どうし（同性、異性、またはその両方）で魅かれ合うという観点から性的指向を考えることは、いまや古臭いと考えられている。たとえば、アメリカの団体GLAAD〔メディアでLGBTQが公正に扱われるよう監視する団体〕はそのウェブサイトで、次のように書いている。「男性から女性に移行し、男性だけに魅かれる人は、通常、女性異性愛者として認識される。女性から男性に移行し、男性にのみ魅かれる人は、通常、男性同性愛者と認識される[19]」。イギリスでは、運動団体ストーンウォールがウェブサイトで現在次のように問いかけている。「では、レズビアンが『トランス女性』をレズビアンパートナーにしたり、ゲイが『トランス男性』をゲイパートナーとしたりすることは可能だろうか」（強調は引用者）。答えはこうだ。「当然可能だ」[20]。ストーンウォールによる現在の性的指向の定義はこうだ。「他者に対する性的魅力、またはその欠如のこと。恋愛指向とともに、性的指向は人の指向に関するアイデンティティを形成する」[21]。性的指向はいまや「アイデンティティ」なのである。そしてそれは、それに先行するより根源的なアイデンティティ、つまりジェンダーアイデンティティを基盤にし、そこから派生すると考えられている。

局面6　ジョグジャカルタ原則が、ジェンダーアイデンティティを人権として認めることを推奨した

私たちはみなジェンダーアイデンティティを持っているというのが、現代のトランス活動家の公理である。ジェンダーアイデンティティは、私たちが何者であるかを決定する基底的な、そして究極的に重要なものとして扱われている。それは個人の根源的な側面であり、固有の人権を生み出すものであるというのだ。このようなジェンダーアイデンティティの構想が最も明白に示されたものが、セラーノの『ウィッピング・ガール』と同じ二〇〇七年に発表されたジョグジャカルタ原則である。

二〇〇六年、法律や医療、人権の専門家からなる国際的なグループがインドネシアのジョグジャカルタに集まり、「ジョグジャカルタ原則」として知られるようになったものを発表した。それは性的指向とジェンダーアイデンティティに関する人権についての影響力ある勧告で、それ以来、国際法で多く引

用されている。[22] 哲学者であり社会学者でもあるヘザー・ブランスケル＝エヴァンスは次のように述べている。「ジョグジャカルタ原則は、法的拘束力はないが、国際法の権威ある解釈として理解され、学術論文、法案、決議、そのほかの文書に対して定義に関わる要点を提供してきた。それは国連のいかなる条約や宣言にも組み込まれていないが、国連では定期的に引用され、基準点として使用されている」。[23] たとえば、イギリス議会の「女性と平等特別委員会」が二〇一五年にトランスジェンダーの平等に関する報告書を政府に提出した際、委員会は、「政府もジョグジャカルタ原則を遵守することを明確に約束しなければならない［……］。そうすれば、トランス平等政策に、現在の最良の国際的実践と一致する全体的な指導原則を明確に示すことになるだろう」と勧告している。[24]

セラーノが「シスジェンダー」と定義する人びとは、スティグマや恐怖を抱くことなく、自分のジェンダーアイデンティティを他者に気軽に話したり、そのほかの方法で表現したりすることができる。トランス活動家は、このような特権はトランスの人びとにはないと主張している。もし標準的でないジェンダーアイデンティティを他人にカミングアウトしようとすると、辱めや敵意、いじめに直面するかもしれない。また政府は、法律や行政政策で標準的な二元的ジェンダーアイデンティティを公式に認めている（たとえばパスポートの発行やデータ収集における性別の質問のように）。トランス活動家によれば、そうする理由は、生物学的な影響を受けた外見こそが内面のジェンダーアイデンティティを示す正しい判断材料になると、間違って思い込んでいるからである。これは、性別と一致しないジェンダーアイデンティティを持つ人たちに対する差別であると考えられており、事実上、かれらは自分が何者であるかを公式に認められていないとされている。

ジョグジャカルタ原則は、冒頭に置かれた心揺さぶる次の一文によって議論の準備をしている。「性的指向とジェンダーアイデンティティは、すべての人の尊厳と人間性に不可欠である」。そしてこの文書は、標準的でない性的指向やジェンダーアイデンティティを持つ人びとのために、二八種類の人権を提案している。その多くは、まったく問題のないものであり、よく知られている一般的な人権をゲイやトランスの人びとに合わせて、またしばしば敵対する世界におけるかれらの特定のニーズに合わせて調整したものである。生命への権利、平等、差別されない権利、拷問からの自由、教育を受ける権利、社会保障や住宅への権利などだ。だが、ある一つの権利だけは、少し違うものとして際立っている。それは、第三原則「法のもとで承認される権利」である。

第三原則は、ジェンダーアイデンティティの根源的な性質を繰り返し説明することから始まり、ジェンダーアイデンティティと性的指向の両方が「人格［……］に不可欠」であり、「自己決定、尊厳および自由の最も基底的な側面の一つ」であると述べている。それは、「何人も、ジェンダーアイデンティティを法的に承認するための要件として、医療行為を受けることを強制されない。それには性別適合手術、不妊手術、ホルモン療法が含まれる」と勧告している。これは、トランスかシスかを決めるのはジェンダーアイデンティティであって、外見上の身体改造ではないというセラーノの仮定を反映したものである。ジョグジャカルタ原則はこう続ける。「何人も、自分の［……］ジェンダーアイデンティティを隠したり、抑圧したり、否定したりするような圧力を受けてはならない」。さらに、「人のジェンダーまたは性別を示す国が発行するすべての身分証明書（出生証明書、パスポート、選挙記録そのほかの文書を含む）は、その人が深く自己定義したジェンダーアイデンティティを反映するもの［でなければならない］」。これらの勧告はいずれも、性別と一致しないジェンダーアイデンティティを持つ人が自己の根源的な部分を表現することができ、それを無視されず、公式に承認されていると感じられる世界を作ることを目的としていると言えよう。

ジョグジャカルタ原則の発表以来、ジェンダーアイデンティティは自己の根源的な部分であり、いかなる場合にも抑圧されるべきではないという考えが、多くの国や地域の法律や政策立案に浸透してきている。イギリスでは、ジェンダー承認法を改正して「セルフＩＤ」を認め、ジェンダー承認証明書の取得のための医学的な制限やそのほかの実質的な前提条件を削除するキャンペーンに影響を与えている。この背景には、トランスであることを決定するのは内面的なジェンダーアイデンティティであり、それ以外のものではないという前提がある。この考えは、イギリスを含むさまざまな国で、ジェンダーアイデンティティを保護するために平等法制を改正させようとする動きの背景にもなっている。そしてそれは、俗に「配偶者拒否権」と呼ばれるものをジェンダー承認法から取り除こうとするトランス運動団体の一致した動きの背景にもある。配偶者拒否権とは、ジェンダー移行者がジェンダー承認証明書の発行を受けるための条件であり、移行者の配偶者が移行者との結婚やシビルパートナーシップの継続に同意する正式な宣言をしなければならないとする条項である。実際には、この条項は主に年齢が上になってから移行しようとする「トランス女性」の妻に適用される。活動家たちは、この規定が自分のジェンダーアイデンティティをトランスの人が完全に実現することを妨げる可能性があるとみなし、削除を求めている。レイラ・モラン議員は二〇一九年の自由民主党大会で、自民党とトランス運動団体の両方を代表して、この条項を削除することを提案し、次のように述べた。「だれも自分以外のだれかによって定義されるべきではない。それこそが、配偶者拒否権が正義に反することの理由だ。［……］実際のところ、個人のアイデンティティは他人とは関係がない。それは完全に個人的なことであり、政府も配偶者もそれ以外のだれも、その人が何者であるかについて拒否権を行使してはならない[25]」。スコットランド

では、活動家たちが同条項を削除させることに成功した。(26)

また、ジョグジャカルタ原則の第三原則の背景にある考え方は、臨床医学・心理学の現場にも明らかに影響を及ぼしている。具体的には、子どもや十代の若者を含む標準的でないジェンダーアイデンティティを持つ人たちに対する「転向療法（コンバージョンセラピー）」の禁止として現れている。二〇一七年、イギリス心理学会や英国家庭医学会を含む複数の専門治療団体が、転向療法を禁止する覚書を交わした。そこでは転向療法は次のようなものとして理解されている——「特定の性的指向やジェンダーアイデンティティがほかのものよりも本質的に好ましいとする仮定を持つ治療モデルないし個人の見解であり、それに基づき性的指向やジェンダーアイデンティティを変化させようとしたり、個人の性的指向やジェンダーアイデンティティの表現を抑制しようとしたりするもの(27)」。覚書は、性的指向に対してであれ、ジェンダーアイデンティティに対してであれ、そのような療法を行なうことは「非倫理的で潜在的に有害である」と述べている。その考え方は、ジェンダーアイデンティティがアイデンティティの根源的な部分であるならば、医療従事者がそれを損なうようなことをするのは破壊的である、ということだと思われる。その代わりに、現在では「ジェンダー肯定的」または「トランス肯定的」なケアが、臨床の絶対的基準と考えられている。この種のケアは、アメリカ心理学会によって、「［トランスの人やジェンダーに不適合な人たち］のアイデンティティや人生を尊重し、理解し、支援するケアを提供すること」と定義されている。(28)ジェンダー肯定ケアでは、ひたすら「肯定」することで、ずっとその人の内側にあったものを育んでいく。「本当」の、根源的なアイデンティティが妨げられることなく、表面に出てくるように促すというわけである。

局面7　「ターフ」という概念が発明された

二〇〇〇年代後半から、ジェンダーアイデンティティ理論に対する知的な批判は、すべて偏見に満ちた立場から生まれているという理由で否定されることがますます一般的になってきた。ジュリア・セラーノは『ウィッピング・ガール』のなかで、自分の考えに対して起こりうる反論は、「トランスフォビア」、「ホモフォビア」、「トランス・ミソジニー」、「逆性差別」、「ジェンダー不安」の産物であるとして、さまざまに否定している。二〇〇九年のインタビューのなかで、ジュディス・バトラーは『トランス女性』の生きた身体性を拒絶するフェミニスト警察」について語り、そういう人びとの主張を「トランスフォビックな言説」で、「身体切除」の一形態と呼んでいる。(29) イギリスの運動団体ストーンウォールのオンライン用語集は現在、トランスフォビアを次のように定義している。「トランスであるという事実に基づいてだれかを恐れたり嫌ったりすること。それには、*ジェンダーアイデンティティを否定したり、受け入れることを拒否したりすること*が含まれる」（強調は引用者）。これを省略抜きに説明すればこうなるだろう。ストーンウォールの定義は、「ジェンダーアイデンティティを否定すること」や「それを受け入れないこと」を、*それがどのような理由からのものであれ*、すべて恐怖や嫌悪から生じるものとして明確に位置づけるものである、と。たとえジェンダーアイデンティティ理論の知的な背景を考察した結果、それには欠陥があると感じ、そのことを理由にジェンダーアイデンティティを「受け入れない」という場合であっても、*本当の*理由はもっと深い恐怖や嫌悪にあるはずだ、というのである。

二〇〇八年、ジェンダーアイデンティティ理論の批判者の動機を貶（おとし）める動きは、「ターフ」という用語の発明によって大いに弾みがついた。ターフとは「トランス排除的ラディカル・フェミニスト（Trans Exclusionary Radical Feminist）」の略語（ＴＥＲＦ）であり、アメリカのヴィヴ・スマイスの造語と言われている。[30] スマイスはフェミニズム的な内容のブログを運営しており、そのなかで二〇〇八年に、「ミシガン女性音楽フェスティバル」（通称「ミシフェス」）について投稿した。一九七六年に始まったミシフェスは、ラディカル・フェミニストの主催者たちによって、女性だけの、あるいは主催者たちが名づけたように「女から生まれた女」だけのものとして構想された。参加者のなかには、同じ生物学的性別どうしという伝統的な意味でのレズビアンが多く存在した。その後、この音楽祭は、「トランス女性」をイベントから明確に排除したことで物議を醸すようになった（実は、この論争の影響もあり、二〇一五年にミシフェスは廃止された）。スマイスはブログの読者からミシフェスの宣伝をしたことをすぐに非難され、その後、公に謝罪する過程で、ターフという略語を作り出した。スマイスは、今後いかなる「トランス排除的フェミニスト・イベント」も宣伝しないと約束した。それに関連して、「私の決断が、一部のトランス排除的ラディカル・フェミニストを怒らせる可能性があることは承知している」と書いたのだった。[31] 印象に残る略語の多くがそうであるように、「ターフ」という言葉は急速に広まった。おそらくその不快な響きと、侮辱や脅迫として連呼しやすいことも後押ししたのだろう。スマイスの当初の説明では、ターフは定義上フェミニストであった。だが、後に一般的に使われるようになったこの言葉は、ジェンダーアイデンティティ理論を形成する一連の考え方に対して、いかなる理由からであれ、少しでも批判的な視点を持つすべての人を指すようになった。実際、ジェンダーアイデンティティだけでは女性や男性とは言えないのではと悩むだけで、「トランス女性」や「トランス男性」自身すらターフと呼ばれるようになった。

一般に、ジェンダーアイデンティティ理論の擁護者が、批判に対して攻撃的な態度をとる傾向があるのはなぜだろうか。その答えの少なくとも一部は、ジェンダーアイデンティティ理論の知的前提、とくにバトラーの哲学的世界観にあるように思われる。バトラーは、社会的であれ生物学的であれ、男性や女性というカテゴリーは必然的に「排除的」であると考える。つまり、男性と女性の自然で「正しい」あり方について、一定の制限的な理想やステレオタイプを優先させるものだと考えるのだ。この見解によれば、社会的または生物学的な女性なるものを自然で、あらかじめ与えられたカテゴリーとして主張しようとすれば、暗黙のうちに含まれた理想を満たさず社会的に疎外される人びとを、つねに、どんな理由であれ、事実上「排除」することになり、それゆえに批判されるべきである、ということになる。

この背景には、さらに哲学の世界で「スタンドポイント認識論」と呼ばれているものが影響している。これは、ある種の知識は社会的に規定されており、特定の社会的状況に置かれている場合に限りその種の知識を容易に獲得することができる、という考え方である。この用語はもともとマルクス主義に由来するもので、抑圧された人びとは、自分自身の視点と自分を抑圧する者の視点という二つの視点や立場つまり「スタンドポイント」を同時に洞察できるのに対し、抑圧者は一つの視点（自分自身のそれ）しか持つことができないという考え方をいう。労働者は資本家のルールと世界観に従うので、資本家の立場を洞察することができる。それに加えて、労働者は、自分たちが社会的に置かれている立場について、資本家にはない深い知識をも持っている。

この考え方は、フェミニズム、批判的人種理論、トランス運動など、いくつかの社会運動で採用されている。トランス活動家によって展開されたスタンドポイント認識論によれば、トランスの経験についての立場に基づく知識には、シスではなくトランスの人びとだけが得られる特別な形態があるという。

たとえば、トランスの人びとだけが「シス特権」の悪質な影響や、それがほかの形態の抑圧とどのように交差し、ある種の生活体験を生み出すかを正しく理解することができるとされる。いくつかのフェミニズムや批判的人種理論のバージョンでも起きたことだが、大衆文化を通じて変容することで、この考え方はただちに次のようなものになった――ジェンダーアイデンティティに関する哲学的な問題を含め、トランスの人びとの性質や利益について正当に何かを語ることができるのはトランスの人だけだ。フェミニストやレズビアンも含めて、シスの人がここで貢献できることは何もない。自分たちにも何か貢献できることがあるというシスの思い込みは、自分たちの不相応な特権のさらなる表れである。トランスの哲学者であるヴェロニカ・アイヴィーの言葉を借りれば、ターフを含む「シスの連中」は、「座って黙っている」だけでいいというわけだ[32]。

局面8　アイデンティティの爆発的増殖

二一世紀が始まって二〇年経つが、欧米の一般的なイメージのなかには、まだトランスの人びとに対する時代遅れのステレオタイプが残っている。それは、手術を済ませた魅惑的な「トランス女性」、別名MtF（男性から女性へ）のトランスセクシュアルを心に描く。このステレオタイプによれば、その人は男性として人生をスタートしたが、後に外性器を除去して人工膣を作る手術を受けたはずだ。その人は「パスする」、つまり視覚的に女性と見分けがつかない。エストロゲン（卵巣で分泌される女性ホルモン）を一生投与し続け、男性に特有の身体的特徴を抑え、女性に特有の特徴（胸など）を目立たせることに専念している。女性用の服に身を包み、化粧をする。この身体的なステレオタイプと並んで、性心理的なステレオタイプもある。その人は男性に性的指向を持っているに違いない。もしジェンダー移行していなければ、ゲイとみなされていただろう。男らしい身体的規範や異性愛者に求められる理想と明らかにずれていることから、移行前にジェンダー違和に悩まされ、耐え難い精神的苦痛を感じていたはずだ——このようなステレオタイプである。

しかし、いったんトランスであることの決定要因が、医学的、法的、行動的な事実ではなく、「外見的」な割り当てられた性別と一致しない「内なる」ジェンダーアイデンティティとみなされると、そのようなステレオタイプが現代に生きるトランスの生活の全体像としてはまったく不十分であることがすぐに明らかになる。そのようなステレオタイプは、「トランス男性」を考慮に入れていないだけでなく、トランスであることが、文化的、行動的、身体的、心理的に実に多様であること、そしてさらに多くの異なる存在に分類されることを無視している。トランスの学者であるスティーブン・ウィトルは、ジョグジャカルタ原則の作成に関わったのと同じ年の二〇〇六年に、このことを次のように要約している。「トランスの人は、ブッチ〔男性的なレズビアン〕やキャンプ〔わざと女っぽい振る舞いをする男性〕、トランスジェンダーやトランスセクシュアル、ＭｔＦ〔トランス女性〕やＦｔＭ〔トランス男性〕、クロスドレッサーである可能性もある。世界のある地域では、トランスの人は自分をレディボーイやカトーイ、あるいは復活したマオリのアイデンティティであるワカワヒネやワカタネなどだと考えているかもしれない[33]」。歴史的にも文化的にもばらばらだった現象が、いまでは「トランス」という項目のもとにくくられ、生物学的性別と一致しないジェンダーアイデンティティを持つという中心的な考え方との関連で、統一されたものとして理解されている。「パスする」〔自認する性別として社会から認識される〕ことは、もはやトランスにとって必ずしも望ましい状態とはみなされない。その代わりに、パフォーマンスとしてのジェンダーに関するジュディス・バトラーの考え方にほぼ沿って、パスできないことは、「ジェンダーに関する古い二元論」（影響力のあるトランス研究者サンディ・ストーンの言葉）を混乱させ、転覆する生産的なものとして言い表されるようになった[34]。

二〇二〇年現在、ジェンダーアイデンティティの数は爆発的に増えている。とくに人気なのが「ノンバイナリー」である。それは男性か女性かのどちらか一方ではなく、男らしくも女らしくもなく、それらの間を流動的に切り替えたり、あるいは両方とも拒絶したりするジェンダーアイデンティティを持つことである。ジェンダーアイデンティティによって女性であることと男性であることが決まるので、ノンバイナリーであれば、女性でも男性でもない、あるいはおそらく両方の要素を少しずつ持ち合わせていることになる。しかし、ジェンダーアイデンティティには、男性、女性、ノンバイナリー以上のものがある。ストーンウォールのオンライン用語集では、「トランス」を「包括的（アンブレラ）」タームとし、「以下のものを含む（がそれに限られない）」としている――「トランスジェンダー、トランスセクシュアル、ジェンダークィア（GQ）、ジェンダーフルイド、ノンバイナリー、ジェンダーバリアント、クロスドレッサー、ジェンダーレス、アジェンダー、ノンジェンダー、サードジェンダー、バイジェンダー、トランスマン、トランスウーマン、トランスマスキュリン、トランスフェミニン、ニュートロワ」[35]。フェイスブックは、ユーザーに七一種類の「ジェンダーオプション」からの選択を提供している[36]。

現在、本当に最先端のジェンダーアイデンティティが何であるかを把握するには、大学のトランスに関する公式方針に目を向けることが有益である。たとえば、ケント大学の方針では現在、「デミ・フルイド」というジェンダーアイデンティティを公式に認め、保護している。これは、同方針によると、「ジェンダーアイデンティティが部分的に流動的でありながら（whilst）、ほかの部分は固定的である」

人びとである。ケント大はまた、「デミ・フラックス」つまり「ジェンダーアイデンティティが部分的に流動的でありつつ（with）、ほかの部分は固定的である」人びとも認めている。不注意な人は、両者を混同するかもしれないが、それらは同じものではないと言われている。というのは、「フラックスは、複数のジェンダーのうちの一つがノンバイナリーであることを示す[37]」そうだからだ。一方、エセックス大学の方針は、「パンジェンダー」を認めており、それは「程度の差こそあれ同時に、または時間の経過とともに次第に、多数の、そしておそらくは（現在知られているジェンダーの種類を超えた）無限の数のジェンダーに」アイデンティティを持つ人びとのことと理解されている[38]。以上みてきたことを考えると、ローハンプトン大学がトランス方針で次のように書いていることはおそらく驚くべきことではない。「用語は絶えず進化しており、この方針が公開される頃には、いくつかの定義は時代遅れになっているおそれがある[39]」。

標準的でないジェンダーアイデンティティのさらなる源は、非西洋文化にあると考えられている。先ほど使った引用のなかで、スティーブン・ウィトルはタイのカトーイやマオリのワカワヒネやワカタネに言及している。最近出版された学校向けの教材で、ストーンウォールは、「インドのヒジュラ・コミュニティ、インドネシアのカラビ、カラライ、ビスという複数のジェンダー、ケニアのマショガ、ネイティブ・アメリカンの文化に属するツースピリット」を強調している[40]。女性と男性の自然な二項対立という考え方は、ヨーロッパ中心主義、植民地主義、あるいは白人至上主義の悪しき産物であると、学者たちから言われることが多くなっている[41]。また、過去の有名なクロスドレッサーや性別の曖昧な人物は、実はトランスであり、内なるジェンダーアイデンティティが割り当てられた性別と違っていたと推測することも可能になった。ジェームズ・バリー医師〔一七八九～一八六五年、イギリスの軍医。死後、女性であったことが判明〕、アン・リスター〔一七九一～一八四〇年、ヨークシャー出身の地主、登山家、旅行者でレズビアン〕、ジャンヌ・ダルク〔一五世紀フランス王国の軍人で国民的ヒロイン〕、ハトシェプスト女王〔紀元前一五世紀のエジプトの女王。公的な場ではつねに男装していた〕などは、その事例とされる。(42)

子どももまた、社会からの外的な承認と肯定を必要とし、抑圧されるべきでない非標準的なジェンダーアイデンティティを潜在的に持っていると考えられている。二〇〇九年から二〇一九年にかけて、国民保健サービス（NHS）のタヴィストック・ジェンダーアイデンティティ発達サービスで治療を受けた男児の数は四〇人から六二四人へと一四六〇パーセント増加し、女児の数は三二人から一七四〇へと五三三七パーセント増加した。(43) 二〇一一年から二〇二〇年にかけて、性別と一致しないジェンダーアイデンティティを持っていると診断された一〇歳から一五歳までの四四人のイギリスの子どもたちが、「思春期ブロッカー」の処方を受けた。それは性腺刺激ホルモン放出ホルモン作動薬で、前立腺癌、子宮内膜症、子宮筋腫、中枢性思春期早発症の適応症での処方が認可されているが、ジェンダー違和を持つ子どもには認可されていないものである。二〇二〇年の司法審査を経て、これらの患者のうち四三人が性別移行のためのホルモン治療に進んだと報告書が明らかにした。(44) アメリカでは、一三歳という低年齢の女児たちが、「トップ」手術と呼ばれる完全な乳房切除術を受けている。(45) アメリカやイギリスを含む多くの国で、成人年齢に達したトランスの十代の若者が生殖器の本格的な除去・再建手術を受けている。(46) こうした出来事は、ジェンダーアイデンティティ理論に従う一部の人びとによって、当事者である子どもたちや十代の若者たちが「本当」の自分らしくいられるようにするものとして祝福されている。(47) 同時に、現在、生物学的性別と一致しないジェンダーアイデンティティを持っている大人は、たとえ気づかれなかったとしても子どもの頃からずっとそうであったに違いないと推定される。したがって、たとえば、ある「トランス女性」は、表向きは男の子とされていたけれども、「本当」はずっと女の子だったことになる。

増え続けるトランスジェンダーの種類のリストは、部外者にとっては理解不能に思えるだろう。だが、かれらに共通するものがあることを理解すれば、必ずしもそうではない。つまり、「割り当てられた」性別とジェンダーアイデンティティが不一致であるという共通点である。ジェンダーアイデンティティには、手術をすることから何もしないことまで含まれ、服装や行動、身体の改造など、多様な方法を通じて表現される。スティーブン・ウィトルが書いているように、トランスであることは、次のようなことを伴う可能性がある。「時折の、あるいはもっと頻繁な異性装、永続的な異性装、反対のジェンダーでの生活、そしてホルモン療法や外科的な再適合手術といった大きな医療介入を受けること。週に五分という少ない時間で済むこともあれば、内面の自己と一致するように身体を再構築することに生涯をかけて取り組むこともある」[48]。その一方で、トランスであることは、外見的な行動の変化をまったく伴わないこともありうる。カミングアウトして人に話すようになる前からゲイであることがありうるように、外見的な変化をまったく起こしていなくてもトランスでありうる。実際のところ、ずっと人に話すようにはならないかもしれない。トランスのなかには、自分の体や外見を変えることは、女らしさや男らしさのステレオタイプな期待を強化する、悪質なやり方だという理由から、それを拒否する人もいる[49]。それにもかかわらず、かれらがトランスであることに変わりはない。かれらのジェンダーアイデンティティがそうさせるというのだ。

これで、ジェンダーアイデンティティ理論の歴史における主要な局面についての私の急ぎ足のツアーは終わりにする。ここからは、今後の展開のために、注意すべき点を説明しておきたい。

「ジェンダー」の持つさまざまな意味

読者は、本書の序盤の段階ですでに、「ジェンダー」という言葉がいくつかの異なる意味合いで登場していることに気づいただろう。局面1だけで、二つの異なる意味で二回出てきた。フェミニストとトランス活動家の間で行なわれるほとんどの議論では、「ジェンダー」という言葉が複数の異なる意味で現れ、それがしばしば気づかれずに混乱と悪意を爆発的に増大させる、ということが常態化している。文化史家のバーニス・ハウスマンは、この混乱をうまく捉えて表現している。ある時点からハウスマンは、次のことに気づき始めたという。「ほとんどの人は『性別（sex）』と『ジェンダー』を区別し、前者を自然に、後者を文化に帰しているが、一部の人が『ジェンダー』を用いて両方の領域に言及し始めていることに気づき始めた。たとえば、『性差別（sex discrimination）』の代わりに『ジェンダー差別』という言葉が使われるようになった。アファーマティブ・アクションの申請用紙には、申請者に生物学的な性別が男性か女性かを選ばせる際、『ジェンダー』を選ぶようにと書いているものがある。『ジェンダー』はもともと、生物学的な性別と結びついたアイデンティティの社会的特質を指す言葉として研究者によって使用されていたが、上で述べたように、『性別』という言葉の直接的な代替語という古くからの用法が復活するほど、一般の人びとの言説を支配し始めていた[50]」。

ここでは、「ジェンダー」の四つの意味を明らかにする。読者は、後で混乱するような使い方に出くわした場合には、この節をもう一度参照してほしい。英語の「バンク」が川沿いの土地つまり「土手」を指すこともあれば、お金を預かる機関つまり「銀行」を指すこともあるように、英語の「ジェンダー」には以下の四つの意味がある。語源的には疑いなく関連があり、適用される人びとという点では重複しているが、それぞれ異なるものを意味する。

〈ジェンダー1〉男性と女性の区別を表す丁寧な響きの言葉で、性別つまり生物学的な男性と女性の区別の伝統的な代替語として理解される。「ジェンダー」には、〔性別を意味する英語 sex が持つ〕性交という意味での照れくさいニュアンスがないことが利点と考えられている。たとえばパスポートの申請で「ジェンダー」を尋ねる場合、この利点が意識されている。エリザベス・ギャスケル『クランフォード』〔小池滋訳『女だけの町――クランフォード』岩波書店、一九八六年。架空の町クランフォードに生きる人びとの日常を淡々と描いた小説〕で、ある登場人物が「マスキュリン・ジェンダー」に言及しているが、それは生物学的および社会的な男性を意味している。

〈ジェンダー2〉「男らしさ」「女らしさ」に関する社会的なステレオタイプや期待、規範を表す言葉で、もともとはそれぞれ生物学的な男性と女性に向けられていたものである。これらは文化によって異なりうるし、実際異なっているものの、共通する部分も多い。

〈ジェンダー3〉男性と女性を分割するための言葉で、定義上一組の人びと、つまり男らしさの社会的役割を投影された人びとと、女らしさの社会的役割を投影された人びとを分割する言葉として理解される。これは、前述の局面1で論じた「女性性」と「男性性」という考え方のことである。そこで述べたように、二〇世紀後半にこの考え方は一部のフェミニストによって熱狂的に支持され、「生物学的決定論」、すなわち女性が家庭にとどまるのは解剖学的宿命であるという考え方に基づく非難に対抗する盾になりうるものとして用いられた。これについては第5章で批判的に検討する。

〈ジェンダー4〉「ジェンダーアイデンティティ」を短縮した言葉である。ジェンダーアイデンティティが厳密にどのようなものであるかは第4章で検討するが、共通する考え方としては、それは「ジェンダー役割の個人的な経験」であるとされる。おおまかに言えば、性別とは直接何の関係もないかたちで、自分自身を男児または男性、女児または女性、あるいはそのどちらでもないものとして心理的に関係づけることである。

　こうしたジェンダーの異なる意味を念頭に置いておくことは、フェミニストやトランス活動家のさまざまな主張を読み解くうえで、きわめて重要である。先ほど取り上げたジョグジャカルタ原則の第三原則は、ジェンダーアイデンティティの優越性に最も強い関心を寄せているが、「人のジェンダーまたは性別を示す国が発行するすべての身分証明書」に言及するとき、紛らわしいことに、その「ジェンダー」は〈ジェンダー4〉ではなく〈ジェンダー1〉を意味している。また、セラピストが「ジェンダー違和」について話す場合は、厳密に言えば〈ジェンダー1〉を意味していると思われる。つまりクライエントが自分の性別、すなわち生物学的に男性または女性であることに、苦痛に満ちた違和を感じているという意味だ。他方で、フェミニストが「性別とジェンダー」は同じではないと言うとき、そのジェンダーが〈ジェンダー1〉を意味していることはありえない。少なくとも〈ジェンダー2〉を意味することは間違いないが、〈ジェンダー3〉を意味している可能性もかなり高い。ただし〈ジェンダー3〉を意味することなく〈ジェンダー2〉について首尾一貫して論じることはできる。親が子どもを「ジェンダーフリー」に育てると言うとき、それは〈ジェンダー2〉を意味しているだろう。もともと「トランスジェンダー」という言葉は「ジェンダーを横断して」あるいは「ジェンダーの反対側に」という意味で登場したが、その際その使用者はおそらく〈ジェンダー1〉ではなく〈ジェンダー2〉あるいは〈ジェンダー3〉を意味していた（少なくともそうでなければならなかった）はずだ（というのは、次章で論じるように、文字どおりの意味で、実際に性別を変えたり、「トランス」したりすることはできないからである）。それと同じ理由から、法律が「ジェンダーの承認」や「ジェンダーの再適合」について語るとき、それは〈ジェンダー1〉を意味していないであろうし、少なくとも意味すべきではない（これについては第6章で述べる）。バトラーが「ジェンダーパフォーマンス」について語るとき、それを分類するのは難しいが、おそらく〈ジェンダー3〉に近いものを意味しているのだろう。セラピストが「ジェンダー肯定ケア」について語るとき、かれらは〈ジェンダー3〉を意味している。ストーンウォールがウェブサイトで「もし自分が自覚しているジェンダーが認められない場合、非常に大きなダメージになる」、「あなたは自分のジェンダーに合ったトイレを使える」と言うときはいずれも〈ジェンダー4〉である。同様に、人びとが「ジェンダーフルイド」であることについて話すとき、あるいはエセックス大学が「多数の、そしておそらくは［……］無限の数のジェンダー」について定めるとき、それらは〈ジェンダー4〉を意味する。

このような混乱が存在するがゆえに、本書では可能なかぎり「ジェンダー」という言葉を避け、その都度、より具体的でわかりやすく、その時々に必要な役割を果たす言葉で代用することを方針とする。たとえば、〈ジェンダー1〉に対してはつねに「性別（sex）」と言うことにする。〈ジェンダー2〉に関しては、純粋に社会的なものを意味する場合とそうでない場合を明確にしながら、「性別に基づく」ステレオタイプや「性別に関する」ステレオタイプについて語ることにする。また、「ジェンダーに適合的」な行動や「ジェンダーに不適合」な行動とは言わずに、「性別に適合的」な行動や「性別に不適合」な行動と言うことにする。〈ジェンダー3〉は、その背景にある考え方を明確に批判する場合以外には、いっさい使わない。そして〈ジェンダー4〉については、つねに「ジェンダーアイデンティティ」を使うことにする。

最後に、関連する補足的な説明がある。トランス活動家とフェミニストの戦いとはまったく別に、同時に進行している別の文化戦争があり、それが時々障害になることがある。その前触れは、局面1で述べたフェミニストと生物学的決定論者との戦いであった。最近では、「ブランクスレート〔空白の石板、何も書かれていない真っさらな状態〕型」フェミニストと「生得主義的」進化心理学者との間で小競り合いが起こる傾向にある。ブランクストレート型フェミニストは、性別に関する女らしさ、男らしさのステレオタイプはすべて社会的なものであるはずで、生物学的な男性と女性の間には自然で生得的な行動や心理の違いはまったくないと考える。それに対して、生得主義的進化心理学者は、少なくとも行動上、心理上のステレオタイプの一部が男性と女性の間にある平均的な生物学上の差異を正確に表していると考える。(51) 本書で私はこのジェンダー戦争の第二の戦線をできるだけ避けたいと思っている。通常、私が「性別に関するステレオタイプ」と言う場合、少なくともその一部は生物学的現実に根拠があるという考えを受け入れる余地を残しておきたい。しかし他方で、そうでない場合があることも明らかだと思われる。私の主張の一部は、そのことを前提にしている。

議論(ディベート)の擁護

本書で私は、ジェンダーアイデンティティ理論について論じる。この理論の大部分が知的に混乱し、具体的な害悪をもたらすものだと主張する。しかしその前に取り組んでおきたいのは、ジェンダーアイデンティティ理論やトランス運動に対するいかなる批判も「トランスフォビック」に違いないという非難についてである。このことを解決しておく必要があることは、論をまたない。まず、誤解のないように言っておくが、私は暴力や差別、強制的な手術からトランスの人たちが法的に保護されることに反対しているのではない。私はこれらの保護を心から支持する。

もう一つ言っておくべきことは、ボーヴォワールやバトラーといった専門の哲学者だけでなく、マネー、ストーラー、ファウスト＝スターリング、セラーノやウィトルらも、それぞれ複雑で抽象的な哲学理論を支持しているのだが、あたかもそれが単純な科学的観察から導き出されるかのように提示していることだ。ファウスト＝スターリングを例に取ろう。ファウスト＝スターリングは、性別が少なくとも五つあり、性別が「連続体」であると推測している。だが、研究室のデータから直接このような結論が導き出せたわけではない。他人が、まったく同じデータを見て、筋の通った異なる結論を導き出すことは可能だし、実際にそうしている。同様に、ジョン・マネーが「ジェンダーアイデンティティ」の存在について仮説を立てたとき、マネーは自分や他人が観察したことをよりよく説明するために、論争の余地のある新しい理論的概念を提示したのである。セラーノが提案した「シス」という概念も同様である。このように考えるならば、これらの理論的仮説は、一般的な理論的仮説がそうであるように、すべて厳密な批判的検証を受けることができるはずである。

哲学に限らず一般に学問の世界では、理論やその仮説を厳しい批評の対象にすることが普通である。ある提示された理論はエビデンスをうまく説明できているか。そのエビデンスをもっとうまく説明しうる対抗理論はないか。その理論は、人びとが関心を寄せていることを説明したり、予測したりするのに役立つか。その理論は、平明さなど説明上の長所を備えており、既存の有効な理論と整合しているか。これらの疑問を自動的に「トランスフォビック」として排除することは、劣悪な理論にフリーパスを与えることになりかねない。私には、そのようなことは学者の責任としてできないし、ほかの人もすべきではない。学問をする者であれば、同業者による厳密な批評を受けるのは当たり前のことだ。ゼミや査読で論文はボロボロにされるし、実験では交絡〔因果関係の判断を混乱させること〕の可能性のある変数がないかどうかを調べ上げられる。そうすることには十分な理由がある。歴史上、劣悪な理論や空虚な理論的概念（「内なる悪魔」説から四体液説、フロギストン説にいたるまで）が数多く存在するからである。ジェンダーアイデンティティ理論に同じような間違いの余地はないと考える理由はない。それどころか、その余地があると考える追加的理由がある。なぜなら、トランスの人たちのなかには（全員ではない）、ジェンダーアイデンティティ理論がうまく機能することを切望する人びとがおり、それがかれらの中立性に影響を与えている可能性があるからである。多くのトランスの人たちが、自分たちの政治的・法的権利の存在と承認は、ジェンダーアイデンティティ理論の正しさにかかっていると（後で論じるように、間違って）思い込んでいるからだ。

「シス」である私がジェンダーアイデンティティについて論じることは、トランスの人たちの当事者としての経験に基づく説明を侵害することであり、それは容認できないという批判者に対して、私はまずこう言いたい。かれらは、「シス」である私にもジェンダーアイデンティティがあることを想定していないのだろうか。より重要なことは、先に述べたようなスタンドポイント認識論の洞察が自動的にかれらの主張を正当化するものではないということだ。スタンドポイント認識論が言うように、労働者はブルジョアの支配が自分たちに及ぼす具体的な影響をブルジョアジーよりもよく理解することができる、というのはもっともなことである。そこから推定して、ほとんどがシスの世界でトランスとして生きることがどんなことかを本当に理解できるのはトランスだけだ、とも言えるだろう。しかし、だからといって、ジェンダーアイデンティティの哲学的性質と（すべての人にとっての）現実的な結果について正当に議論できるのはトランスの人たちだけだ、というのは乱暴な飛躍である。一人のレズビアンとして、性別に不適合な女性として、私もまた当事者の一人である。思想を大切にする学者としても、ほかの女性のことを気にかけるフェミニストとしても、そうであることは言うまでもない。いずれにせよ、トランスの人たちの間でも、ジェンダーアイデンティティについて意見が分かれているのは当然である。トランスの人びとは知的な意味で一枚岩ではないし、一般概念として理解された、生物学的性別と一致しないジェンダーアイデンティティは、生のままで何の解釈もされずにトランスの人の頭のなかに届く、生きた経験のようなものとは違うのである。

最後に、このような反論があるかもしれない。それは本当に重要なことなのか。トランスの人たちが幸せになるのであれば、ジェンダーアイデンティティ理論について好きにさせたらいいではないか。現実の人びとの人生を使って抽象的な哲学上のゲームをしているだけではないのか。もっと思いやりがあってもいいのではないのか。本書での私の主張はこうだ——残念ながら、ジェンダーアイデンティティ理論が多くの分野であまり議論されず優位を占めていることは、トランスの人びとにとってもそうでない人びとにとっても、非常に深刻な問題だ。それがもたらす結果は、「抽象的」とは程遠いものである。それは多くの人たちに重大な害をもたらすものであり、被害者には一部のトランスの人たち自身が含まれる。トランスの人びとにとって、そして今後のトランス運動にとって、この理論はむしろない方がよい。

ジェンダーアイデンティティ理論は、単にジェンダーアイデンティティが存在し、それが人間にとって根源的なものであり、法的・政治的に保護されるべきであるというだけの主張ではない。それは生物学的な性別は重要でなく、そのような意味での法的保護は必要ないということをも主張している。いわば、ジェンダーアイデンティティと性別が一騎打ちした場合、ジェンダーアイデンティティが勝つべきだという主張である。そこで性別の話をする必要がある。

第2章　性別とは何か

過去五年間、ストーンウォール、スコットランド・トランス・アライアンス、ジェンダード・インテリジェンスといったイギリスの運動団体は、ジェンダー承認法を改正してジェンダーアイデンティティを認めることと、平等法から女性という性別に対する政治的保護を削除することの両方を政治家に働きかけてきた[1]。なぜトランス活動家は、ジェンダーアイデンティティと生物学的性別のどちらかを選ばなければならないと考えるのか。その理由の一つは、他人が性別に言及しないことが、トランスの人びとにとって心理的に重要であると考えられているからである。この考えは、運動団体によって強く推し進められ、性別に言及することに対する文化的タブーを生じさせることにつながった。しかし、もう一つの重要な要因は、生物学的に二つの異なる性別など結局のところ存在しないと主張する学者たちの存在であった。もしそれが本当なら、法的保護はジェンダーアイデンティティのみに焦点を当てるべきだと考える十分な理由になるだろう。よって、このような主張を早急に精査する必要がある。

本章のテーマは、直接的には**生物学的に女性または男性であること**とは何かであり、**社会的に女性または男性であること**を問うものでは（直接的には）ない。これまでみてきたように、一部の理論家にとっては、社会的に女性であることと、生物学的に女性であることは同じではない。生物学的男性の一部は社会的には「女性」でありうるし、生物学的女性の一部は社会的には「男性」でありうるという。このような見解については後ほど説明することにして、いまはそれにあまり気を取られないようにしてほしい。つまり、このこと（生物学的女性しか社会的な女性とみなしえないのか、生物学的男性しか社会的な男性とみなしえないのか）についていまどう考えているにせよ、それは括弧に入れてほしい。ここでは、生物学的な女性または男性であること、つまり、生物学的な性別についてだけ話していきたい。しかし、はっきり言えばこれは、あまり楽しい話ではない。当面は、次の主張にだけ集中してもらいたい。人間は生物学的な女性と男性に分かれており、この二元的な区別は安定した生物学的事実に根ざした自然な状態である、という主張である。

多くの読者にとって、私がわざわざ一章を費やして二元的な性別の存在を証明しようとしていることが不自然にみえるかもしれない。そんなことは火を見るよりも明らかだと受け止められるかもしれない。だが、ほかの読者にとっては、私の主張は言語道断であり、異端であると思われるだろう。私たちはいま、このように奇妙な知的風土のなかに生きている。前者に属する人であっても、後者の人びとがどのように生き、いかなる背景の知的信条が現在の論争を煽っているのかを知る価値はある。

二元的な性別は存在しないと主張する前に、生物学的性別とは何かについて、入手可能な最良の実証的説明を見つける必要がある。現在、候補は三つある。そのどれもが、生物学的な男性と女性は自然界に存在し、人類が存在するかぎりつねに存在してきたと説いている。私は三つとも同じように説得力があると思う。それぞれに欠点はあるが、致命的なものではないので、どれかを選ぶことはしない。いずれにせよ、二つの性別という考えに対するよくある反論は、そのいずれをも脅かすものではない。

性別とは何か

性別の説明1——配偶子による説明

生物学的な性別についての説明の一つ目は、哲学者のアレックス・バーンが最近発表したもので、人間、動物、植物を問わず、雌雄が存在するすべての種について説明することを目的としている。[2] これを「配偶子による説明」と呼ぶことにする。生体の生殖細胞は、「配偶子」と呼ばれる。配偶子による説明では、オスは、有性生殖を行なうために、小さい配偶子を作る発生経路を持つ生体であると定義される。一方、メスは、有性生殖を行なうために、大きい配偶子を作る発生経路を持つ生体である。ここでいう「大きい」とは、同じ種のオスが作る小さい配偶子に対して相対的に大きいということである。メスは、比較的少数の、静止した、大きい配偶子を作る。オスは、比較的多くの、移動可能な、小さい配偶子を作る。オスの部分とメスの部分が同時に存在する生体もある。たとえば、花は花粉と卵細胞の両方を生産する。しかし、ほとんどの種では、オスとメスは別の生体である。一方、クマノミのような種（人間が性別変更できるかどうかに関連する種として引き合いに出される）では、生物は外的環境と内部機構との相互作用により、オスからメスへと変化することができる。しかし、ここでも、発生のある時点のクマノミがオスかメスかを決めるのは、（すぐに、あるいは次に）より小さい配偶子を作る発生経路にあるか、より大きい配偶子を作る発生経路にあるかということである。

より小さい配偶子ないしより大きい配偶子を持つこと自体をメスかオスかの基準にせず、「発生経路にある」などという表現にこだわるのはなぜか。その答えは、バーンも認めているように、発生経路がうまくいかないことがあるからである。配偶子はつねに作られるわけではない。病気、変異、環境の影響や老齢化など、さまざまな要因から干渉を受ける可能性がある。しかし、そのような干渉を受けた生体のことを、もはやメスでもオスでもないとは通常言わない。メスやオスについて語るときに問題にされているのは、ある生体が実際に持っている能力か、少なくともある状況下では（たとえば、その特定の変異が起こらなかったら、あるいはその特定の環境要因が干渉しなかったら、など）持っていたであろう能力なのである。このような干渉要因がなかったら、この生体では、その内部構造の残りの部分を考慮すれば大きな配偶子の生産が起こっただろうと合理的に言うことができる。つまり、たとえいまは実際に大きな配偶子を生み出さないとしても、なおメスであることに変わりはないのである。

この性別についての説明は、染色体についてはは何も語っていない。XYやXXについてはまったく触れない。また、第一次性徴や第二次性徴、そのほかの形態学的特徴（おおざっぱに言うと身体的特徴）についても言及しない。これは、有性生殖のためにオスとメスが分かれているあらゆる生物種を網羅的に説明することを目的にしているからである。そういう生物種は、染色体や形態学的特徴がさまざまである。だが配偶子による説明に基づけば、有性生殖を行なうすべての生物種に共通することは、二つの異なる発生経路が存在するということであり、予定どおりに進めば、それぞれが最終的に一定の異なる大きさの配偶子を生み出すのである。

性別の説明2——染色体による説明

性別についての別の説明では、人間の男性と女性に焦点を当てる。この考え方は、具体的にいかなる身体的要因が当該個体を二つの配偶子生成経路のどちらに振り分けるのか、という観点から人間の男性と女性を分類しようとするものである。その要因は、細胞内のY染色体の有無であることが判明している。通常、Y染色体上のSRY遺伝子が、七週齢のヒト胚において、大きな配偶子ではなく小さな配偶子を生む体を発達させるきっかけとなる。人間の生物学的男性とは、Y染色体を持つ人間のことである。人間の生物学的女性とは、Y染色体を持たない人間のことである。二つの性別についてのこの説明を、「染色体による説明」と呼ぶことにする。染色体による説明では、必ずしも女性はXX、男性はXYの性染色体を持つとは限らない。たしかにそれが標準ではある。しかし、稀に起きる性分化疾患（DSD）では、女性はX、XXX、XXXXまたはXXXXXのいずれかに、男性はXXY、XXXYまたはXXXXYのいずれかになることがある。二つの性別を定義するものとして肝心なのは、細胞内のY染色体の有無である。

配偶子による説明と染色体による説明のどちらでも、男性または女性のどちらにも当てはまりにくいDSDのケースが時々起きる。そのようなケースの一つが、子宮内で非一卵性双生児の胚が早期に合体してできた個体である。その個体はXXを発現する細胞とXYを発現する細胞を持っている。このような状態を46,XX/46,XYと呼ぶ。すべてではないが、これらの人びとのなかには卵精巣性疾患、つまり卵巣と精巣の両方の組織が体内に存在する人がいる。配偶子による説明では、このような人たちを明確に男性か女性かに分類するのは難しいだろう。なぜなら、その人たちがどのような配偶子発生経路をたどっているのかが正確には不明だからである。また、染色体による説明でも苦労しそうだ。ある細胞にはY染色体があるが、ほかの細胞にはないということが、分類の決め手となる理由はとくになさそうだからだ。

配偶子による説明も染色体による説明も、人間の男性と女性の説明を狭い範囲での関心から特徴づけている。それは主に生物学的・医学的説明のなかに男女を位置づけることへの関心である。また、どちらも「本質主義的」な説明でもある。つまり、ある特定の特徴（配偶子による説明では発生経路、染色体による説明ではY染色体の有無）を、どちらかの性別に属するための本質的で、かつ十分な特徴として優先している。これらの説明の筋道にまったく欠点がないわけではないが、それでも人間の大多数について、ある個体が男性か女性かに関しての明確な答えを出すことができる。

ただし出された答えは、一般の非科学的な人が出す答えと比較すると、直感に反しているようにみえるかもしれない。たとえば、XY染色体を持つ人で、アンドロゲン不応症と呼ばれるDSDを持つ人たちのケースを考えてみよう。そのような人たちは睾丸を持ち、その一部または全部が未発達なことがあるが、配偶子と染色体の両方の説明からは「男性」である。しかしその人たちはテストステロン（主要な男性ホルモン）に対しても部分的にしか反応しないか、あるいはまったく反応しないため、外見的な形態が「低男性化」または完全に「女性化」してしまうことがある（わかりやすく言うと、乳房、外陰部やクリトリスがあり、思春期以降の筋肉や脂肪の分布、顔立ちなどの構造が女性を連想させる範囲内にある）。極端なタイプである完全型アンドロゲン不応症の人のなかには、自分も周囲も女性だと思って育つことがあるが、配偶子や染色体の説明からは、それは間違っていることになる。その一方で、XXの染色体と卵巣を持ち、配偶子と染色体の両方から女性と認識されているにもかかわらず、先天性副腎過形成症という疾患を持つ人のなかには、男性器のようなクリトリスや空っぽの陰嚢を含む、非常に「男性化」した外的形態になるケースもある。

一見すると直感に反する分類がされるもう一つのケースに、45,X/46,XYモザイクと呼ばれる状態がある。この状態の胚はXY染色体から発生するので、厳密には（少なくとも最初のうちは）小さい配偶子を生む発生経路にある。したがって配偶子による説明では男性とみなされる。また、（明確さでは劣るが）染色体による説明でも、どの段階でY染色体を保有することが分類上最も重要と判断されるかによるが、おそらく男性になる。ところが、このケースでは、細胞分裂の初期に、X染色体だけを残して細胞からY染色体が失われる。この細胞はコピーと再コピーを繰り返し、指数関数的に増殖する。その結果、XとXYの両方の細胞を持つ胎児が誕生する。この場合、46,XX/46,XYと同様に、体内に卵巣と精巣の両方の組織が存在する可能性がある。しかし、配偶子による説明、そしておそらく染色体による説明でも、このグループの人びとは男性として分類される。

性別の説明3——クラスターによる説明

性別に関するこの第三の説明モデルには、右で述べたケースのいくつかについて異なる答えになる材料が含まれている。これを「クラスターによる説明」と呼ぶことにする。クラスターによる説明は、種とは何かということに関する、ある特定の説明から着想を得ている。

かつてはある種に属するメンバーには共通の特徴や「本質」があり、それがその種のメンバーであることを保証するという考え方が定説であった。たとえば、トラが一つの種を形成しているのは、トラが、そしてトラだけが、ある特定の特徴を共通して持っているからだと考えられていた。特徴はそれぞれの種で異なるが、同じことが普通のミミズ、ヒラタケ、ヨーロッパアカマツなど、すべての種についてあてはまるとされた。実際にはしかし、科学者たちは、一つの種のすべてのメンバーにのみ共通する「本質的」な特徴を見つけることができないことが多かった。自然淘汰は、組み換え、突然変異、機会的浮動（ランダム・ドリフト）などのプロセスを通じて遺伝的多様性を持つ種を生み出す傾向がある。トラの縞模様や密集した短い毛など、生物の身体的な特徴である形態学的特徴は、遺伝子の変異や特定の環境下で特定の遺伝子がどのように発現するかの違いによって、一つの種のなかでも大きく変化することがある。たとえば、トラのなかには生まれつき縞模様がない個体もいる。さらに複雑なことに、異なる種が遺伝物質や形態学的特徴を共有することもある。

そうした事実に対して、哲学者のリチャード・ボイドは、生物種の「恒常的性質クラスター」による説明を提案した。[3] 恒常的性質クラスターによれば、種は形態学的特徴の比較的安定したクラスターと、それらの特徴を生み出す基礎的なメカニズムという観点から定義される。[4] 一つの種において形態学的特徴は「クラスター化」する傾向があるが、それを引き起こすのは、遺伝的、環境的、発達的な特定の基礎となるメカニズムか、特徴の一部がクラスター内のほかの特徴の存在によって発現する可能性が高くなるためか、あるいはその両方による。しかし重要なことは、恒常的性質クラスターによれば、クラスターに含まれる特定の特徴と、それを支えるメカニズムのいずれも、個体がその種のメンバーとなるために不可欠な条件とみなされないということである。[5] つまり、ある種の特定のメンバーは、特定の特徴や特定のメカニズムを欠くことができる（縞模様のないトラがいるという例を思い出してほしい）。しかし、その個体がクラスターに含まれる重要な特徴を十分に持っており、それらの特徴が関連するメカニズムによって十分に引き起こされているかぎり、その個体は依然として当該の種のメンバーとみなされるのである。それゆえ、一つの種のうちには遺伝的・形態学的な変異が問題なく存在することになる。

あるクラスターの「重要な」特徴を「十分に」持っているとみなすかどうかは、ある意味で、より広い集団的な理論的目標に照らし合わせたうえでの実践的な決定である。私の知るかぎり、ボイドはこのようなことは言っていないが、おそらく、自然界の存在を分類する際の私たちの集団的な目標は、時には厳密な科学や医学とは別のものと言えるかもしれない。もしそうだとしたら、男性と女性という、人間が医学的・科学的な観点からだけでなくさまざまな観点から関心を持つ、自然に存在する二つのカテゴリーの根拠を説明するために、恒常的性質クラスターによる説明を適用することがおそらく可能であろう。

性別についての「クラスターによる説明」では、まず、通常の生活で男性か女性かを識別するのに関連する形態学的特徴のクラスターを特定することになる。女性も男性も、生まれてから老いるまで、互いに相対的で特徴的な一般的身体的特徴を一定の範囲内で持つ傾向がある。男女は、出生時に特徴的な生殖器官と外性器を持ち（第一次性徴）、さらに思春期以降、ある種の特徴的な顔の構造、骨格構造、筋肉と脂肪の分布、乳房の有無、体毛の有無、声色などを持つようになる。これらを第二次性徴という。

つまり、事実上、男性とみなされるのに関連する形態学的特徴のクラスターと、女性とみなされるのに関連する形態学的特徴のクラスターがある。ここで重要なのは、先ほどの私の表現にあった「互いに相対的」と「一定の範囲内」ということである。すべての、あるいはほとんどの女性が、たとえばまったく同じ顔や体を持っていると言っているわけではもちろんない。この主張は、ある範囲内の特徴についてであり、その範囲内での特徴は、ある種類の人びとにとって、ほかの種類の人びとよりも統計的に可能性が高いということである。それぞれの特徴は、遺伝子の発現、ホルモンの分泌量、そのほかの発達メカニズムなど、一連の根本的な原因となるメカニズムに特徴的に関連している。だが配偶子や染色体による説明とは異なり、クラスターによる説明では、個々の特徴は、生物学的に女性であることや男性であることにとって本質的であるとはみなされない。同様に、ある個体があるクラスターに含まれるすべての特徴を示す必要はない。そのため、ばらつきが生じる可能性は予測され、対処もされている。

むしろ、女性であるために必要なことは、女性に関連するクラスターの重要な特徴を十分に発揮し、適切な種類のメカニズムに十分に支えられているということである。男性であることについても、男性関連クラスターとの関連で同じことが言える。ほとんどの人は特定のクラスターに含まれるすべての特徴を示すが、すべての人がそうなるわけではない。それでも、これによってその人が男性でなくなったり女性でなくなったりすることはない。なぜなら、クラスターによる説明では、いわばフルセットを備えていることが必須条件ではまったくないからだ。

恒常的性質クラスターによる説明と同様に、クラスターの「重要な」特徴を「十分」とみなすことは、ある意味、より広い理論的目標との関連でなされるべき実践的な決定である。そして、恒常的性質クラスターとの関連で議論されたように、こうした目標は医学的・生物学的なものに限られる必要はなく、染色体や内性器よりも日常的に観察できる人の「外側の」特徴により重きを置くこともおそらく可能だろう。これは次のことを考えると理に適っていると言えるかもしれない。つまり「外側の」特徴は、人びとが最も頻繁に直接知ることができるものであり、日常的な性別（自認によるそれも含む）の識別に使用されるものであるということだ。もしこれが正しければ、完全型アンドロゲン不応症の人には次のような可能性が残されているかもしれない。つまり、完全型アンドロゲン不応症（XY染色体を持つが、外陰部とクリトリスを持って生まれ、思春期に乳房やそのほかの女性に関連する身体的特徴を持つ人）は、少なくとも一つの一貫した意味において、女性とみなすことができるという可能性である。たとえば、外見的な身体的特徴を内的特徴よりも重要視することを集団的に決定した場合が考えられる。結局のところ、完全型アンドロゲン不応症に伴う外見的形態は、少なくとも部分的には、一般的な女性と共通する根本的な原因メカニズムによるものなのである。(6)

おそらく、同様の理由から、XXの染色体を持ちながら先天性副腎過形成であり、その結果、外見的形態が極端に男性化した人も、男性に共通する少なくとも一つの根本的なメカニズムである高レベルのアンドロゲンにさらされることを考えれば、クラスターによる説明では男性とみなされる余地があるであろう。また、45,X/46,XYモザイクの場合、最終的にどのような分類をするかは、個々の形態の特定の側面に最も適合するように調整されることになるだろう。このような分類は、必ずしも医学的、生物学的な文脈に適しているわけではないが、人間にはそれとは別の重要な文脈もある。

前述のようなケースについて、何を結論とすべきかを判断するのは簡単なことではない。DSDやその結果生じる形態には、私たちを概念の限界にまで追い詰めるものがある。しかし、いずれにせよ、生物学的に女性または男性であることを定義するための三つの候補が揃ったことになる。では、「自然に与えられた性別は二つ（だけ）である」という考え方が誤り、あるいは虚構であると考えるに足る理由はあるのだろうか。最もよく挙げられる理由を見て、そのなかに脅威となるものがあるかどうかを確認してみよう。まずは簡単なものから始める。

普通、人の染色体が何なのか、外性器がどんな形をしているのかを知らない

この反論は、ある人の染色体、配偶子、外性器が何であるかはわからないという事実から、それらのものは、ある人がどちらの性別に属するかについての重要な条件とはみなしえない、という主張へと進む。第1章で紹介した生物学者ジュリア・セラーノが『ウィッピング・ガール』でそういう主張をしている。セラーノの主張は、「他人の性染色体を容易に見ることはできない」ので、「遺伝的」な男性や女

性というものは存在しないということのようだ。[7] セラーノはまた、「生物学的」に男性または女性であることが外性器の所有と関係があるという考えについても、痛烈に批判している。なぜなら、私たちは通常、見知らぬ人の外性器を見ることはないが、それでも普通はその人の性別がわかるからである。セラーノの結論はどうやら、通常、胸や顔ひげなどの観察可能な第二次性徴の有無に基づいてのみ、見知らぬ人の性別を識別しているのだが、人をいずれかの性別に区分しているのはそれらのものに違いないということのようだ。[8]

この議論は、特定のカテゴリーに何かが属するかどうかを通常どのように推論するかということと、そのカテゴリーにそれが属することを根拠づけるものとを混同している。次の例と比べてほしい。私はある人が結婚指輪をしているのを見て、その人が結婚していると推測する。その人が実際に結婚していれば、その推測はたまたま正しかったことになる。しかし、結婚指輪をはめていることがその人を既婚者にするわけではない。結婚指輪をしていても、独身である可能性はある。このように、特定のカテゴリーに属することを判断するために使われるエビデンス（通常は信頼できるが、絶対的なものではない）と、そのカテゴリーに実際に属することの条件とは区別できる。結婚式を挙げると、必ずではないが多くの場合、結婚指輪を贈られる。だから結婚指輪を、結婚していることの合理的なエビデンスとするのはおかしなことではない。同様に、女性は思春期になると胸が大きくなるが、顔ひげは生えないのが普通である。そのため、通常は胸の見た目や顔ひげの有無で性別を判断することができる。とはいえ、結婚指輪があるから既婚者というわけではないように、胸があるから女性というわけでも、顔ひげが目立たないから女性というわけでもない。どちらも別の方法で手に入れることができるはずだからだ。この点では、私が提示した性別の三つの説明モデルのどれも、真に脅かされることはない。

性分化が異なる人がいる

第1章で述べたように、アン・ファウスト＝スターリングは、性別は二元的ではなく、彼女の言うところの「広大で無限に変化する連続体」[9]であるという見解を広めるのに大きな影響力を持ってきた。彼女の本はベストセラーになり、そのオピニオン記事が『ニューヨーク・タイムズ』紙を飾ったこともある。この結論にいたった根拠は、ほとんどがＤＳＤを持つ人びとに関する議論に由来している。これは多少難しい課題だ。

ファウスト＝スターリングは、先行研究に倣って、ＤＳＤを持つ人たちを「インターセックス」と呼ぶことが多い。また、人口の一・七パーセントがインターセックスであると好んで言う。[10]もしそれが正しければ、ほぼ五〇人に一人がそうした人だということになり膨大な数になる。しかし実際には、この一・七パーセントという数字には、遅発性（非古典的）先天性副腎過形成症という症状を持つ、人口の一・五パーセントが含まれている。これは、先ほど説明した古典的な先天性副腎過形成症とは異なり、両方の性別に影響を及ぼす可能性のある酵素欠損症を伴い、外性器や生殖器官の曖昧さを伴わないものである。女性であれば妊娠し、出産することも矛盾なく可能である。[11]この症状は、これまで見てきた性別の三つの説明モデルのいずれでも簡単に性別を確定できる。

これらの説明モデルで簡単に対応できるほかのＤＳＤは以下のとおりである。クラインフェルター症候群は、Ｙ染色体を持ち、小さい配偶子の発生経路にあり、男性化した形態を持つ人（つまり男性）が、一本ではなく二本以上のＸ染色体を持つものである。ターナー症候群は、Ｙ染色体を持たず、大きい配偶子の経路で、女性化した形態を持つ人（つまり女性）が、二本ではなく一本だけのX染色体を持つものである。また、ロキタンスキー症候群（ＭＲＫＨ）は、Ｙ染色体を持たず、大きい配偶子の経路で、女性化した形態を持つ（すなわち女性）が、膣が未発達または欠如している。ファウスト＝スターリングの一・七パーセントからこれらの症状を差し引くと、〇・〇一八パーセント、つまり一万人に一・八人という、あまり目立たない数字が残ることになる。[12] このことは特筆に値する。というのも、一・七パーセントという誇張された数字こそがレトリックとして強く作用し、生物学的性別は二元的ではなく連続的なもの、あるいは「スペクトラム」であると人びとを納得させてきたからである。

さらに調べてみると、ファウスト＝スターリングが言う「インターセックス」とは、「染色体、生殖器、生殖腺またはホルモンのレベルで身体的二型性のプラトン的理念型から逸脱している個体」だということが判明する。[13] これは、生物学的な男性または女性とみなされるには、染色体かつ外性器かつ生殖腺・配偶子かつホルモンのプラトン的理念型を満たさねばならず、これら本質的な点の一つでも欠けていれば、その人はインターセックスであるということを意味する。これは、性別のカテゴリーに属することに、とんでもなく過大な条件を課すものである（私は二十代前半に卵巣を失ったので、真っ先にインターセックスだということになろう）。配偶子による説明では、生殖腺や配偶子の発生経路にのみ焦点を当て（実際の配偶子や生殖腺の保有には焦点を当てず）、性別の分類に関するほかの要件は何もない。染色体による説明は、Ｙ染色体の有無に焦点を当て、それ以外の要件はない。クラスターによる説明は、第一次性徴と第二次性徴に焦点を当てるが、重要なことは、生物学的に女性または男性であることに不可欠なこれらの特徴のうち特定のものを必須とはしないことである。というのも、このクラスターによる説明は本質主義的ではないからだ。

一・七パーセントの人びとがインターセックスであるという発言にもかかわらず、性別とは「限りなく変化しうる連続体」であるというファウスト＝スターリングの明確な主張は、実際には、自身が認めるように、DSDの非常にまれな一部の症状にもっぱら焦点を当てたものである。後に本人がこの文章を冗談半分で書いたと述べているが、一九九三年の論文「五つの性別──なぜ男性と女性では不十分か」でファウスト＝スターリングは、男性と女性のほかに、さらに三つの人間の性別カテゴリーがあると提言している。[14] これらについては第1章で説明したが、もう一度確認しておく価値がある。一つ目に「真の両性具有者」。前述のように、体内に卵巣と精巣の両方の組織を持つ者である。二つ目に「男性仮性両性具有者」。完全型アンドロゲン不応症のように、Y染色体を持つが、外見的形態が女性化した、小さい配偶子の発生経路を持つ者である。そして最後に、「女性仮性両性具有者」である。これは、Y染色体を持たず、大きな配偶子の発生経路を持つが、古典的先天性副腎過形成症のように外見的形態が男性化した者を指す。

五つの別個のカテゴリーを提示しても、「無限に変化する連続体」を立証することはとてもできない。「連続体」とは、互いにわずかに区別できる程度の近似した存在を示唆するが、ここではそうではない。さらに重要なことに、ファウスト＝スターリングの最後の三つのカテゴリーを別個の複数の「性別」と呼ぶ必要はまったくない。なぜなら、それらはすべて、すでに述べた性別の三つの説明モデルすべてを用いて説明されるからである。

染色体と配偶子の両面で考えると、二つ目の「男性仮性両性具有者」は、Y染色体を持ち、小さい配偶子の発生経路にあるため、発生上混乱があり標準とは異なる男性体形を持つとはいえ、規準に照らして男性であることに変わりはない。同様に、最後の「女性仮性両性具有者」は、Y染色体を持たず、大きな配偶子の発生経路にあるため、女性である（ただし、すでに述べたような注意点はある）。これらの結論が、完全型アンドロゲン不応症や先天性副腎過形成症の人びとの一部が自分自身について言うことと矛盾しているのは事実だが、それは必ずしも結論を否定する理由にはならない。一方、クラスターによる説明では、「男性仮性両性具有者」と「女性仮性両性具有者」は、男性と女性のどちらともみなされる可能性があるが、それは女性クラスターと男性クラスターにおいて、外見的形態の重要性をほかの特徴よりもどれだけ重視するかという社会的決定による。

以上のことから、一つ目の「真の両性具有者」だけが残った。それは一〇万人に一・二人というきわめて少ない人数からなる。[15] たとえば、46,XX/46,XY の人は、配偶子、染色体によるどちらの説明でも分類が難しく、おそらくクラスターによる説明でも分類が難しい。しかし、このような困難があることが、なぜ性別を非二元的なものと考えることに、ましてや「連続体」と考えることにつながるのかは不明である。ファウスト＝スターリングの説明で致命的なのは、生物学上のカテゴリーに関してはボーダーラインのケースで分類に困難があるのはまったく普通のことだという事実を無視しているように思われる点である。あらゆる生物学上のカテゴリーの類推の先端には、いわゆる困難例（ハードケース）が存在する。たとえば、ある既存の種と、その種から進化した別の新しい種との正確な境界線はどこにあるのか。明らかにどちらにも属さないケースや、どちらにも属しているように見えるケースが存在する。地理的な境界線に沿って分かれる種にも、同様の曖昧さがある。異なる種の間の交雑はもう一つの難題を突きつける。「タイゴン」と「ライガー」はタイガーとライオンのどちらに属するのか、あるいはその両方なのか、それともどちらでもないのか。既存の生物学的分類で明確な答えを出すのは難しい。

しかし、この問題は生物学上の種類に限ったことではない。哲学者のなかには、多くの、あるいはすべての概念が、突出した困難例や、それについて私たちが言えることに関して「決定力に欠ける」という者もいる。たとえば、哲学者のピーター・ラドローが論じた「惑星」がある。[16]「惑星か非惑星か」は二者択一の問題のように見える。しかし、冥王星は惑星なのか、そうでないのか。ある人は「そうだ」と言い（球を形成して太陽を周回するのに十分な質量があるからという理由で）、ある人は「違う」と言う（氷でできていてほかの惑星と同じ平面上にないからという理由で）。あるいはもっと身近に、ジャファケーキ〔硬めのスポンジの上にオレンジジャムを載せチョココーティングしたお菓子」を例にとると、ケーキなのか（なにしろスポンジ状なのだから）、ビスケットなのか（なにしろ小さくてビスケット状なのだから）。イギリスの裁判所は、ジャファケーキをケーキと判断したことがあるが、後にその判断が覆される可能性は容易に想像できる。ケーキとビスケットという通常の概念では、このようなケースを扱うことはできない。

このように、困難例は、生物学的な男性と女性というカテゴリーに限られた特別な問題ではない。多くのカテゴリーは、最終的に、そのカテゴリーに関する現在の理解では自動的にどちらかに決定することができない困難例に遭遇することになる。私たちは、日常世界やよく遭遇するケースに対応するのを容易にするために、たいてい概念上のツールとしてカテゴリーを形成する。だから、通常とは違うケースが見つかったときに、それをどう分類すればいいのかわからないことがあるのは当然のことだ。

では、ファウスト＝スターリングが「真の両性具有者」と呼ぶものは、性別が二元的でないことを示すのだろうか。もし「二元的」の意味が、世の中のあらゆる存在が明らかに二つのうちのどちらか一方の状態に分類されなければならないということならば、そうなる。だが適切に理解すれば、「性別が二元的である」とは、大多数の人びとがどちらか一方の性別に分類されるというだけのことなのである。そして、前に挙げた性別の三つの理解の仕方では、そのようになるのだ。

ファウスト＝スターリングは、『ニューヨーク・タイムズ』紙に最近寄稿した「なぜ性別は二元的ではないのか」というオピニオン記事で、もう一度次のようなことを述べている。この記事では、ジョン・マネーに倣って、受胎から人生のさまざまな時点まで連続的に発達する、性別に関するある発達段階または「層」を次のように区分している――「染色体」、「胎児性腺」、「胎児ホルモン」、「内性器」、「外性器」、「思春期ホルモン」、「思春期形態」[17]。そして、ある層が「女性」であり、別の層が「男性」であることが、まったく同じ人のなかにありうると示唆している。だが私たちがもはや、全体として性別のある個人について語らないのであれば、そこで言う「男性」や「女性」とはいったい何を意味するのか、という疑問がただちに浮かぶ。しかし、それはさておき、これまで見てきた性別の三つの説明モデルを考慮すれば、ある個人が男性か女性かについて総合的に判断することをやめて、「性別のある」層について語らなければならないと考える正当な理由はない。もう一度言うが、ファウスト＝スターリングは、仮想敵として、女性または男性が包括的な「プラトン的理念型」を体現しているものだと考える人物を想定しているようだ。その理想とは、染色体および生殖腺、配偶子およびホルモンおよび生殖器官および外性器および思春期それぞれの特徴に関して完璧な構成が本質的に含まれている、というものである。しかし、繰り返して言うが、前述の三つの説明はいずれもこのような厳しい要求はまったくしていないのである。

性別は社会的に構築されている①

性別否定論の世界におけるもう一人の知的巨人は、アメリカの哲学者でカリフォルニア大学バークレー校の比較文学教授、ジュディス・バトラーである。主に一九九〇年代に出版した『ジェンダー・トラブル』と『ボディーズ・ザット・マター』(竹村和子ほか訳『問題=物質となる身体――「セックス」の言説的境界について』以文社、二〇二一年)を通じて、クィア理論、ジェンダー研究、トランス研究の分野に大きな影響を与えた。バトラーは、生物学的性別が「社会的構築物」であることを「論証した」として、現代のトランス活動家たちから際限なく引用されている。

バトラーのこの過激な見解は、それと混同されやすい、さほど過激でない見解とただちに区別される必要がある。バトラーの場合、男性と女性というカテゴリーには、それぞれ大量の文化的・社会的な意味や期待、規範が偶発的に付随しているという、よくある考え方にとどまらない。西洋文化では、男性はたとえば、より力強く、活動的で、声が大きく、攻撃的で、あるいは感情を抑制した世界の探検家であることなどが文化的に期待されており、女性はより思いやりがあり、従順で、融和的で、感情を表に出し、家庭的であることなどが文化的に期待されている。このような社会的に生み出されたとされる男女に関する意味づけのなかに、生物学的に決まっているものが本当にあるのかどうかを議論することはできる。だが、それらが文化的・歴史的に大きく異なることからわかるように、すべてが生物学的に決定されているわけがないことには、だれもが同意できるに違いない。だがバトラーが言っているのは、それよりもっと過激で破壊的なことなのである。それはこうだ。生物学的な男性や女性というカテゴリーは、いわば社会的意味づけにすぎない。世界には、男女に対応する自然な区分は存在しない。人間が偶発的かつ恣意的に二つの集団に割り当てた二つの社会的意味があるだけだ。もし文化や社会が異なる社会的意味を付与していたなら、性別は異なる構成になっていただろうし、性別は存在さえしなかったかもしれない。性別は完全に社会的に構築されたものだというのである。

バトラーは、どのようにしてこの驚くべき結論に到達したのだろうか。第1章で示したように、バトラーの重要な前提は、いかなる性別二元論も必然的に「規範的」にならざるをえず、それゆえ集団間の力の不均衡を強化するというかたちで「排除的」にならざるをえないということである。それは、男性と女性の理想的な体、心、セクシュアリティがセットになった「異性愛規範」的なパラダイムに訴えかけるものにならざるをえない。そのような理論は、どちらの規範のセットにもうまく当てはまらない人たち、たとえばゲイの人たちを、悪意を持って「排除」するに違いない、とバトラーは考える。

実際には、前に述べた性別の三つの説明モデルのどれにも、そのような規範は組み込まれていない。男性というものがY染色体を持つと主張しても、あるいは小さな配偶子を生み出す経路を持つと主張しても、排除的な規範にはならない。むしろそれは、世界に自然にあると想定される二種類の存在を概念的に区別する方法である。そのような事実を満たす人と満たさない人がいることをただ指摘することは、優劣やそのほかの肯定ないし否定的な意味合いでの価値判断とは別である。一方、クラスターによる説明についてはっきりしていることは、生物学的な男性または女性のどちらかとみなされるために、そのどちらかに関する特性のすべてを個人が持っている必要はないということであり、男性または女性の特性が広範囲で表現されるということである。これについても、悪質な力関係を前提としたり、定着させたりするという意味で「規範的」とは言いがたいことは明らかである。これまで見てきたどの説明モデルも、異性愛やそれ以外の価値について、いかなる示唆も与えない。たしかに、配偶子という考え方は、進化論的に与えられた生殖機能という観点から女性と男性を考えることに結びついている。だがそれは、個人の心理や性的指向についての主張ではなく、したがって同性愛を含むさまざまな個人の性的指向に対して完全に寛容的であることと矛盾しない。

バトラーの結論は、より広範な哲学的世界観に埋め込まれており、それと切り離すことはできない[18]。その知的信条には、第1章で概説した「言語によって言及される前の世界には、理解しうるものは何もない」という考え方が含まれる。言語的なカテゴリー分けは、先行する現実に言及するのではなく、むしろ現実に対して「生産的」あるいは「構成的」である。言語によって概念が異なるように、現実の「構築」も社会文化的・歴史的に異なる。言語はすでにそこにあったものを反映するものではない[19]。哲学的、科学的な分析によってその本質が発見されるような、既存の人間の種類やタイプは存在しない。生物学はそれ自体、「一九世紀のヨーロッパで生まれた法医学的同盟」にすぎず、それは「事前には予想できなかった［……］カテゴリー上のフィクション」、すなわち二つの性別を「生み出した[20]」。自己や人間性、「自然な」人体といった概念もまた虚構であり、その詳細は社会ごとに移り変わる。言語の「外」にあるものへの言語的参照を保証するようなものは、言語の「下」にも「前」にもない、というわけである。

哲学と実学を実りあるかたちで結びつけ、人間が世界から発見したものと、人間が世界に付与したものとの間に適切なニュアンスの区別をつけることに熱心な私のようなアカデミックな哲学者にとっては、バトラーの世界観は青臭く、簡略化されすぎて単調に見える。要するにバトラーは、「すべては人間が世界に付与したもの」と考えているのである。とはいえ、長年の経験から、一部の学生や教授陣（その多くは、アカデミックな哲学以外の分野に属することを指摘しておく）にとってバトラーの世界観が非常に魅惑的であることはわかる。ある種の考え方の持ち主にとって、バトラーは哲学界の「ハリー・ポッター」であり、物質世界に関する退屈な古い定説を、錬金術的で、移り気で、格好いい無常のものに変えてしまう。この効果は、バトラーの散文スタイルが持つあの有名なわかりにくさ（それは人びとに本当に深い真理にアクセスしているに違いないと思わせる）によって高められる。また、自分の見解がもたらす帰結についてほとんど明言せず、ある一文でこっそり提示し、別の一文で否定するような方法によって高められる。バトラーは社会的・文化的諸構造以前には人間の身体など存在しないということと、「物質性」というものが結局は存在するということを、どういうわけか同一ページのなかで暗示することができてしまう(21)。

バトラーが提示した一般的な社会構築主義の世界観を論破することは、本書の中心的な関心事から大きく外れることになるし、すでにほかの人が行なっている(22)。私にできることは、バトラーの世界観がもたらす帰結を、バトラーが決して語らず、そして間違いなく少なくとも半ば強引に否定するであろう方法で、はっきりと言葉にすることである。

では始めよう。バトラーの世界観の論理からすれば、自然によってあらかじめ与えられた、安定した二つの生物学的な性別が存在しないばかりでなく、自然淘汰に関する既成の事実も存在しないことになる。有性生殖は存在しない。既成の化学元素や生物種も存在しない。少なくとも一般に理解されているような気候変動はない。分子も原子もクォークも存在しない。ウイルスもバクテリアもなく、有効な薬もプラセボもない。燃焼の原因として酸素について語ることには、一八世紀のフロギストン（あらゆる可燃性物質のなかに存在し、燃焼時に放出されると考えられていた物質）の概念について語ることに正当性がないのと同じように、究極的には合理的な正当性がない。行動の原因としてのニューロンについて語ることは、究極的には、身体の「体液」について語ることより正確でもなければ、不正確でもない。創造論は、進化論よりも理論として悪くも良くもない。非歴史的真理、絶対的真理は実際には存在しないし、「正確な」科学的理論や説明も存在しない。

以上の要約に対して、私は間違っていると言われるかもしれない。実は、バトラー式の図式においてもなお、これらのものはすべて「本当は」存在すると言うことができ、同時にまた「社会的」「言語的に」構築されたものだとする首尾一貫した理解の仕方があるのだ、と。本当にそうならば、やれやれ一安心だ。しかしそういうことなら、生物学的性別も元どおりにしてもらえないだろうか。

科学に関する社会構築主義の最も妥当なバージョンは、社会的に構築されたと結論づけるものの存在に対して懐疑的ではない。哲学者のイアン・ハッキングは、飛行機が「社会的に構築されたもの」であると主張する人びとについて、こう述べている。そういう人はそれでも「飛行機が自分をそこに運んでくれると期待しており、飛行機での移動に科学、技術、企業が不可欠であることを知っている」[23]。科学に関するウルトラ社会構築主義者であるブルーノ・ラトゥールやスティーブ・ウールガーでさえ、「事実が存在しないとか、現実というものが存在しないとは言いたくない」と述べている[24]。性別に関するバトラーの社会構築主義は、このようなものではない。バトラーは、二元的な性別概念については明確に否定したつもりでいるようだ。しかも、まったくありえないことだが、この否定を論理的にはあらゆる科学的分類に拡大しうる一般的根拠に基づいて行なっているのである。

性別は社会的に構築されている②

バトラーは一九九〇年に『ジェンダー・トラブル』を出版した。一九九〇年にはまた、文化史家のトマス・ラカーが、影響力のある著書『メイキング・セックス——ギリシャからフロイトまでの身体とジェンダー』（高井宏子ほか訳『セックスの発明——性差の観念史と解剖学のアポリア』工作舎、一九九八年）を出版した。ラカーはそこで、二つの性別の間の相違に関するほぼすべての主張が、現在の主張も含めて、文化的・歴史的に相対的であると論じている。もしそうだとすれば、明らかにそれは、二つの性別の存在という非歴史的な現実や、上述した性別についての三つの説明モデルの正確性を否定しうる正当な根拠となろう。よって検討してみる価値はある。イギリスのジェンダー学教授サリー・ハインズが、どうやらラカーを読んだことに基づいて、「啓蒙主義以前は女性の骨格は存在しなかった」と二〇一九年にツイートしていることからも、検討の必要性を感じる。[25]

ラカーはその著書で、一八世紀以前は、ほとんどの人が性別について「二つの性別」ではなく「一つの性別」モデルで理解していたと論じている。女性は、男性と根本的に異なる種類の人間というよりは、男性の不完全な、ほんの少し異なるバージョンとして概念化されていた。「男女の境界」は「程度であって種類ではない」とされていた。[26] 一八世紀以降、それと対抗する「二つの性別」モデルが登場し、両性は顕著な差異を示すとされるようになった。[27] しかし、どちらにしても、「男性に対して女性の『正確』な表象などというものは存在しないのであり［……］このように両性の差異について科学全体が間違っている」とラカーは主張している。[28] 女性の体が男性の体と非常に似ていると考えられても、あるいはまったく似ていないと考えられても、どちらの思考もそれぞれの文脈において同等の妥当性を持っており、どちらにも非歴史的な真実性はないというわけだ。[29] ラカーに言わせれば、配偶子、染色体、クラスターによる性別の説明モデルは、せいぜい啓蒙主義以降の考え方に比較的忠実なだけで、最終的には啓蒙主義以前の時代の「一つの性別」モデルと同じように、非歴史的で不正確なものとされるだろう。[30] 一八世紀に、主として社会的な差異に関するストーリーを作るために、「二つの性別が発明された」[31]。ラカーの考えによると、あらかじめ与えられた二つの性別という考え方は、政治的・戦略的な理由から「自然なもの」を好む当時の支配的なストーリーに適合していた。つまり、主に二つの集団（「男性」と呼ばれる強者と「女性」と呼ばれる弱者）の間の不平等な力関係を支えるためのものだったのである。

バトラーと同じくラカーも、このような急進的な結論から、より安全で常識的な境地へ戻る繊細なダンスを披露している。たとえば、ラカーは「性別の現実や、進化のプロセスとしての性別の二型性を否定する気はない」と言う。[32] しかし同時に、「科学は女性と男性の［……］違いを単に解明するのではなく、それ自体が男女の違いを構成しているのだ」[33]とも述べている。そして、「男性、女性という安定的で、固定された性別の二型性カテゴリーの根本的矛盾」について語っている。[34]

本書の目的からすると、ラカーの主張で最も興味深いことは、次の点にある。まず、啓蒙期以降の「二つの性別」モデル（配偶子、染色体、クラスターによる説明モデルなど）は、啓蒙期以前のモデルと比較して、結局のところ正確でも何でもないという主張である。そして一八世紀の思想家たちが、二つの性別を発見したのではなく作り出したという主張である。私の考えでは、ラカーは次の主張を立証していない――つまり一八世紀に機能的、形態学的に異なる二つの性別に科学的関心が高まったのは、せいぜい新しく発見された、新しくて興味深い、しかしすでに存在していた事実を戦略的に強調したのではなく、何もないところからの「発明」であったに違いない、という主張である。歴史のある時点で、広範な文化的・政治的な先入観によって、ある種の事実の発見が新たに可能になる一方で、ほかの事実の発見を事実上不可能にするか、少なくとも非常に困難にすることがあるのは確かである。たとえば、ラカーは（「発見」という言葉を、少なくともある文脈では安易に使いすぎているようだが）クリトリスがルネサンス期の解剖学者によって初めて発見されたと説明している。また、ある時点の支配的な文化的・政治的先入観が一定の事実を、一定の好みのストーリーにとってより重要であると思わせ、それゆえより深く理解させることがあるのも確かだろう。だからラカーが言うように、一八世紀に、男性と女性の体型の差異を強調する政治戦略的な理由があったというのは、おそらく事実なのだろう。しかし、こうしたことはすべて、予測可能で、観察可能で、究極的には科学的に説明可能な違いが人間の体に存在することと矛盾しない——そのような違いが、それに人間が気づいたり、関心を示したり、さまざまな方法で表現したりするようになるずっと以前から存在していたことと矛盾しないのである。

女性の骨格についてはどうだろうか。ラカーは、啓蒙期以前には女性の骨格は「存在しなかった」と論証しているのだろうか。いや、ラカーが示しているのはせいぜい、一八世紀の教科書や模型、イメージのなかで、女性の骨格が初めて表現されたとき、つまり男性の骨格とは明らかに異なるかたちで初めて描かれた（とされる）とき、芸術家や模型製作者たちが、自分たちが求めた具体的な造形において、典型的な女らしさや美しさという審美的理想に影響を受けていた、ということだけである。[35] しかし、これは人間のイメージに関する主張であり、骨格そのものに関して以前からある事実にとっては何の意味も持たない。

さまざまな箇所で、ラカーは自身の哲学的背景を明かし、過激な結論を導き出す理由の一端を説明している。たとえば、ある箇所でラカーは、性別に関する現代の理論の正確さを評価することはできないし、それ以前の理論と比較することもできないと述べている。なぜなら、両方の理論に共通するものを指す、安定した共通用語がないからだという。「膣、子宮、外陰部、陰唇、卵管、クリトリス」といった「現代用語」がなければ、ルネサンス以前の時代には「重要な意味で女性の生殖器の解剖学は存在しなかった」ことになるが、そうした用語は「ルネサンス時代に同等のものをまったく見つけることができない」と述べている。[36]

ここでラカーが想定しているのは、ある語句の同一性と意味は、原子論的ではなく全体論的であるということのようだ。つまりそれが埋め込まれた広い背景理論との関連性に根本的に依存するということである。[37] したがって、ルネサンス以前の思想家とルネサンス以後の思想家は、膣の性質と機能についてまったく異なる理論を持っていたのであり、そのため、膣という器官について単一の意味を持つ用語を共有することは原理的に不可能なのだ。「一つの性別」モデルに縛られていたとされるルネサンス以前の思想家は、ラカーが言うように、「一つの性別しか見ていなかったので、女性の部位を表す言葉でさえ、結局は男性の器官を指していた」[38]。ラカーが信じていると思われる「意味の全体論」は、ルネサンス以前の用語（たとえば「cunt〔女性器〕」）を含む文を、啓蒙期以降の用語（たとえば「vagina〔女性器〕」）を含む文に簡単に翻訳できないことも意味する。ラカーは、いずれのケースでも、元の背景理論的文脈からの抽出は不可能だと考えているようだ。これは、啓蒙期以降の文も文脈と歴史から切り離されてしまえば正しいとは言い切れないことを意味する。啓蒙期以降であれ啓蒙期以前であれ、個々の文はせいぜい、それぞれの意味の集合との関係においてのみ正しいか誤りであるかを言えるにすぎないというわけだ。

　これは哲学的に深い領域に踏み込むことになるが、少なくとも三つのことは言える。第一に、言葉の意味について、もっと妥当な説明がほかにあるということである。[39] それに基づけば、安定した意味を持つ用語は、異なる背景理論の間で共有し、翻訳することができ、それによって異なる理論パラダイムから抽出された異なる文の真偽について比較判断する可能性が開かれる。第二に、たとえ意味が、ある背景理論に全体的に結びついていたとしても、新しい理論が古い理論より優れているかどうかを判断する方法はあるはずだということである。たとえば、新しい理論が、人びとが関心を寄せる問題やパズルを解決するのに優れていたり、興味を抱く現象を説明したり予測したりするのに優れていたりする場合には、古い理論よりも優れていると判断できる。これは、性別に関する啓蒙期以前の原始的な理論と比較した場合、性別に関する現代の理論に明らかに当てはまる。

最後に、もしラカーが正しいとすれば、バトラーと同じように、ラカーは「二つの性別」理論をはるかに超えて一般化しうる主張をしているように思われる。古代と現代の癌に対する概念の大きな違いは、現在の癌が科学者によって発見されたのではなく、科学者によって発明されたことを意味するのだろうか。地球が太陽の周りを回っていて、その逆ではないと説いたコペルニクスは、現代の地球と太陽を「発明」したというのだろうか。アインシュタインの一般相対性理論がブラックホールを予言するまでは、ブラックホールは存在しなかったというのだろうか。私と同じように、こうした結論に納得がいかないのであれば、性別についての関連した結論にも納得がいかないだろうし、意味や真実についてラカーが依拠した理論とは別の理論を求めることになるのではないだろうか。

性別は社会的に構築されている③

次に、性別は自然なものではなく、社会的なものであると世間に信じ込ませようとする三つ目の影響力ある試みに目を向ける。一九八〇年代の第二波フェミニストやラディカル・フェミニストの一部にとって、二つの性別は「抑圧」や「支配」によって作られた、まったく人為的な社会的区分であった。フランスのフェミニスト、モニク・ウィティグは次のように書いている。「ここには性別はない。あるのは、抑圧される性別と抑圧する性別だけである。性別を生み出すのは抑圧であり、その逆ではない[40]」。

また、アメリカの法学者キャサリン・マッキノンは、「男性（male）と女性（female）は、支配と服従のエロス化を通じて生み出される」と書いている。[41]

バトラーやラカーと同じく、これらの思想家たちは、男性と女性を徹頭徹尾、社会的に構築されたものので、その区分に対応するものは、あらかじめ何も与えられていないと考えていたようだ。もし社会が別種の構造を持っていたら、男性も女性も存在しないことになるだろう。しかし、この思想家たちはひねりを加えている。性別区分は、「男性」と呼ばれる人びとの権力を支えるという目的のためにひたすら推進され、人為的に維持されてきたというのである。ウィティグが言うように、「あらゆる支配のシステムは、物質的・経済的なレベルでの分断を確立する［……］。支配者たちは、確立された分断を自然な差異の結果であると説明し、正当化する」。[42] このいわゆる性別の「支配」モデルによれば、まるで、はるか昔は、ただ肉体と、おそらくさまざまな形状の性的部位が咲き乱れ、ざわめき、交ざり合っていたが、ある日、一つの集団が現れ、自分たちの邪悪な目的のために、この渾然一体とした状態を人為的に二つのカテゴリー――つまり支配する男性と支配される女性――の型にあてはめ、それを「自然」と呼んだ、とでもいうかのようだ。

このモデルでまず問題になるのは、起源に関するものである。この抑圧的なパターンは、いったいどのようにして始まったのか。いや、おそらくもっと重要なのは、いったいだれが始めたことになっているのか、ということだ。ランダムな集団が、ランダムな他者を抑圧し始めたのだろうか。それとも、平均的にみて、一方の集団の方が、遺伝とそれによって体力が比較的優れているという傾向によって、もう一方の集団を支配することができたということなのだろうか。もしそうだとしたら、抑圧や支配そのものが、どうしてそのような特徴を「生み出した」ことになるのか。どうもあまり説得力がない。

支配モデルを受け入れる動機の一つは、「生物学的決定論」の亡霊から女性を救いたいというフェミニストの欲求と結びついている。それは従順、謙虚、家庭的といった行動的・心理的特徴は、女性に関する生物学によって決定されているか、さもなければ女性に自然に備わっているとする考え方である。生物学的決定論は、女性の社会的役割を（通常は家庭や家族に関連して）制限することを正当化するために使われてきたし、いまでも使われることがある。これを否定できたとしても、一九七〇年代のフェミニストたちの一部は、生物学的決定論と性別について、いくつか欠陥のある推論を行なったように思える。一方で、あらゆる性別二元論は生物学的決定論を意味するはずだ、と考えるフェミニストたちがいた。つまり、性別二元論は、男性と女性の根本的な個人的「性質」について――男性には優位性があり、女性には受動性と服従性があるという観点から――ものを言っているに違いないと考えた。そこで論理を逆転させ、生物学的決定論は真実ではないので、二元的な性別は神話に違いないと結論づけたのである。他方で、別のフェミニストたちの反応は、およそ次のようなものであった。「もし男性と女性の間に自然な差異がまったくないのであれば、生物学的決定論は明らかに誤りになる。私たちはみな、生物学的決定論が誤りであることを望んでいる。だから、男性と女性の間に自然な差異はないのだ」。これを次のような考え方と比べてほしい。ジェドは自分が癌であることが誤りであってほしいと強く望んでいる。もし癌というものが存在しなければ、自分が癌になったことも誤りである。それゆえジェドは、癌というものは存在しないと結論づけた。

実際には、二つの自然な性別という二元モデルは正しく、なおかつ生物学的決定論はまったく間違っていると言うことは可能である。これらのフェミニストたちが見落としていたのは、性別の定義は相対的に最小限のものでよく、（私が見てきたすべての性別の説明モデルがしているように）定義の条件として体のいくつかの構造的・物理的側面にのみ言及すればよいという事実である。生物学的に男性または女性であることと本質的に結びついているような特定の行動特性や心理的特性——能動的か受動的か、支配的か抑圧されているかなど——を、性別の定義に組み込む必要はない。一定の所与の行動的・心理的特性が、本当に生物学的性別に根ざしているのかについては激しい論争が続いているが、私はこの論争からなるべく距離を置こうとしてきた。だがいずれにせよ、その問題についてどちらの立場も取る必要はなく、ただ単に、生まれながらにして与えられた二つの性別があると主張することは可能なのである。

「自然なもの」と「人工的なもの」との対立は存在しない

二元的な生物学的性別の存在に対するこの種の攻撃は、「自然な」性別と「人工的な」性別の区別は恣意的であり、両者の間に本当の区別などないというものである。

多くの人がそうするように、哲学者はしばしば自然なものと人工的なもの（「人工物(アーティファクト)」と呼ばれる）とを区別する。人工物は、自然物と異なり、人間の意図の結果としてのみ存在すると考えられがちである。槍、ナイフ、お椀、椅子、コンピューター、ロボットアームなどを思い浮かべればよい。それらは偶然に作られることはなく、人間の特定の目的のためにのみ意図的に作られるのである。また、人工物は通常、既存の天然素材に意図的に手を加えることで製造される。たとえば粘土を焼いたり、石を削ったりすることで、ほかの方法では得られない特性を持つものができあがる。このような条件は、人工物を、人間は単に着手しただけでそれ以外の干渉はしていない自然のプロセスの産物（たとえば、種子から育てた小麦や子作りのためのセックスから生まれた赤ん坊など）から区別しているようにみえる。後者も、ある意味で人間の意図の結果として存在するものではあるが、計画的な意図なしに偶然に生み出されたものである可能性もある（多くの赤ん坊は偶然に生まれている）。どちらであれ、その結果として得られる「生産物」は、既存の特徴を意図的に変更するものではない。

哲学者のなかには、この区別に疑問を持つ者もいる。ある点では「自然」に見えるものでも、結果として生み出されるものを大きく変化させるような人間の意図的な操作が加えられている存在物がたくさんあるとかれらは指摘する。つまり、それらは「自然」であるにもかかわらず、「人工物」のようにも思えるということだ。たとえば、種なしブドウ、犬の品種、遺伝子操作された小麦、人工心臓を含む循環器系、人工皮膚移植などである。フェミニスト学者のダナ・ハラウェイが有名なエッセイ「サイボーグ宣言」で結論づけているように、「二〇世紀後半の機械は、自然と人工、心と体、自己発生と外部設計、そのほか生体と機械に適用されていた多くの区別を徹底的に曖昧にしてしまった」[43]。同様の考えから、ハラウェイ自身を含む一部の人びとは、生物学的な男性と女性の間に明確な区別はないと主張するようになった。エストロゲンの注射や経口投与は、胸や尻の脂肪を作り、上半身の筋肉を減らすことができる。テストステロンは上腕二頭筋を強化し、髭を生やし、顎を四角くすることができる。性別適合手術は、膣を陰茎に変えたり、その逆ができたりすると言い聞かされる。このようなことは、これまで見てきた性別の説明モデルにとって問題となるのだろうか。

簡潔な答えは「ノー」である。ハラウェイに影響された学者たちのレトリックを聞いていると、まるで最近の人間はチワワや種なしブドウや遺伝子操作された麦の穂であるかのように聞こえることがある。発達のあらゆる段階で意図的な操作をたっぷり受けた結果、生体の「自然」な部分と「人工的」な部分を区別することは不可能であるというように。しかし、これは正しいとは言えない。人間は、さまざまな医療的手段によって人工的な部分を付加することができるが、それでも、もし医療者が介入していなかったらどうなっていたかを考えれば、人工的部分と自然な部分との違いを首尾よく分類することができる。自然な部分は、ハラウェイが言うように、すべて「自己発生的」であり、言い換えれば「内因的」なものである。その意味は、大雑把に言うと、生体に自然に備わっているもので、人為的に付け足されたものではないということである。この点は、健康であるか病気であるかに関係がない。腫瘍のような不具合な身体部分は内因性のものであり、その意味でごく自然である。他方、人工的な身体部分も健康でありうる。手術で作られた「新膣」や「新睾丸」は、それを持つ個人にとっては、幸福さを増すという意味で健康的かもしれない。しかし、それは生体の内部から自発的に生まれたものではないので、やはり内因的とはみなされない。

このように、人体の自然な部分と人工的な部分の区別は、いまでも有効である。実際、配偶子や染色体、クラスターによる説明で、性別カテゴリーに属するには不可欠な、あるいは関連性があるとされている特徴は、どれもホルモン治療や手術などによって人工的に作り出すことができないものである。配偶子発生経路を持つことも、与えられた染色体構成を持つことも、少なくとも現在の技術状況を考慮すれば、内因性のものでしかありえない。技術的には、精子の選別やゲノム編集は可能だが、どちらの技術も性染色体を変えたり、一人の人間のなかで起きる連続した配偶子の発生経路の発達を変えたりすることはできない。クラスターによる説明で、どちらかの性別カテゴリーに属することに関連するものとして特定された特徴も、すべて内因的なものである。すなわち、胎内や出生時に存在する第一次性徴と、内的で自然発生的な発達がきっかけで思春期に自然に現れる第二次性徴である。

また、「性別適合」手術と呼ばれるものとの関連で医学的に付加された特徴と、内因的な特徴との間には、重大な質的差異も存在する。手術で作られた陰茎や膣は、多くの点で内因的なものとは外見も機能も異なる。「トランス女性」がホルモン治療によって獲得した乳房は、平均して非常に控え目なサイズである（ある研究では、「主にＡＡＡカップ以下のサイズになる」程度の変化しか報告されていない）[44]。通常、希望にかなうプロポーションを実現するためにはシリコンによる増強が必要なのだが、それは内因性の乳房とは組成的にも機能的にも異なるものになる。たしかにホルモン治療は、時として異性の第二次性徴と質的に同じものを生じさせることがある（たとえば、「トランス女性」の腕の脂肪は、治療を開始した一二ヶ月後には「女性にみられるものとほぼ同じ」になると報告されている）。だが、そのほかのケースでは、期待していた変化は、「近づいてはいるが達成できない」傾向にある。[45]

これには次のような批判があることは想像に難くない。いったいなぜ「自然な」性別の分類では内因性の特徴だけが重視されなくてはならないのか。それこそまさに恣意的なものではないのか。答えは「恣意的ではない」だ。なぜなら、性別を持った身体の内因的な部分と人工的な部分を区別することは、さまざまな合理的な説明という目的にかなうものであり、これなくしてはそれはできないからである。次の章で、そのいくつかを見ることにする。

結論

この章では、自然で所与の二つの性別という考え方に、重大な反論は成立していないことを確認した。人間には、男性と女性に分かれるという自然現象が存在する。ほとんどの性分化疾患の人も含めて、人間の九九パーセント以上が二つの性別のどちらかのカテゴリーに明確に分類される。自然界に存在する二元的区分のなかで、性別は最も安定し、予測可能なものの一つである。大多数のケースで性別は、「出生時に割り当てられる」のではなく「確認される」のである。ほとんどの場合は出生時の観察によって、そしてわずかながら出生後の観察によって。イギリスの法律（ジェンダー承認法や平等法など）の文言にもかかわらず、手術や法的地位の変更によって、性別を「再適合＝再割り当て」したり、ましてや「変更」したりすることはできないのである。[46]

それでも、次のように反論する人がいるかもしれない。「なぜ生物学的に男女を区別することがそんなに重要なのか」と。そもそも物事には無意味な区別がたくさんあるではないか。たとえばすべての芝生を一〇〇万本以上の芝が生えているものとそうでないものの二種類に分けることはできるが、そんな区別はまったく無意味なことだ。では、なぜ生物学的な男性と女性の区別をはっきりさせることが重要なのだろうか。それはいったい何の役に立つのだろうか。実は、私たちはそれなしではやっていけないのだ。

第3章　なぜ性別が重要なのか

生物学的性別が重要である最も基本的で明白な理由は、それがなければ私たちの種は絶滅してしまうからである。雌雄が必ずいる有性生殖を行なう種では、その種が存在するかぎり、ほとんどの個体に異性を認識する能力が備わっていると思われる。そのため、ほとんどの人は人生の早い段階から確実に性別を区別できるようになり、ある範囲内で、顔や体の特徴（声や歩幅なども含む）がそれぞれの性別に典型的であることを学ぶ(1)。

ジェンダーアイデンティティ理論の支持者たちは、かれらが「割り当てられた」性別と呼ぶ生物学的性別を他人について特定することは、問題の多い、信頼できない事柄だと言うことがある。ほとんどの場合、これは真実ではない。それぞれの性別は、観察可能な身体的特徴の明確な範囲と関連づけられがちだが、第2章で取り上げた性別についての三つの説明はどれも、そのような特徴を生物学的な男性または女性であることに不可欠なものとしても、ましてやそれさえあれば十分なものとしても扱ってはいない。特定の生物学的な男性または女性にその性別に特有の特徴がないこと、あるいは異性によく見られる特徴があることを指摘したところで、それで「はい論破！」とはならない。それでもなお、ほとんどの人にとって、この身体的特徴と性別の一般化は真実であり、日常での性別の特定に利用することができるものである。

「性別を確実に区別できる」という場合、それは、ほとんどの場合正しく判断できるという意味でしかない。間違いは依然として起こりうる。自閉症の大人は、この点で、自閉症でない子どもが示す能力に達するのに苦労することがある。[2]なかには、自分の性別とは著しく非典型的に見える人もいる。しかし、その場合でも、静止画像ではなく動作、声色、身長、筋肉、四肢の大きさなど、あらゆる情報を考慮すると、多くの人にとって区別が容易になる。例外はあるが、思春期を過ぎたほとんどの人にとって、実際の性別と大きく異なる外見になるには、長期にわたるホルモン剤の投与や手術が必要である（その場合でも、とくに生物学的男性の場合、実際の性別の印象を強く与える身体的側面が残ることがある。たとえば、顎や手の大きさは、人工エストロゲンではなくすことができない）。

しかし、たとえ生殖のために性別を認識することが重要だとしても、なぜ私たちはそれとは別の文脈で、性別についてこれほど論じる必要があるのだろうか。私もそうだが、一九七〇年代のフェミニストたちの影響を受けた文化のもとで育った多くの者にとって、そうすべきだと考えるのは当然のことである。生物学的な男女の間には、それぞれの人生の軌跡に影響を及ぼす可能性のある明らかな違いが数多く存在する。たとえば、女性は女らしさに関する制限的で時に矛盾したステレオタイプ（「可愛くあれ！」「おとなしくしろ！」「母性的であれ！」など）を通して見られ、それによって人生が形成されている。男性は男らしさのステレオタイプ（「強くあれ！」「声高に主張せよ！」「自立しろ！」など）によってやはり人生が作られる。こうしたことを居心地悪く感じる人は大勢いる。

また、このようなステレオタイプの直接的な影響とは別に、そのほかにも性別と結びついた無数の傾向があるようだ。自殺は男性に多く、自傷行為は女性に多い。[3] 男性は、アルコールの問題を抱える可能性が高く、[4] 女性は摂食障害やうつ病を患う可能性が高い。[5] 女性は小中高校でも大学でも男性より成績がよいが、職場で昇進する可能性は低い（その理由の一つは、男性ほど自己アピールをしない傾向があるからだ[6]）。女性は男性に比べてスポーツをする機会は少ないが、ヨガをする機会は多い。[7] 小説の購入率は、女性が八〇パーセント、男性は二〇パーセント、[8] といった具合だ。

しかし、残念ながら、そのような傾向をリストアップするだけでは、性別を議論すべきであることを万人に示すには十分とは言えない。その理由の一部は、最近、多くのフェミニストが、こうした違いは生物学の必然的な産物ではなく、ほとんどが、あるいはすべてが社会的に作り出されたものだと考えているからである。

言い換えれば、これは第1章で述べた、「ブランクスレート型」フェミニストと「生得主義者」の間で繰り広げられた戦いの再来なのである。ブランクスレート型フェミニストのなかには、性別と結びついたさまざまな差異は社会に由来すると信じることが、そのような差異を無視したり軽視したりする根拠となると考える人がいる。とくにそれが男女間の不平等を生むと考えられる場合にはそうだ。その背景には、逆説的ではあるが、社会的に生み出された不平等を特定し議論することによって、その不平等がさらに強固なものになる（他方でそれを無視すれば、おそらくそれは解消されるだろう）という思い込みがあるようだ。この思い込みは、女性としての「特別扱い」を望まないという右派の女性から、子どもを「ジェンダーフリー」に育てようとする左派の親まで、政治的スペクトルの両側で実際に見られる。このアプローチは、学者のクロエ・テイラーがあるフェミニズムの雑誌で行なった主張にその頂点（見方によっては最低点）がある。すなわち、女性のためのレイプ被害者支援センターは、「男性のセクシュアリティは危険で、女性の体は性的に攻撃されやすいというジェンダー化された解釈を再刻印」するだけであり、そのような解釈こそが「レイプの原因」であり、避けようとする問題を永続させるものである、という主張だ。(9)

率直に言って、これは馬鹿げている。社会的に生み出された現象を緩和しようとしたからといって、社会科学がその現象を、経験的に認識可能なかたちで「引き起こす」ことは通常ありえない。しかし、このようなナンセンスを避けるためもあって、この章では、性別に関わる重要な差異に生物学が少なくとも部分的に寄与していることが明白な四つの分野に焦点を当てることにする。これは、生物学的決定論を支持するものではない。しかし、これらの差異を無視すれば何ゆえかそれらをどうにか取り除くことができるという読者のなかにある思い込みを減らすことに、少なくとも寄与するはずだ。生物学的な情報に基づいて性別に関わる差異に注目することは、別の役割も果たす。ある差異において生物学が果たす役割が重要であると思われていることほど、ジェンダーアイデンティティ理論の支持者はいっそう、その差異に関する特別な言及を強く抑え込もうとする傾向にある。あらかじめ性別に関わる差異について論じることで、この抑え込みの問題性を検証することができるだろう。

そこで、性別に関わる差異が明らかに問題となる（そしてジェンダーアイデンティティ理論の支持者はそうではないと言う）人間生活の四つの分野を紹介する。

医療

まずはわかりやすいものから始めよう。医療は、健康を増進し、疾病を治療する領域だ。健康と病気は生物学的性別の特徴によって直接影響を受ける可能性があるので、性別は医療と大いに関係がある。生殖医療がそれに当たるのは明らかだが、性別が関係する医療分野はそれだけではない。小児期には、女子は男子よりも神経管欠損症、脊柱管狭窄症、先天性股関節脱臼にかかりやすい。男子は、喘息、自閉症、吃音、幽門狭窄症にかかりやすいと言われている。[10] 高齢期になると、女性は多発性硬化症にかかりやすく、男性がかかると病気の進行が女性より速い。[11] 生涯で心血管系疾患にかかる人は女性より男性の方が多いが、更年期以降は女性の方が男性より高い割合でかかる。[12] 男性は女性より、血友病、統合失調症、パーキンソン病、色覚異常になる可能性が高い。女性は自己免疫疾患、偏頭痛、骨粗しょう症、白内障、うつ病、摂食障害、アルツハイマー型認知症になる可能性が高い。本書の執筆時点では、二〇二〇年の新型コロナウィルス・パンデミックの際、男性は女性の二倍死亡したと報告されている。[13] つまり、性別は病気のかかりやすさ、進行、結果に影響を与える可能性がある。

また、痛みの感じ方も男女で異なる。痛みは男性よりも女性の方が感じやすく、実験的に誘発された痛みに関しても、男性よりも女性の方が強く感じる傾向がある。[14] また、薬に対する反応にも性別による違いがある。薬のなかには、女性と男性で吸収・排泄速度が異なり、よって必要な量が異なるものがある。また、ある病気に対して、どちらかの性別の方がより効果的である薬や、より重大な副作用がある薬もある。[15]

以上のいずれも、ジェンダーアイデンティティや社会的役割とはまったく関係がない。エビデンスが示すところでは、いま挙げた違いのほとんどは、生涯にわたる性染色体や、内因性ホルモンの保護効果の有無、そして生物学的な事実に由来するそのほかの生理学的要因に帰因する。[16] とはいえ、こうした性別に基づく医学的な差異に対する考え方や関心が、社会的な要因によって歪められてしまうことを軽視するつもりはない。キャロライン・クリアド＝ペレスが著書『見えない女たち』〔神崎朗子訳『存在しない女たち――男性優位の世界にひそむ見せかけのファクトを暴く』河出書房新社、二〇二〇年〕で述べているように、治験や実験的医療研究においては、男性の身体が基準として系統的に扱われる傾向がある。[17] 女性に関連する病気は、一部の医師によって、ヒステリーや神経症に関連する「女性の問題」として退けられる傾向がある。これらは社会的な解決策を必要とする社会的な問題であるが、性別そのものが完全に社会的なものであるということを立証するものではない。

第2章では、生物学的男性または女性に関連する特性は「内因的なもの」である、つまり人為的に付加されたものではなく、生体のなかで自己発達したものであると述べた。医療の文脈では、この条件が重要であることがわかる。内因性の特徴は、人間の健康の特性を示す重要な基準とみなされる。それは単なる基準ではない。すなわち、先に述べたように、病気も内因性である可能性がある。しかし、それでもさまざまな段階において生体のどのような特徴が自己発達する傾向があるかを考え、それらを平均化することで、各段階において統計的に「正常」であることを示す一つの有用な情報を得ることができる。そしてそれは、その種の生体の健康状態を知るための情報として利用される。たとえば、二〇歳の女性の健康的な骨密度レベルは、ほかの条件が同じであれば、その年齢層の平均化された自然な（すなわち内因的）骨密度を一つの参考にして算出できる。また、七〇歳の男性にとっての心臓の健康状態は、二〇歳の男性にとっての心臓の健康状態とは異なるが、これらの基準も各グループの自然な心臓の測定値を平均化することによって確立することができる。同様に、体の自然な特徴と人為的な特徴を区別することは、体の何を変えるのが合理的ないし効率的か、そしてどのようなリスクがありうるのかを考えるうえできわめて重要である。ある生体の自然な特徴を人為的に変えることは、ほかのいろいろな特徴に良い連鎖的影響だけでなく、悪い連鎖的影響を与えることもあるからだ。

要するに、医療において生物学的性別は重要なのである。ジェンダーアイデンティティ理論の提唱者はその事実を変えることはできないが、私たちがそれについてどのように語るかを変えることはできる。その努力のほとんどは、特定の身体部位や病気の表現を、もはや直接的に性別に言及しない、「トランスフレンドリー」とされる表現に置き換えることに集中してきた。たとえば二〇一七年の『ティーンヴォーグ』の記事「アナルセックス――知っておきたいポイント」では、生物学的女性を「前立腺のない人」と呼んでいる。[18] 二〇一八年の癌リサーチUKのキャンペーンでは、「子宮頸部のある二五～六四歳のすべての人」に対して、定期的に細胞診検査を受けるよう促した。[19] また二〇一八年には、家族計画協会と『ガーディアン』紙によって「月経のある人」という言葉が使われた。[20] 興味深いことに、言葉を変えようとするこうした試みは、主に生物学的女性の健康に限定されているようだ。アメリカのウェブサイト、ヘルスラインの二〇一八年版「LGBTQIAセーフセックスガイド」は、全体を通して膣を「フロントホール」と呼んでいるが、同文書の陰茎に関する用語はほとんど変更されずに残っている。[21]

こうした言葉の変更は、トランスの人びとを心理的な不快感から守るためだと考えられている。しかし、その理由づけは、生物学への言及が「非人間的」であるという考えと組み合わされることもある。二〇一六年、生理記録アプリの「クルー」は、「『生物学的女性』や『女性身体』という言葉を使うことは、一部の人にとって不快である。それは非人間的とか、ジェンダー化されすぎているとみなされている」と指摘する論考を発表した。[22] しかし、なぜ性別や、より一般的に生物学的な基礎に言及することが非人間的であるとみなされなければならないのか。このことを、「人間はただの生物学的有機体にすぎない」ということと一緒くたにしてはならない。つまり、人間は完全に決定論的な自然の本能や衝動の奴隷であり、自由意志や「高次」の認知的側面を持たないという考え方と一緒くたにしてはならない。これを否定することに努力した哲学史の伝統は、少なくともアリストテレスまで遡って確認することができる。人間は（ほかの）動物種と何が違うのか、という問いに対する最も一般的な哲学的解答は、人間は比較的高度な合理性を有しているというものである。しかし、この立場をとる哲学者も、人間も生物学的有機体であることを否定していない（いずれにせよ、「前立腺のない人」や「月経のある人」などについて語ることは、「生物学的女性」について語ることよりも非人間的でないとはとうてい言えない）。

医学的な文脈で生物学的性別に名前をつけることにはいかなる害もない。もっと重要なことは、そうしないことに害があるということだ。一つは、子どもたちが生物学的性別について学ばなくなることで、現在も将来も混乱を招くということである。また、医師が生物学的性別について話すことを文化的にタブー視してしまうと、病気や痛みの管理、薬剤投与との関連性をすぐに理解することができなくなる。また、公的なコミュニケーションで聞き慣れない言葉を使うと、理解できない人が出てきて、健康を害する可能性がある。「女性（フィーメイル）」と「男性（メイル）」は、生物学的性別を表す言葉として一般的に理解されている。「前立腺のない人」、「子宮頸部のある人」、「月経のある人」はそうではない。

よって、「女性（フィーメイル）」と「男性（メイル）」にこだわった方がいい。子宮頸部のある人、月経のある人、前立腺のない人、フロントホールのある人をすべて合わせると、これらの人びとに、そしてこれらの人びとにのみ完璧に効率的に適用しうる一つの英単語があることがわかる。その単語とは「女性（フィーメイル）」である。もちろん、もっと身近で親しみやすく便利な英単語は、間違いなく「女性（ウーマン）」だ。第1章で述べたように、「女性（ウーマン）」は生物学的性別ではなく「女性のジェンダーアイデンティティ」の観点から特徴づけられるというのが比較的一般的になってきた。だから、いまのところ私は「女性（ウーマン）」という言葉を避けているが、注目すべきは、一部の医療提供者がコミュニケーションから女性(ウーマン)への言及を取り除くよう圧力を受けていることである。その一つが、イギリス最大の独立系中絶提供機関であるイギリス妊産婦相談所である。元最高責任者のアン・フュルディは、私に次のように話した。「トランス活動家は、女性への言及をすべて排除した中絶ケアの環境を望んでいるようです。かれらは、女性に言及しないように文献を書き換えることを望み、私たちの施設を女性のヘルスケアサービスとして表現しないこと、あるいは中絶を女性の権利や生殖の自由に関連する問題として表現しないことを望んでいます」。ここにも、人びとの理解に有害な結果をもたらす可能性がある。フュルディはさらに続ける。「それについて騒ぎ立てたりせず、従いたくなりますが、私たちの相談所に来る患者の大半は女性で、トランス活動家たちのような社会的・教育的に恵まれた背景を持っていません。［……］多くの患者が英語を話すのに苦労しているため、私たちはコミュニケーションをできるだけ明確でシンプルなものにすることを優先しています。ジェンダーニュートラルな言葉は必ずしもこの助けにはなりません(23)」。このように社会的・経済的地位や教育水準の低い人びとの利益を無視することは、現代のトランス運動では珍しいことではない。

スポーツ

スポーツは、性別が明確に違いを生む分野であるにもかかわらず、トランス活動家が「違いはない」と言う第二の分野である。スポーツ競技者が「不公平な優位性」を持ってはいけないということは一般によく言われるが、何が「不公平」な優位性を生むのだろうか。もし私がテニスでマルチナ・ナブラチロワと対戦するとしたら、私は初心者でナブラチロワはチャンピオンだから、明らかにナブラチロワの方が有利だが、それは不公平とは思えないし、少なくとも耐え難いほど不公平ではない。

しかし、別の種類の優位性は耐え難いものであるように思われる。もし二人の競技者のそれぞれが生まれながらにして、あるいは非自発的に特定のグループ（たとえば、子どもと大人、視覚障害者と健常者、車椅子使用者と健常者）に属しており、その二つのグループに属するメンバーに、関連する身体能力の間に系統的で統計的に大きな有意差が（たとえば、平均値や最高値などに）ある場合、二人の競技者は互いに不公平に戦っていることになる。このような差がある場合、スポーツでは通常、これらのグループは別の競技上のカテゴリーとして扱われ、別のグループのメンバーどうしが競技で競うことはない[24]。あるいは、別のカテゴリーを正当化するようなパフォーマンス上の差もある。たとえば、パフォーマンスレベルの間に、たとえ小さくとも潜在的に危険な差異が存在する場合だ。このような差が、ボクシングなど格闘技の体重別カテゴリーを正当化する。

時には、パフォーマンスレベルの低いグループのメンバーが、より高いレベルのグループのパフォーマンスと同等かそれ以上の成果を上げることもあるが、その場合、その人はより高いレベルのグループで公平に競技することができる。したがって、たとえば、時に子どもが大人のレースで走って良い結果を出しても、それが自動的に不公平とみなされることはない。しかし、その逆はありえない。たとえ著しく低いパフォーマンスレベルのグループのメンバー（たとえば子ども）の一部が、より高いパフォーマンスレベルのグループのメンバー（たとえば大人）の一部に勝つことがあったとしても、通常、後者のグループのメンバーは前者のグループのメンバーに対しては公平に競技することはできない。

これらの基準によれば、ほとんどのスポーツにおいて、少なくとも二つの理由から、男性と女性は異なる競技カテゴリーに属するべきである。第一に、ほとんどのスポーツにおいて、男性と女性の関連する身体能力レベルの間には、統計的に有意な、そして大きな差がある。第二に、接触系スポーツでは、両者の間に潜在的に危険をもたらす差異も存在する。このルールの例外は、パフォーマンスレベルに大きな差がない場合、または差があっても、女性が男性グループに相当するパフォーマンスレベルを満たすことができる場合である。この場合、女性は男性と公平に競争することができるが、その逆はありえない。

男性の女性より優位な運動能力レベルは、Y染色体の保有、それに伴うテストステロン値の自然差、および思春期以降に体に生じる不可逆的な影響によって説明される。[25] スピードに関しては、陸上競技のトップクラスの男性選手と女性選手の間には、一貫して一〇パーセントのパフォーマンスギャップがあり、これは水泳、サイクリング、ボートでも同様である。[26] 生物学研究者のエマ・ヒルトン博士は、このような差異を周知するために多くの努力を払ってきた。ヒルトンは、一〇〇メートル・スプリントの女子世界記録が二〇一七年だけで七四四人の生物学的男子によって破られたと指摘している。強さの面では、オリンピックの重量挙げでは、男性の方が女性より二〇～二五パーセント強い。[27] あるスポーツでスピードや強さが成功の重要な指標となる場合、そのスポーツでは男性と女性のカテゴリーを分けるべきである。接触系スポーツでは、平均体重の差とスピードと強さが相まって、男性の身体との接触が女性の身体にとってとくに危険であるため、なおいっそう切実である。

長年、このようなことはまったく議論の余地がないように思われてきた。二〇一〇年平等法にはこう書かれている（例によって〈ジェンダー1〉つまり性別を意味する「ジェンダー」が紛らわしく使われている）。「ジェンダーの影響を受ける活動とは、スポーツ、ゲーム、または競技的な性質を持つそのほかの活動で、ある性別に属する人の平均的な体力、スタミナ、または体格が、その活動を含む競技の競技者として、ほかの性別の人の平均に比べて不利になるような状況のものをいう」。しかし最近トランス運動は、少なくとも一部の職業団体に対して、スポーツのカテゴリーに生物学的性別は関係ないと説得することに成功した。

この立場の最も極端なバージョンは、性別でもなければ、医学的なジェンダー移行でさえなく、ジェンダーアイデンティティだけで、男性と女性のどちらのカテゴリーで競技を行なうかを決めるべきだというものである。選手が性別ではなくジェンダーアイデンティティに沿ったカテゴリーで競技することが明示的に認められた二〇一七年のコネチカット州選手権では、「トランス女性」スプリンターのアンドレア・イヤーウッドが、ホルモン治療や手術なしで女子一〇〇メートルと二〇〇メートルのレースで優勝した。[28] イヤーウッドの法的権利は、現在、アメリカ自由人権協会によって支援されている。[29] イギリスでは、ダラム大学の現在の方針が次のように言明している。トランスの学生やスタッフが「医学的な移行やホルモンレベルの証明を求められずに、自分のジェンダーアイデンティティに最も適したチーム」でトレーニングすることを「歓迎する」。これは、多くの男性がこの方針に沿った行動をし始めた場合、女性アスリートにどれほど深刻な影響が生じうるかを認識していないようだ。[30]

現在、国際オリンピック委員会が採用しているこれとは別の、わずかに不公平さの少ない方針では、生物学的性別と一致しないジェンダーアイデンティティを持つ「トランス女性」は、少なくとも一二ヶ月間、ホルモン治療やそのほかの手段でテストステロン値を一リットルあたり一〇ナノモル以下に抑制した場合のみ、女子スポーツに出場できるとされている。このテストステロン値は、それでも女性の平均値の六〜一二倍であり、依然として有利である。[31] またテストステロンを抑制しても、思春期に永久的かつ有利に獲得された男性の特徴、たとえば、女性より平均して高い身長、より長く大きい手足、より大きな心臓と肺、より狭い骨盤サイズ、細胞の有利なマッスルメモリーには影響を与えない。[32]

このような方針を支持するために、いくつかの拙劣な議論がなされてきた。「トランス女性」の哲学者でアマチュア・サイクリストのヴェロニカ・アイヴィー（以前はレイチェル・マッキノンの名でレースに出場し著作活動をしていた）がその一例だ。アイヴィーが提示した議論の一つは端的に間違った主張で、アイヴィーをはじめとする「トランス女性」アスリートは、結局のところ「生物学的女性」であるというものだ。[33] もう一つは、「スポーツは人権である」というものである。だがもしそうなら、それは女性にとっても人権であり、予選からはじき出されたり、フィールドで恥をかかされたり、BBCが最近ある女子ラグビー選手についてのん気に報じたように、試合中に反対側のチームでプレイする身長一八〇センチメートル以上の「トランス女性」によって「デッキチェアのように折られ」たりしてはならないはずだ。[34] いずれにせよ、「トランス女性」のアスリートが適切なカテゴリーで、男性どうしで競技することをだれも止めはしないし、すでに一部の「トランス女性」は男性カテゴリーで競技している。アイヴィーが好きなもう一つの藁人形論法は、アイヴィーが女性に負けることがあるというものだ。しかし、「女性カテゴリーのトップにいる数人の女性が、男性カテゴリーの数人の男性に勝てるなら、男女のカテゴリーは不公平なので、統合または改革されるべきだ」ということが原則なのではない。各カテゴリーに属する構成員全員の平均的なパフォーマンスレベルを比較することが原則なのである。

キャスター・セメンヤ（染色体がXYであることが報告されている〔南アフリカ共和国の陸上競技選手〕）のような性分化疾患（DSD）の人びとの状況を引き合いに出して、「トランス女性」は女性と競うべきだと主張されることもある。[35] だが、DSDやY染色体を持つ競技者のケースについて何を言おうとも、重要な違いは、DSDの人びとの性別は（おそらく）分類が複雑であるのに対して、「トランス女性」の性別は通常そうではないということである。また、ＤＳＤの人と「トランス女性」を同じように扱わなければならないという点が重視されるのであれば、それはそれでよい。ただしその場合、どちらも女性のカテゴリーに出場するべきではない。そうでないと、私たちはまさしく女子スポーツの破壊に直面することになる。

また、批判者の側に馬鹿げた動機をなすりつける傾向もある。たとえば、オーストラリア式フットボールの選手ハンナ・マウンシーの主張がそうである。マウンシーは、二六歳でジェンダー移行し、身長一八八センチメートル、体重一〇〇キログラムである。マウンシーは『ガーディアン』紙の寄稿記事で、女性カテゴリーの体重制限は自分のような「トランス女性」がフィールドで女性プレイヤーをこてんぱんにするのを排除するために考案されたもので、その動機は、許容できる女性の体型を決めるという、性差別的で体を貶める制限だとしか考えられないと訴えた。「それが女性や女の子に自分の体について送るメッセージについて考えてみてください」とマウンシーは強調した。「大きすぎたらプレイできない。それは信じられないほど危険で時代遅れです」[36]。また、『インディペンデント』紙のチーフスポーツライター、ジョナサン・リューが二〇一九年に書いた記事を読むと、リューはトランススポーツ政策を批判する人は男性が不正をするために大量にジェンダー移行することを不必要かつ神経質に心配しているに違いない、と考えているように思える。しかし、それはここでの心配事ではまったくない。心配なのは、身体能力が著しく異なる一つの種類の性別身体を、非常に異なる別の種類の性別の身体と戦わせることの本質的な不公正さである。個人的な動機は関係ない。それは、たとえばドーピング違反の場合と同じである。

リューはまた次のように書いている。「トランスジェンダーのアスリートが女子スポーツに殺到し、仮に［……］かれらが関わるものすべてを支配するとしよう。［……］なぜそれが悪いのか。本当に悪いのか。オリンピックの表彰台の最上段にトランスジェンダーのアスリートがいるのを、トランスジェンダーの子どもや十代の若者が見たときのパワーを想像してほしい。ある意味、それには勇気づけられることだろう。スポーツよりも大きなものがあることを、私たちは忘れてしまうことがある」[37]。むしろリューが女性にも野心や感情があるのを忘れてしまうことがあるようだ、と私は指摘したい。男性が女性にはとうてい及ばないような方法で女性を凌駕することの、いったい何が「勇気づけられる」ことなのかはさておき、これを読んで私が思うのはジェニファー・ワグナーのことだ。二〇一八年の国際自転車競技連合（UCI）マスターズトラック世界選手権でヴェロニカ・アイヴィーの一位に対して三位になったワグナーは、何ヶ月ものトレーニングと犠牲の末に「絶対にフェアじゃなかった」とツイートした。また、二〇一九年の太平洋競技大会で、かなり年をとってからジェンダー移行した四一歳のローレル・ハバードに敗れ、銀と銅に甘んじたサモアの女子重量挙げ選手、フェアガイガ・スタワーズとイウニアナ・シパイアのことを思う。また、私は、二〇一九年の室内陸上競技州選手権五五メートルダッシュで、アンドレア・イヤーウッドを含む二人の「トランス女性」アスリートに決勝進出を阻まれた、学生アスリートのセリーナ・スールについて思う。私は、総合格闘技のファイター、タミッカ・ブレンツのことを思う。ブレンツは「トランス女性」のファロン・フォックスとの戦いで、第一ラウンドで脳震とうと眼窩底骨折を被った。ブレンツはその後、こう言った。「これまで多くの女性と戦ってきたが、あの試合の夜ほど相手の強さを感じたことはなかった」[38]。私は、彼女らが負った怪我、失った奨学金、奪われた場所や賞金について考える。そしてこれらすべては、女子スポーツがこのままでは生き残れないと苦闘している状況下でのことである。私には、ここに勇気づけられるようなものはあまり見当たらない。

性的指向

性別で違いが出る三つ目の分野は、性的指向である。一般的に、性的嗜好（sexual preference）と性的指向（sexual orientation）は異なるとされている。性的嗜好には、ブルネットよりブロンドが好きとか、美少年よりマッチョな男性が好きというものがある。もっと風変わりなものでは、車やシャンデリアへのフェチ、家畜との戯れなども含まれる。しかし、これらはいずれも性的指向ではない。何をもって指向とするかについては意見が分かれるところだが、ある性的嗜好を性的指向と呼ぶには、その嗜好が個人のなかで安定し、人間の集団のなかで広く普及し、社会的に比較的重要な結果をもたらすものでなければならない。これが私の考える性的指向の説明である。[39]

そのような意味での性的指向は二つあって、異性愛と同性愛がそれである。これらは、魅力に関する特定のパターンの観点から定義されている。もし自分の属する性別と反対の性別のメンバーだけに安定的に性的魅力を感じるなら、その人は異性愛者だ。あるいは、自分と同じ性別の人だけに安定的に魅かれるなら、その人は同性愛者である。両性に安定的に魅かれる場合、その人は両性愛者（バイセクシュアル）である。男性にも女性にも同じように適用されるこれらの用語に加えて、英語には、同性愛指向を性別で区別して表現する言葉がある。「レズビアン」は同性に魅かれる女性のことである。ほかにも、性別で区別された「ホモ」や「レズ」など、かなり否定的な言葉もある。

このような言い方をすると、クィア理論に詳しい読者、とくにフランスのポスト構造主義者ミシェル・フーコーのファンたちは、髪の毛を逆立てて怒るだろう。性的指向というものは——バトラーにとっての生物学的性別と同じく——社会的に構築され、歴史的に偶発的で、文化的に位置づけられたものであるというのが、そこでの常識だからだ。トランス学者であるジャック（当時は非トランスのジュディス）・ハルバースタムが肯定的に要約しているように、「フーコー的な性の歴史のなかでは、『レズビアン』は二〇世紀半ばから後半にかけて、フェミニズムの台頭という高度に政治的な文脈のなかで生み出された同性間の欲望を表す言葉である［……］。そうであれば、『レズビアン』は女性どうしの同性愛の営みすべてを指す超歴史的なラベルにはなりえないことになる」。[40] 私の簡潔な答えは、古今東西、同性間の性愛行為には比較的ローカルな社会的・文化的意味や名称が数多くあったという興味深い事実を認めなくてはいけないことは明らかだが、その行為そのものは二〇世紀に発明されたものではないということだ。[41] 私が問題にしているのは、個人の性的関係に見られる特徴的で比較的非歴史的なパターンについてであって、そのパターンに関する特定の文化的表象についてではない。これは首尾一貫して行なうことができる区別である。

性的指向は個人にとって「安定」していなければならないといっても、性的指向とは異なる自発的で快楽的な性的体験ができないわけではない。若い人が自分の性的指向を理解するのに時間がかかるのはかなり普通のことで、年配の人でも時間がかかることがある。異性愛が支配的な文化圏では、同性愛者はこの傾向が強い。[42] 同性愛者は、魅力の本当のパターンがどこにあるのか、関連する手がかりに気づこうとしないかもしれないし、気づくことさえできないかもしれない。あるいは、人はただ酔っぱらって、自分の正常な感覚に反して、たまたまそこにいた人と、その場の雰囲気で性行為をすることもある。ある種の人と性行為をしながら、別の人を激しく妄想することもある。あるいは、一時的にその人が魅力的に見えて恋愛感情を抱くことがあるが、恋愛感情を抱いていなければそうは見えなかっただろうということもある。厳密に言えば、性的指向は、比較的自覚的で、強制されず、自由な状況下で、あなたが性的魅力を感じるであろう性別という観点から理解されるべきであり、必ずしもいま実際にあなたがだれに魅力を感じているかということではない。性的指向は一生ものであり、クリスマスパーティーのためだけのものではない。

最も妥当なモデルでは、性的指向は個人のコントロールが及ばない要因によって発達する。それが遺伝的なものなのか、環境的なものなのか、あるいはその両方なのか、論争は絶えない[43]。しかし、いずれにせよ異性愛や同性愛は意識的な選択ではない。人は自分が好きな性別との性行為を好むが、それは人生のかなり早い段階から始まっているようである[44]。この点に基づくと、「転向療法(コンバージョンセラピー)」と呼ばれる方法でだれかの性的指向を変えようとするのは無意味であり、心理的なダメージを与えるだけであることがわかる。最近では、同性愛者の転向を試みることは倫理的に問題があるということをイギリスの専門的な治療機関が認めている。

ここで立ち止まり、いま述べた異性愛と同性愛の説明のなかで、「セックス」という単語〔ここでは「性別」または「性行為」と訳している〕が何回出てきたか見てみよう。セックスが多すぎて混乱してしまうかもしれないが、ここで言うのは生物学的に男性か女性かという意味での「セックス」であって、性交という意味での「セックス」ではないことに注意してほしい。Ａさんの性的指向（ヘテロ、ホモ、バイ）を知るためには、Ａさんの性別と、Ａさんが安定的に魅かれる人の性別の両方を知る必要がある。ある人がなぜその性的指向を持つのかを説明するとき、生物学的な性別の概念が必ず出てくるからである。

おそらく予想どおりであろうが、ストーンウォールやＧＬＡＡＤといったトランス運動団体は、こういう性的指向の概念を拒否してきた（とはいえ、これらの団体がゲイの権利のために運動を始めたことを考えれば、やはり驚くべきことである）。かれらの見解では、人を女性や男性にするのはジェンダーアイデンティティであって、生物学的性別ではない。このことは、ゲイ、ストレート、レズビアンなどの性的指向の概念に影響を及ぼすと想定される。「レズビアン」とはいまや、女性のジェンダーアイデンティティを持つ人が、女性のジェンダーアイデンティティを持つ人に魅かれることと理解されるようになった。これは、女性のジェンダーアイデンティティを持つかぎり、男性をレズビアンに含めることを可能にする。同様に、ゲイとは、男性のジェンダーアイデンティティを持つ人が、男性のジェンダーアイデンティティを持つ人に魅かれることと理解されている。一方、ストレートとは、あるジェンダーアイデンティティを持つ人が、反対のジェンダーアイデンティティを持つ人に魅かれることと定義される（ただし、ジェンダーアイデンティティが複数かつノンバイナリーであるとされる状況では、「反対の」という語はあまり意味を持たないが）。要するに、生物学的性別は性的指向とは無関係だということである。

これには少なくとも一つの明白な問題があるように思われる。異性愛における魅力が主に生物学的性別ではなくジェンダーアイデンティティに向けられるとしたら、種の存続という点ではかなり非効率的であろう。もし私たちがだれを好きになるかを知る前に、だれかの内なるジェンダーアイデンティティを調べなければならないとしたら、私たちはかなり早期に死に絶えてしまうだろう。この点について、実際には、人はジェンダーアイデンティティに魅かれるのではなく、「ジェンダー」（性別でなく）に魅かれるのだと主張する人が多い（つまり、〈ジェンダー2〉のような意味でのジェンダーに、である）。人は「女っぽい」人や「男っぽい」人、つまり男女を問わずステレオタイプ的に女らしい外見の人、または男らしい外見の人に性的魅力を感じるのだとかれらは言う。そこには、このような魅力には人の性別に関する思い込みは無関係だという意味が含まれている。

しかし、ほとんどの場合、実際にはそんなことはありえない。なぜなら、「女っぽい」や「男っぽい」とみなされる中身が、その人が生物学的に男性と考えられているか女性と考えられているかによって変わってくるからである。たとえば、女性モデルのエリカ・リンダーは、若い頃のレオナルド・ディカプリオにそっくりで、ブレークした写真ではわざわざレオになりきって撮影されていたほどである。しかし、若いディカプリオが男性としては比較的女っぽく見えるのに対し、リンダーは（少なくとも、その写真撮影では）、女性としては比較的男っぽく見える程度だ。リンダーとディカプリオは、身体的なレベルでは同じような外見をしているが、私たちは、その持ち主自身の性別に対する想定によって、これらの特徴を「女っぽく」とも「男っぽく」とも解釈しているわけである。つまり、自分は好きな相手の女らしい、あるいは男らしい外見にのみ魅かれると考えている場合でも、性別についての認識が人の魅力の感じ方において重要で基礎となる原因の役割を果たしているのである。

この点は、参加者の一二・五パーセントが「トランスの人との交際を検討する」と回答した最近の調査結果によっても裏付けられている。[45]そう答えた回答者の約半数は、具体的にどういう相手と付き合うかについての好みが、調査を実施した研究者によって「不適当」と評価された。たとえば、自分をレズビアンだと認めている女性の約三分の二は、付き合うのは「トランス男性」だけで、「トランス女性」とは付き合わないと答えるか、せいぜいのところ「トランス女性」とも「トランス男性」とも付き合うと答えていた。研究者たちは、ジェンダーアイデンティティの観点から理解されるレズビアニズムと合致するには、レズビアン女性は交際相手として「トランス男性」を選ばず、「トランス女性」のみを選ぶはずだと想定していた。研究者たちは、予想に反するこの調査結果を「女らしさ嫌悪（フェミフォビア）」を実証するものだと説明した。だが、それほど複雑でない仮説は、「レズビアンは生物学的男性には安定的に性的魅力を感じない」というものだろう。

性別と性的指向との関連性についての議論では、すぐに三つの反論が示される。一つは、「人の染色体は見えない！」というお馴染みのセリフだ。しかしこれは、髪の色素を作るメラニン細胞が見えないから、ブルネットの人には魅かれないと言うようなものである。これまで見てきたように、性別は、多くの場合、観察可能で性的興奮を引き起こす可能性のあるさまざまな身体的特徴（見た目、触覚、味覚、香り、声音）と確実に結びついている。

第二の反論はこうだ。とても魅力的で女らしい、手術済みの「トランス女性」と交際している女性が、厳密に言えばこの場合は生物学的男性に性的魅力を感じているのだということだけを理由にして、レズビアンではないと本気で言うつもりかと。あるいは、手術を済ませ、ホルモン剤を投与してセクシーで筋肉もりもりの「トランス男性」に欲情している男性が、実際にはゲイではないと言うつもりかと。私が言っているのはそういうことではない。もう一度、すでに何度か言ってきたことを言おう。このような比較的珍しいケースは、既存の概念を無理やり引き伸ばすものだ。私たちが使っている概念はそういうケースを想定して作られておらず、私たちはどう言えばいいのかわからないだけなのだ（そして、それで構わない）。先の二つのケースをレズビアンだ、ゲイだと言うことに賛成するのも反対するのも、両方に理由がある。最初のケースは、少なくとも外見は女性のような体に女性的な性的魅力があるのだが、しかし女性のような体は人工的に作られたもので、内因性の表現型（一定の遺伝子型をもつ生物の示す形態的・生理的な性質）ではない。外見はどうであれ、実は体は男性なのである。二つ目のケースも、外見が男性のような体に男性的な性的魅力があるのだが、しかしやはり内因的に作られたものではなく、外見に反して女性の体なのである。

反論を述べる者がこのような例だけに注目するのはおかしい。なぜなら、かれらの立場では、女性のジェンダーアイデンティティを持つかぎり、まったくもって標準的な男性の身体を持つ男性に欲情する習慣のある女性も「レズビアン」に分類されるからである。そして、標準的な男性の身体を持つ男性自身も、女性のジェンダーアイデンティティを持つかぎり、レズビアンとみなされることになるからだ。たとえば、ストーンウォールの諮問委員会の「トランス女性」であるアレックス・ドラモンドは、手術もしておらず、ホルモン剤も使っておらず、形態学的には紛れもなく男性で、髭まで生やしているが、女性に魅かれるのだから「レズビアン」であるということに、かれらは同意するだろう。『バズフィード』のインタビューでドラモンドは、「私は女性で女性に魅かれているので、レズビアンだと認識している。［……］私はもう長い間、女性と結婚前提でまじめな交際をしているんだけど、女性のなかにある内なるレズビアンを引き出していると確信している！」と述べている。[46] しかし、これは明らかにレズビアンの概念を力づくで引き伸ばすものだ。従来の見方では、ドラモンドは異性愛者であり、ドラモンドに魅かれる女性もおそらく異性愛者である。

第三の反論は、「なぜセクシュアリティを『取り締まる』のか」という非難である。同意のある大人どうしが、望む相手と性行為をしてはいけないのだろうか。私の答えはこうだ。もちろんしてよい（少なくとも、理想的な世界ではそうあるべきだ）。この反論は、説明のための正確な分類を禁止と混同している。私は「セックス警察」になるつもりはない。あなたが好きな、同意のある大人とベッドインするのは自由だ。私が言いたいのは、もしあなたが一貫して異性と楽しい関係を築いているならば、あなたはおそらく異性愛者／ストレートであるということだ。それは、あなたが好きなことをするのをやめさせようということではない。ただ、あなたがしていることを正確に表現しようとしているのだ。肯定的であれ否定的であれ、どちらであれ批判を意味するものではない（私自身が同性愛者であることをお忘れなく）。

ストーンウォールやGLAADのようなLGBT団体が性的指向をジェンダーアイデンティティに基づくものとして扱うことの長期的な影響は、まだ正確に立証されていないが、少なくとも二つの影響が出ており、どちらもマイナスの影響だ。第一に、自分をトランスジェンダーだと言っている子どもや十代の若者のかなりの数が同性に魅かれていることが、内部告発をした幾人かの臨床医によって報告されている。[47] LGBT団体により流布されたメッセージに誘導されて、これらの子どもたちは自分が同性に魅かれるのは、生物学的性別と一致しないジェンダーアイデンティティ（それは「異性愛」の性的指向と結びついている）を持っている証拠だと解釈しているようだ。つまり、たとえば同性に魅かれる女性が、自分は異性愛指向の少年や男性なのだと解釈しているのである。子どもがアイデンティティを探求することは、それ自体、有害なものではない。しかし、善意の親や教師が無批判にこのストーリーに同調し、「本当」のアイデンティティを反映する体に変化させるために生涯にわたる薬物療法を、子どもに代わって求めるようになると、事態はさらに深刻になる。さらに悪いことに（すでに見たようにこれもLGBT団体からの働きかけによるのだが）、いまでは一部の専門的なセラピスト団体は、こうした自分探しのストーリーに少しでも疑問を投げかけることを、禁止された「転向療法」の一形態と決めつけるようになっている。[48] そのため、子どもや十代の若者が自分の性的欲求について別の解釈を耳にする機会が著しく減少している。こうした子どもたちのなかには、自分は最初から同性愛だっただけなのだと、成長するにつれて気づく者が出てきている。「脱移行者」の波が押し寄せており、その多くはレズビアンやゲイで、人生を左右する薬や手術を施されたことについて後悔の念を口にする者も少なくない。[49]

二つ目のマイナスの影響は、若いレズビアン、つまり女性に魅かれる若い女性に関するものである。異性愛が標準である世界で、自分の同性愛の指向に気づくのは難しい。若い女性として社会の期待に応えながら、精神的に困難を引き受けるのは大変なことだ。若い女性は若い男性に比べて、平均的にみて自己主張が弱く、心配性で、他人を喜ばせることに熱心である傾向が強いことは、かなり明白である。このような傾向を、クィア・コミュニティ（若いレズビアンたちが保護や仲間を求めて行く場所であり、また「レズビアン」どうしだと自称する「トランス女性」のいる場所でもある）に持ち込めば、トランスであるか否かにかかわらず、レズビアンたちが異性との性的関係を迫られ、場合によってはそれに屈してしまうことが避けられない。

昨今、トランス運動は「コットン・シーリング」というきわめて不快なイメージを世に送り出している。職場で昇進を望んでもうまくいかない女性たちの「ガラスの天井（シーリング）」という発想を言い換えているのだが、ガラスをコットンつまり下着に置き換えて、女性に魅かれる「トランス女性」がしばしば「乗り越え」られない「天井」（セックスに持ち込めない壁）を表現している。似たようなことでは、二〇一六年にヴェロニカ・アイヴィーが「トランス女性」との性的関係に関して、「シスのレズビアンは性器への不安を乗り越え、うまく対処できることに気づくこともある」とツイートしている。二〇一九年、ブライトン大学での会議、「クィアな時代に同性愛者であること」では、公式の論文募集の一環として、「どのようにすれば同性愛者のスペースをよりトランス・インクルーシブにできるか」という問いかけがされ、インクルージョンの可能性のある場所として「寝室」が提案された。[50]さらに二〇一九年に、オックスフォード大学の哲学教授アミーア・スリニヴァサンが『ロンドン・レビュー・オブ・ブックス』誌に寄稿し、「トランスフォビア」を『個人的な嗜好』という一見無害なメカニズムを通じて寝室に入り込む抑圧的なシステム」と表現した。[51] 一部の法学者は、「騙しによる性行為」についての法律を改正し、たとえば「トランス男性」や「トランス女性」が性的な出会いを求める際に相手と自分は同性だと積極的に偽っても、違法な行為として扱われないようにすべきだとまで主張している。[52] ストーンウォールもどうやらこれに賛同しているようで、二〇一五年には「『騙しによる性行為』の事例を司法上明確にし、どのような場合がジェンダーに基づく騙しによる性行為に該当するのか法的立場を確定して、トランスの人びとのプライバシーが確実に保護されるようにする」べきだと主張している。[53]

これらのことが意味するのは、レズビアンが「トランス女性」と寝ることを拒んだり、ゲイが「トランス男性」と寝ることを拒んだりする主な理由は、トランスの人たちに対する偏見や嫌悪感でしかありえないということである。しかしこれは、もっと明白な説明、つまり「単なる性的指向の問題だ」を無視したものだ。先のような見解が、権威あるリベラル派や左派の声のように語られることで、より身近なレベルで、それに対処する能力のない若者、とくに若いレズビアンに対して、道徳的な圧力がかかっていると感じる。あるトランスの若者グループへの元参加者はこう語る。「ある日、四〇歳を過ぎた三人のMtFが、十代のFtMを露骨に口説いていました。それは明らかに私たちを不快にさせるものでしたが、ほとんどだれも何も言わず、話題を変えたり、私たちから離れたところで会話させようとしたりするだけでした」。[54] その若いFtMすなわち「トランス男性」たち、言いかえれば「女性から男性になった」人たちが、クィア文化のなかで、「自分は自分と同じ生物学的性別を持つ人に魅かれる」と自信を持って主張することを社会的に許されていると感じることができてさえいればよかったのに、と思う。しかし、かれらを保護するはずのLGBT団体のせいでそう感じることができなかった。そして、いまでも多くの人がそうした状態に置かれているのだ。

異性愛の社会的影響

生物学的な性別が社会生活に特有の貢献をする四つ目の、そして最後の分野がある。人間の生殖には、一人の男性と一人の女性からの、いわば何らかのインプットが必要である。精子と卵子だ。これを避けては通れない。異性愛者であることが生殖に不可欠なわけではないが、まちがいなくそれを推し進めることに役立つ。異性愛者であることは、異性と性行為をする個人的な動機になる。そして、異性と性行為をすると、注意を怠れば、子どもができる可能性がある。世界中の出産の大部分は、男性と女性の性交渉の結果、何の人工的手段もなしに発生しており、そのカップルの大部分は異性愛者である。二〇一九年、国家統計局は、イギリスには一三〇万七〇〇〇組の異性の同居カップルに扶養児童がいると推定しているが、同性の同居カップルではわずか三〇〇〇組である。[55] 異性愛が広範に存在することは、私たち人間を含め、有性生殖を行なうあらゆる種にとって適応的な形質である。

異性愛とは、身体的な違いが顕著な二人が関与することを予測できる唯一の性的指向である。同性カップルの方が、さまざまな次元で身体的に一致する可能性が高い。異性愛に関するこの事実、つまり、身体的に大きく異なる二人の人間が関わる可能性が高いという事実は、特定の経済的・文化的効果をもたらす。しかし、同性愛はその効果を共有する傾向がないか、もしくは異性愛の規範をモデルとすることによって派生的にしか共有できない。ここでは、とくに二種類の影響に焦点を当てる。

性別と異性愛の組み合わせが仕事に与える影響

第一に、妊娠・授乳が自然なかたちで可能なのは女性だけであって男性ではないという事実が、複雑な因果関係の一要因として、女性が給与や昇進の面で職場で成功しにくい傾向にあることの理由の一端を説明している。妊娠や授乳は、多くの女性を少なくとも一時的に職場から遠ざけたり、職場にいてもある種の肉体労働をする能力を低下させる。これらのことは、女性が妊娠するがゆえに、あるいは妊娠することが雇用者に予想されるがゆえに、キャリアアップのチャンスに影響を与える可能性がある。異性愛者の女性の多くは、男性パートナーに比べて育児や家事に不釣り合いに重い責任を負っているが、これは妊娠や授乳の結果として形成された習慣や期待といった負の遺産のせいでもある。これらの要因は、異性間カップルにおいて、男性のキャリアが女性のキャリアよりも優先される傾向がある理由にも関係している。全体として、異性愛者の男女間の生物学的な差異は、男性よりも女性の方がパートタイムで「低技能」、つまり低賃金の仕事をする傾向がある理由についての、より大きな因果関係の説の一部をなしている[56]。

性別とジェンダーに関する文化戦争に巻き込まれている人は、私がここで、たとえば男性と女性の給与の平均的な差が生物学によって完全に説明される（まして正当化される）などと言っているのではないことに留意してほしい。このことを否定しつつ、男女間の典型的な身体的差は、多くの説明要因のうちの一つであると考えることは可能である。安定した生物学的諸事実は、ある社会において、ほかの社会的諸側面と連動して偶発的な社会的影響をもたらす。社会はいつでも、異なる社会的諸制度や諸構造を導入することで、それらの影響を軽減するよう選択することができる。実際、健康や医学の分野では、すでにそのようなことが行なわれているのは明らかである。たとえば、この分野では託児をより安く、より広く利用できるようにし、女性がフルタイムで働けるようにすることができる。しかし、そのようにしてもしなくても、男女間の身体的差異に関する基本的な生物学的事実は、現存するあらゆる影響の全体的な説明の一部として、依然として重要である。学者が言うように、性別の社会的影響は「多因子的」であるが、そのことは多くの説明要因のうちの一つとして生物学的要因が含まれることを否定するものではない。

これまでイギリスの政策立案者は、生物学的な理由で生じるある種の社会的影響が、一方の性別に特別に不利に働くと思われる場合、その影響を緩和しようとしてきた。たとえば法定産休は、妊娠後期や早産がもたらす経済的影響をある程度緩和するために設けられたものである。平等法は、妊娠や出産を理由とする差別を違法にしている。これまで、女性は一般的に男性よりもキャリアアップや昇進の面で困難に直面することが多かったので、女性限定のリソースや支援、奨励措置によって手助けされうることも認められてきた。キャリア指導、支援グループ、特別表彰制度、女性だけの候補者リストなどである。また、職場や家庭における性別に関連したさまざまな相違について正確なデータを収集し、女性や男性に不利が生じるパターンを把握することは、社会的な優先事項であると考えられてきた。

しかし近年、トランス運動はこのような施策に異議を申し立て、それは大きな成功を収めている。職場では、以前は女性限定だったリソースや支援、奨励措置が、いまでは女性のジェンダーアイデンティティを持つ者ならだれでも利用できるのが普通になった。「賃金のジェンダー格差」と婉曲的に呼ばれるもの（より正確に言えば「賃金の男女格差」）に抗議するために職場で行なわれるイベントは、男性であれ女性であれ、女性のジェンダーアイデンティティを持つ人ならだれでも参加できると宣伝されることが多い。高等教育における「ジェンダー」平等を確立するための主要な政府文書であるアテナ・スワン憲章は、いまや女性とトランスジェンダーを区別せず、「女性とトランスジェンダーが主に経験する差別の重要な要因」として「アイデンティティの内面的な認識」を含めている。(57) また、男性優位の下院に女性議員を増やすために設立された労働党の女性候補者リストは、現在では『トランス女性』を自認する者を含むすべての女性」に門戸を開いている。(58) また、優良企業の上層部における女性のキャリアアップを奨励するためのものであったはずの、『フィナンシャル・タイムズ』紙の「女性経営者トップ一〇〇」の選出においても、週に何日かだけドレスやスカートを着用し「ピッパ」と名乗る「ジェンダーフルイド」な男性のフィリップ・バンスがランクインした。(59)

性別に関するデータ収集にも悪影響が出ている。イギリスでは、国勢調査は全国的なデータ収集の絶対的基準であり、社会的・経済的差異に関する多くの学術的分析に利用されている。しかし、二〇一一年の国勢調査では、国家統計局は回答者に対し、性別に関する唯一の質問にジェンダーアイデンティティの観点から回答するよう明確に助言した。(60) この助言は二〇二一年には国家統計局によって削除され、ガイドラインでは「性別」を「法的性別」に置き換えているが、本書の執筆時点では、スコットランドと北アイルランドの国勢調査当局は、「性別」に関する質問を「ジェンダーアイデンティティ」に関する質問として解釈する予定のようだ。批判者によれば、この決定は、生物学的性別と一致しないジェンダーアイデンティティがより多く報告されやすい若年層に関するデータの質にとくに影響を与える可能性がある。(61)

明らかに、女性のジェンダーアイデンティティを持つ男性は、単に生物学的性別と一致しないジェンダーアイデンティティを持っているというだけで、女性と同じキャリアや社会的・経済的な課題を共有することはない。なぜなら、そういう課題を生み出した生殖能力を共有していないからである（そしてたいていはこの点を誤認する人などいないだろう)。この分野でのトランス運動の成功は、本来の問題(それはまだ解消されていない)に取り組む私たちの集団的能力を著しく低下させている。これに対して、「不妊症の女性はどうなのだ。職場における女性の保護措置から除外すべきだと言うのか」と反論されることがある。少なくとも二つの点で、この反論は妥当しない。第一に、女性は全体として、女性という集団と結びついた生殖役割に関連して、職場で不利な立場に置かれる傾向があるということである。この点は、特定の個人が実際にその役割を果たすかどうかとは関係がない。第二に、いずれにせよ、大人数に対する保護措置は、そういうものだということである。それは必然的に大雑把になる。特定の措置を大きな集団に適用する場合、その措置がその集団のごく一部に適用されない可能性があることを受け入れる方が、その措置がだれに適用されるかを正確に調べ、選択的に適用する手間をかけるよりも効率的なのである。

性別と異性愛の組み合わせが暴行の統計に与える影響

生物学的な差異と異性愛の組み合わせは、暴行に関する統計にも社会的な影響を与える。性的暴行の被害経験率には、男性と女性で大きな違いがある。二〇一七年の報告では、一六歳から五九歳の対象者で性的暴行を経験したことがあるのは、男性の推定〇・八パーセント(一三万八〇〇〇人)に対し、女性は三・一パーセント(五一万人)だった。[62] 一生のうちでは、男性の四パーセントに対し、女性の二〇パーセントが何らかの性的な暴行を経験していた。[63] 二〇一八年の統計では、パートナーの手による家庭内虐待を経験した女性は、男性の二倍であった。[64] 一般的に、女性に対して行なわれる性的暴行と家庭内暴力の大部分は男性が行なっている。これらの違いは、力の強さ、体の大きさ、直接的な攻撃性における男性と女性の典型的な違いによって、少なくとも部分的には説明できるように思われる。[65] 発達上の要因やそのほかの環境要因も関係ないとは言わない。ただ、もし男性が女性よりも系統的に小さく、弱く、テストステロンの分泌が少なかったなら、現実は違うものだっただろうということを認めているにすぎない。

こうした事実もあって、更衣室、浴室、寮、刑務所、ホステルなど女性が服を脱いだり寝たりする場所、したがって性的暴行を受けやすい場所は、長い間、男子禁制であるべきだという社会規範があった。これは、そのようなスペースでの女性に対する性犯罪を最小限に抑えるためである。性犯罪には、レイプやそのほかの身体的攻撃だけでなく、露出や盗撮も含まれることを忘れないでほしい。一般的に、女性は男性よりも三倍、これらの犯罪に遭遇する可能性が高いと言われている。[66] 過去に男性から暴行を受けたことのある女性のために、レイプ被害者支援センターやDVシェルターがある。これらは、少なくとももともとは、被害者を加害者から守り、トラウマを抱えた女性が回復するためのスペースを提供するために、女性によって女性のために運営されていた。厳密にはこれらはすべて（男性が排除されているため）性別に基づく「差別」のように見えるが、平等法はそれが「正当な目的を達成するための妥当な手段」であれば許されるとしている。つい最近まで、男女別のスペースやサービスがそのようなものとみなされることは、議論の余地のないことのように思われてきた。

しかし最近、ストーンウォールやほかのトランス運動団体による平等法に対する独自の解釈のせいで、このような「女性専用スペース」をめぐる規範の再概念化が驚くほど急速に行なわれるようになった。以前は、女性専用スペースは生物学的女性のための専用スペースと明確に理解されていた。いまでは、ジェンダーアイデンティティがそこに入るための正式な唯一の基準であると言われている。ストーンウオールは、かれらの多様性推進プログラムに有料登録している多くの組織に対して、「だれでも自分のジェンダーアイデンティティに沿った施設、スペース、グループにアクセスできるようにすべきだ」という明確なアドバイスを発表している。[67]

多様性推進プログラムの登録メンバーは、いち早くこれに対応している。二〇一九年、ロンドンの金融街の運営と四〇平方キロメートルを超えるロンドンの緑地や公園の管理を担うシティ・オブ・ロンドン自治体は、「ジェンダーアイデンティティに関する指針」を導入した。それによると、トランスの人たちは、自分のジェンダーアイデンティティに沿って男女別のサービスを利用できるようにすべきであるという。これには、ハムステッド・ヒース〔ロンドンにある公園〕のケンウッド・レディース・ポンド〔自然の沐浴池であり、ロンドン屈指の屋外女性用水泳場〕も含まれていた。男女混合の沐浴池と男性用の沐浴池の両方がほかに存在するにもかかわらずである。二〇一五年以降、イギリス刑務所とスコットランド刑務所（これも多様性推進プログラムの登録組織）の方針は、医療介入やジェンダー承認証明書の発行を受けたかどうかにかかわらず、女性のジェンダーアイデンティティを公言する一部の男性囚人を女子刑務所に収容するというものになっている。[68] 現在、イギリスのほとんどの大学では、トイレ、更衣室、シャワー、住居などの「男女別」施設を、性別の「自認」つまり「セルフＩＤ」に基づいて明示的に割り当てる方針をとっている。カーディフ大学の方針には次のように書かれている。「みなさんは、二〇一〇年平等法により、自認するジェンダーに従って更衣室やトイレなどの施設を利用する法的権利を有しています」。[69] リーズ大学の方針にも、「トランスの人は、男女別施設（トイレや更衣室など）を、自認するジェンダーに従って利用できる」と書かれている。[70] そして二〇一九年には、西イングランド大学の公衆トイレに、「間違ったトイレを使っている人がいると感じますか」と尋ねるポスターが貼られたと報じられた。感じると答えた回答者には、その人を「とがめ」たりせず、「その人のアイデンティティを尊重」して「気にせず一日をお過ごしください」と指示されたという。[71] また、レイプ被害者支援センターやDVシェルターの設置者のほとんどは、利用者に関しても従業員に関しても、「トランス女性」と女性を区別しなくなった。

このような急激で劇的な方針変更は、それがさらに定着すれば、女性の安全にとって有害な結果をもたらすに違いない。なぜならジェンダーアイデンティティはだれもが直接見てわかるものではなく、行動や服装、人相とは潜在的に切り離されているものだからである。このことは現実的には、あらゆる男性がどこかのスペースに入り、とがめられれば、そこが自分のジェンダーアイデンティティと一致していると主張できてしまうということを意味する。西イングランド大学のポスターが伝えているように、女性は相手をとがめることなく、ただ自分の一日を「過ごす」よう期待されている。これでは、女性が暴行を受ける危険性が高まるのは明らかだ。

こうした事態が全面的に起こるにはしばらく時間がかかるだろう。その理由の一つは、確立された社会的規範の崩壊には長い時間がかかるからである。人間は社会的な動物であり、他人と横並びにするのを好むことが多い。現時点では、生物学的性別ではなくジェンダーアイデンティティの観点からアクセスを明確に許可する方針があっても、またそれについて知っていたとしても、多くの人はそれを利用することに消極的であろう。また、その方針を知らずに、異性のスペース侵入を拒み続ける人もいるだろう。どちらも、本来の男女別の規範を維持するのに役立つ。しかし、この保護効果がずっと続くわけではない。より多くの人がこの方針を知り、ジェンダーアイデンティティに沿ってスペースにアクセスするようになり、旧来の性別に基づく慣習がなくなれば、悪意のある男性が簡単に利用できるようになり、女性が危険にさらされるようになることは想像に難くない。犯罪学者も、法律家や医療関係者も、このことを知っている。二〇一五年、イギリスのジェンダーアイデンティティ専門家協会の会長は、政府の調査に対して次のように述べた。「本当のトランスセクシュアルでないなら、刑務所でトランスセクシュアルのふりをしようとする人などいないだろう、というのはかなり甘い考えである」。さらに、「トランスセクシュアルのふりをする原動力は、それによって性犯罪を断然やりやすくしたいという欲望であり、そのことを示す刑務所の資料は山ほどある。生物学的女性はこの点ではリスクは低いと一般的に認識されている」と語った。[72]

参考となる事例は、セルフＩＤが比較的長く政策化されてきたため、性別をめぐる従来の社会規範がすでに揺らいでいるところで生じている。二〇一八年、カリフォルニアのシェルターで九人のホームレス女性が「トランス女性」とシャワーを共有させられ、「トランス女性」が「淫らで性的な不適切発言をし、裸になっているところをのぞき見した」と報道された。[73]同年、カナダでは、「トランス女性」のジェシカ・ヤニフが、複数の女性美容師に対して訴訟を起こした。ヤニフが男性であることを理由に、自宅での性器ワックス脱毛の施術を女性美容師が拒否したからである。この訴訟は最終的にヤニフが敗訴したが、敗訴の理由はどうやら、ヤニフが提訴した動機が金銭目当てと人種差別だったからであり、カナダの女性美容師に女性の性器ケアだけを専門にする選択の権利が認められたからではなかったようだ。[74]トロントでは、依存症回復者のための女性専用シェルターに入居していた生物学的女性のクリスティ・ハンナは、未手術の「トランス女性」と同室にさせられた。その「トランス女性」は何も悪いことをしなかったが、その体験がハンナやほかの入居者たちに「ストレス、不安、レイプのフラッシュバック、心的外傷後ストレス障害（ＰＴＳＤ）の症状、睡眠不足」を引き起こしたと伝えられている。[75]イギリスでも、二〇一八年に同様の事態が起こっている。「トランス女性」のケイティ・ドラトウスキーは、ダンファームリンのスーパーのトイレで少女を盗撮した一ヶ月後に、ダンディーのモリソンズ〔スーパー〕の女性用トイレで一〇歳の少女を暴行し、実刑判決を受けた。(76) この有罪判決の後、ドラトウスキーは、ホームレス犯罪者用の女性専用ユニットに収容された。(77) また、手術もホルモン治療も法的なジェンダー承認証明書の発行も受けていない「トランス女性」のカレン・ホワイトは、ジェンダーアイデンティティに基づいて女子刑務所に入れられ、早速そこで女性囚人に性的暴行を加えた。(78)

このことに関するトランス活動家の反論は、主に四つのパターンに分かれる。一つ目は、ホワイトやドラトウスキーのような性犯罪者は「本物のトランス女性」ではないというものだ。しかし、なぜそう言えるのか。これらの人びとは、自分は生物学的性別と一致しないジェンダーアイデンティティを持っていると言っており、トランス運動団体が求める唯一の基準に合致しているのである。二つ目の反論は、憤慨しながらこう言う。すべての、あるいはほとんどの「トランス女性」が性犯罪者であるとでも言うのか、と。いや、明らかにそうではない。それは、一般的に男性が女性専用の公共スペースから排除されるべきであると言うことが、すべての、あるいはほとんどの男性が性犯罪者であると言っているわけではないのと同じことである。かれらのすべてが性犯罪者なのではない。繰り返し言うが、予防策とは通常、必然的に大雑把なものなのである。それは、そのグループ全体の性格を示すようなものではない。

第三の反論は、興奮した「そっちこそどうなんだ論」である。たとえばこうだ。女性専用スペースにいて、女性を性的に襲う可能性のあるレズビアンはどうなんだ、その女性たちは、、、、まだそこにいるではないか、というわけだ。暴力的なレズビアンは、暴力的な異性愛者の男性ほど差し迫った、立証された社会問題ではないという事実はひとまずおくとして、この反論のこじつけの論理はこういうことだ。純粋に男女別を規範とするスペースを導入するなら、その計画はそもそも性犯罪者の大多数ではなく、性犯罪者になる可能性のある**すべての**者を排除すべきだし、もしそういう計画ではないのなら、それは矛盾しているのだから、そんな計画は放棄すべきだ。これはとんでもなく愚かなアプローチで、効果を有する現実的な措置よりも論理的整合性を優先している。とりわけ、男性が女性に対する性的暴行の最も大きな原因であることに変わりはないのだから、何もないよりは何かあった方がいいに決まっている。

第四の、そして最後の反論は、男女別スペースが、曖昧な外見の人びとにとって屈辱的な「ミスジェンダリング」（あるいは、性別間違い）という出来事を引き起こすことが多い点を強調する。はっきりさせておくと、これは男女別スペースでは生じることであり、とくに男性的な容姿の女性に生じる。トランス学者のジャック（当時は非トランスのジュディス）・ハルバースタムはこう書いている。「人生の大部分において、私は男らしさによって汚名を着せられてきた。それは私を曖昧で判読し難い存在として徴づけるものだった」(79)。ハルバースタムは、その生涯を通じて見舞われてきた「トイレ問題」について書いている。ある時には、公共の女子トイレでだれかがハルバースタムを男性だと勘違いし、警備員を呼んだこともあったという(80)。男女別スペースでの性別間違いは起こるもので、現行制度の非常に残念な代償である。しかし、この代償は、女性が性的暴行を受ける可能性がきわめて高い場所に、あらゆる男性が入るのを事実上許可することの潜在的な弊害と比べて検討する必要がある。総合的にみて、前者の弊害が後者の弊害を上回るとは思えない。すぐに思いつく解決策は、純粋な男女別スペースを残し、それとあわせて、より快適に感じる人のために男女共用の「第三のスペース」を導入することであって、男女別スペースを完全になくすことではないだろう。

競い合わせるべきではない

本章で私が論じたように、四つの分野（医療、スポーツ、性的指向、そして、最も一般的な性的指向である異性愛と組み合わさることで生じる賃金の男女格差や女性への暴行の蔓延など）は生物学的性別によって大きな影響を受けるのであって、ジェンダーアイデンティティによって重要な影響を受けるのではない。これらの四つの分野は、文化的背景によって多少異なるかたちで現れる可能性があるものの、それでも人種、階級、宗教の大きな違いを超えて現れる重要なものだと言える。これらの分野は、人びとがどのような性別であるか、どのような身体であるか、どの性別に興奮するか、これらすべてが文化にどのように適合し、さらにどのような社会的効果が生み出されるのかによって影響される。たとえジェンダーアイデンティティを認めるべきだという主張が成功を収めたとしても、私たちが生物学的性別もまた認め、確認し、法的に保護するべきだということに疑いの余地はないはずだ。性別とジェンダーアイデンティティを互いに競い合わせるべきではない。

第4章　ジェンダーアイデンティティとは何か

すでに述べたように、ジョン・マネーとロバート・ストーラーが、一九六〇年代に初めてジェンダーアイデンティティという概念を作り出した。それから五〇年以上経ったいま、本書で「ジェンダーアイデンティティ理論」と呼ぶものが、欧米の一般の人びとの間で流行している。それは次のような考えである。「トランス」とは、手術を受けたり、ホルモン剤を投与したり、特定の服装や行動をとる人たちではなく、ジェンダーアイデンティティが、出生時に「割り当てられた」性別と一致しない人たちのことである。また「シス」とは、ジェンダーアイデンティティが出生時に割り当てられた性別と一致している人びとのことである。そして、どちらにしても（つまり、シスであろうとトランスであろうと）ジェンダーアイデンティティが人を男性、女性、あるいはそのどちらでもない存在にするのである。

ジェンダーアイデンティティ理論の提唱者たちが働きかけてきた結果、多くの組織がジェンダーアイデンティティを法的・政治的な権利の決定要因とする方向に動いており、状況によっては、性別と少なくとも同程度には重要なものとして扱っている。たとえば、二〇一七年以降、アメリカのいくつかの州では、実際の性別を参照することに代えて、ジェンダーアイデンティティと性別が不一致であることの簡単な申告に基づいて、新しい身分証明書（男性、女性、またはノンバイナリー）の取得を可能にする法律が制定された[1]。これは現在、マルタ、カナダ、アルゼンチン、チリ、デンマーク、アイルランド、オーストラリアの二州（ビクトリア州とタスマニア州）でも同様である。イギリスでは、ジェンダー承認法と平等法を改正し、「ジェンダー違和」や「ジェンダー再適合」ではなく、ジェンダーアイデンティティをそれぞれの法律における重要な要素として認めるよう、トランス運動団体が強い圧力をいまも加え続けている。

時として、次のような考え方が示されることがある。女性であるか男性であるかは、四〇年以上にわたって権利と保護の重要な決定要因となってきた。それはイギリスでは、一九七五年の性差別禁止法や二〇一〇年の平等法といった法律で認められている。とはいえ、もし実際に人を女性や男性にするものが性別ではなくジェンダーアイデンティティであるなら、性別ではなくジェンダーアイデンティティがそれらの保護の根拠となるべきだ、という考え方である。しかし、ここで問題なのは、すでに前章で見たように、性別を認識し保護することは、たとえ最終的にジェンダーアイデンティティについて何を語ることになろうとも、ゆるがすことのできないものだということである。したがって、ジェンダーアイデンティティの地位は、生物学的性別を保護するために作られた法律に便乗するだけでは正当化されえない。自分で道を開かなければならない。

人を男性や女性にするものは性別ではなくジェンダーアイデンティティであるという主張については、次章で検討する。その問題はここではいったん横に置き、人びとをヒートアップさせる要素を議論から取り除きたいと思っている。まずは、ジェンダーアイデンティティとは何であるかについて明らかにしたい。それにより、ジェンダーアイデンティティが活動家や一部の政策立案者が主張するほど重要かどうかを見極めることができるはずである。私が言いたいのはこういうことだ。性別と一致しないジェンダーアイデンティティというものを、現在のように無批判のレベルで受け入れるのは問題があるが、人がそれを持つことは理解できるし、社会はそれに敬意を払うべきである。

ジェンダーアイデンティティとトランスでない人びと

女性ないし男性のアイデンティティという「内面的」「心理的」な感覚を持つとは、正確にはどういうことなのか。それは、自分の体の部位や生殖プロセスに基づいて、自分が生物学的な女性または男性であることを他人から判断されることとは明らかに違う。多くの（最初はほとんどすべての）トランスの人びとにとって、自分の体と生殖プロセスがどちらの性別であるかは、他人にも自分自身にとっても明らかである。有名なトランス作家であるヤン・モリスは、自分の幼少期についてこう書いている。「あらゆる論理的基準からみて、私は明らかに男の子だった[2]」。

ジェンダーアイデンティティを持つということがどういうことなのかを理解したければ、トランスでない人に聞くべきでないことは明らかだろう。というのは、トランスでない人の多くがジェンダーアイデンティティをとくに強く意識していないと答えるからだ。この欠如は、「シス特権」の結果だと言われることがある。自分のジェンダーアイデンティティに本当に気づくのは、そのせいで自分が苦しむ時だけであり、シスの人は苦しまないからだと。二〇一七年の『ヴォックス』誌の記事は、シスの人びとに自分のジェンダーアイデンティティに気づかせるための思考実験を提案している。シスの回答者たちは、「大金を得られるなら、身体的に異性に移行するつもりはあるか」と質問された。ほとんどの人が、ないと答えた。次に質問者は、その理由を「しっかり心に刻む」よう求める。そしてこう述べる。「その感覚を持って、もしあなたが反対の体に生まれていたらと想像してみてください[3]」。

だが、これはあまり説得力がない。トランスでない人びとのほとんどが、異性に移行したいという積極的な欲求を持っていないのは事実だろう。前述のシナリオについて言えば、おそらく回答者たちは痛みを伴う手術や一生飲み続ける薬が嫌なのかもしれないし、金銭が動機づけになるわけでもないのであろう。どのような理由であれ、異性への移行を拒否するからといって、それが性別と一致した内なるジェンダーアイデンティティの存在を積極的に示唆するものではない。

さらに複雑なのは、トランスでない人の多くが自分の性別に不満を持っているが、だからといってトランスになるわけではないということだ。とくに、多くの女性は生物学的に女性であることを快く思っていない。第二波フェミニスト、アイリス・マリオン・ヤングは、そのことを要約して、女性に対する社会の扱いが「多くの女性に、多かれ少なかれ、無力感、苛立ち、そして自己意識をもたらしている」と書いている[4]。学術性は劣るが、インターネットで「女の子であることがイヤ」という言葉を検索すると、「おっぱいがあるのがイヤ、全然好きじゃない」、「自分が（科学分野で）女性であることがイヤな六つのこと」、「娘が女の子であることをイヤがっている、どうしよう?」、「女の子であることがイヤな一〇一の理由」といったページがヒットする。どれもトランスの人たちによるものではない。

だがその問題はひとまず無視しよう。結論としては、トランスでない人たちがジェンダーアイデンティティと呼ばれるものを積極的に持つかどうかについては疑問がある、ということだ。もしかしたら、私たちが知っているかぎりでは、性別と一致しないジェンダーアイデンティティしか存在せず、一致したものは存在しないのかもしれない。シンメトリーの美しさを求めるあまり、実際のエビデンスを無視してはならない。そこで、トランスの人たちに焦点を当ててみよう。そうすれば、ジェンダーアイデンティティを説明するいくつかの異なるモデルが浮かび上がってくる。最初に取り上げるのは、最も人気がある一方で、最悪のものだ。

「スティック・オブ・ロック」モデル

海辺でおやつに買った「スティック・オブ・ロック」〔砂糖を固めた棒状のキャンディ〕をかじると、その内側の白い部分に、黒い砂糖でリゾート地の名前が書かれていることがよくある。私が「スティック・オブ・ロック（SOR）」モデルと呼ぶ考えに基づくと、ジェンダーアイデンティティは自己の永続的な安定部分であり、スティック・オブ・ロックのなかの文字のようにスティックキャンディを、そしてその人自身を貫いているものである。

SORモデルによれば、ジェンダーアイデンティティは自己の根源的な部分であり、「本当の自分」を決定するものである。第1章で述べたジョグジャカルタ原則の第三原則を思い出してほしい。それによれば、ジェンダーアイデンティティは「人格［……］に不可欠」であり、「自己決定、尊厳および自由の最も基底的な側面の一つ」である。トランスの生命倫理学者シモーナ・ジョルダーノは、次のように書いている。ジェンダーアイデンティティは、「私たち一人ひとりがだれであるかという、より広範な概念の根源的な要素として、個人のアイデンティティの一部分として理解するのが最も適切である」[5]。同様に、メンタルヘルス・カウンセラーのダラ・ホフマン・フォックスは、ジェンダーアイデンティティは「私たちがだれであるかの核となる側面である」と書いている[6]。アメリカの影響力のある「トランス女性」、マーラ・ケイスリングはこう言っている。「私たちは、本当に完全な誠実さと完全な透明性をもって物事に取り組んでいる数少ない人びとの一員だ。[……]私たちは『これが私の本当の姿だ』と言っているのである」(7)。ジェンダーアイデンティティに関する二〇一九年発行の子ども向け書籍のタイトルは、『自分らしくいるのは気持ちいい』である。そして、「ジェンダー肯定的なホルモン療法を、どこからでも」提供しますとうたっているアメリカのマリポサ・ヘルス・クリニックは広告で顧客になりそうな人に、「あなたの本物の人生を生きよう」と勧めている(8)。

SORモデルでは、ジェンダーアイデンティティは「生得的」なものとして提示される。たとえば、ストーンウォールによるジェンダーアイデンティティの定義を参照しよう。「男性であれ女性であれ、あるいはそれ以外の何であれ、自分自身のジェンダーに対するその人の生得的な感覚であり[……]、出生時に割り当てられた性別と一致する場合もあれば、一致しない場合もある」(9)。『オックスフォード英語大辞典』は「生得的」を次のように定義している。「生まれつき人の(または生物の)なかに存在している。(体や心の)本来の、または本質的な性質に属している。先天的、生来の、自然な」。これに応じて、多くの人びとはジェンダーアイデンティティが「脳のなかにある」と考えているようだ。またSORモデルによれば、人に生まれつき備わっているジェンダーアイデンティティは、時間をかけて意識的に自覚するようになるもので、おそらく最終的には、服装や化粧、ホルモン剤や手術によってそれを表現せざるをえないと感じるようになる。異性になりたいという強い憧れや、自分の性別の体に対する嫌悪感、異性として「パスしよう」と努力することなどは、生得的なジェンダーアイデンティティの表現またはエビデンスとして扱われる。しかし、自覚していないときでさえ、それはいつもそこにあり、「発見」されたり「実現」されたりするのを待っているとされる。モデルで「トランス女性」のマンロー・バーグドルフはこう書いている。「私が『自分は女の子だ』と言ったとき、私が自分自身を発見し、それこそが私だという意味でそう言ったのである。本当の意味で自分自身を発見したのだ。女の子であることの意味、自分であることの意味を理解するというようなことだ[10]」。

他人のジェンダーアイデンティティを知るには通常、本人に尋ねるしかないということも理由の一つなのだろうが、SORモデルでは、だれかが自分のジェンダーアイデンティティは性別と一致していないと言った場合、その人は「肯定」されるべきだとされる。これは、「トランスの人が自分のジェンダーアイデンティティについて言うことは何でも真実である」というのとは若干ニュアンスが異なる。というのは、自分のジェンダーアイデンティティを隠す正当な理由のある人がいる可能性が認められているからだ。しかし、だれかが自分のジェンダーアイデンティティは性別と一致していないとはっきり言った場合、私たちはつねにその人を信じなければならない。著名な医学者ロバート・ウィンストンは次のように書いている。「だれも他人のジェンダーアイデンティティについてとやかく言うことはできない[11]」。また、トランスの作家であるフォックス・フィッシャーとアウル・フィッシャーは、『十代のトランスのためのサバイバル・ガイド』のなかで、「ジェンダーアイデンティティとは［……］自分自身がそうであると自覚しているものであり、ほかのだれも感じることのできないものである」と述べている[12]。たとえ小さな子どもであっても、自分の性別に反して「男の子だ」とか「女の子だ」と言う子どもは、性別と一致しない「本当」のジェンダーアイデンティティを明らかにしているに違いないと考える人がいる。『トランスジェンダーの子ども――家族と専門家のためのハンドブック』の著者はこう書いている。「トランスジェンダーの子どもたちは、とても幼いときに両親にそのことを伝えようとするのが一般的である」。著者は、成人の親族からの証言も掲載し、自分たちの子どもが、ごく幼い頃に、性別と一致しないジェンダーアイデンティティを示すと思われる話し方や振る舞いをしたことを詳しく書いている。ある親はこう言っている。「息子は何歳になったら『おちんちん』を切り落とされるのかと聞いてきました」。別の親はこう言った。「娘が一歳半くらいの小さな赤ん坊だったときに、初めて文のかたちで話した言葉が『ママ、あたし男の子』でした。［……］何かあるとわかっていました。娘はいつも『男の子らしい』種類のおもちゃを欲しがり、三人の姉とは違うと感じていました」[13]。この見解は、医療専門家からも明らかな支持を得ている。ケイティ・カワは、子ども向けの著書『ジェンダーアイデンティティって何だろう』のなかでこう書いている。「若者を診察する第一線の医師たちは、子どもたちは四歳までに自分のジェンダーアイデンティティを認識することが多いと述べている」[14]。ほかの専門家はもっと早く、二歳から三歳の間としている[15]。

SORモデルに共通するもう一つの側面は、「間違った体に生まれた」というストーリーである。トランスジェンダーの多くはこのストーリーを否定しているが、それでも根強く残っている。最近のある調査では、「トランス男性」の五一人中二〇人がそのストーリーを使った[16]。医療的介入は、体を「矯正」したり、体をジェンダーアイデンティティに「一致」させたりする試みとして提示されることもある。ある「トランス男性」は『ガーディアン』紙にこう語った。「ホルモン剤や手術は、私の体を生まれたときにそうあるべきだった姿と一致させるためのものです。正しい体の部位を持って生まれてきていれば、物事はもっと簡単だっただろうにと思います」[17]。ヤン・モリスはこう書いている。「私は間違った体で生まれた。ジェンダーは女性なのに、性別は男性であった。体をジェンダーに適合することによって、初めて私は完全さを獲得できた」[18]。

額面どおりに受け取れば、SORモデルは、ジェンダーアイデンティティが法的および政治的にますます重要になっていることの正しさを裏付けているように思われる。ジェンダーアイデンティティを、生得的で人生の早い時期に意識化される可能性があるものとして扱うことは、それが人の永続的かつ根源的なものであり、それゆえ承認に値することを示唆している。ジェンダーアイデンティティが本当に本人にしかわからないものならば、それは専門家からの「肯定的」アプローチを要請するように思われる。なぜなら結局のところ、専門家は本人ではないのだから。そしてこの点は、ジェンダー承認証明書の発行に、医師の専門的な管理に代えてセルフＩＤを導入することを正当化するようにも思われる。

そこで次に、ＳＯＲモデルが正しいとされるエビデンスをみてみよう。

ジェンダーアイデンティティは生得的か

トランス活動家たちは、性別が「股の間」に関することだとされるのに対して、ジェンダーアイデンティティは「耳の間」に関すること、つまり脳のなかにあることだと言うことがある。前者が誤りであることはすでにみた。つまり、性別とは配偶子を生み出す経路や染色体、あるいは外性器よりもはるかに多くのものを含む特徴のクラスターのことである。だが、ジェンダーアイデンティティは耳の間にあるのだろうか。ジェンダーアイデンティティを含む心理的なことはすべて脳に起因するという無難な意味なら、そのとおりだ。これには、ある一定の環境にさらされた結果、部分的に出生後に獲得された特徴や能力も含まれる。しかし、この主張がそれよりも強い意味を持つのならば、つまりジェンダーアイデンティティが脳の生得的、永続的、構造的な事実である――いわばスティック・オブ・ロック（ＳＯＲ）の内側の文字である――という意味を持つならば、これははるかに明確さを欠く。

時として、トップニュースを飾るような主張をする科学研究が、ＳＯＲモデルに役立つようにみえることがある。たとえば、ジェンダーアイデンティティは「脳にプログラムされた」ものであり、「不可逆的」であるという主張だ。[19] このような研究では、研究者は生物学的な「女性」と「男性」の平均的な脳がどのようなものかという仮定から始める。その目的は、「トランス女性」の脳が、その構造のある側面において、生物学的男性よりも生物学的女性の脳に似ているかどうか、あるいは「トランス男性」の脳が生物学的男性の脳に似ているかどうかを調べることにある。ここには重要なポイントが隠されている。実は、ジェンダーアイデンティティの神経的相関を見つけようとすることは、ジェンダーアイデンティティを脳の構造的側面と相関させようとすることにとどまらない。重要なのは、脳の構造的側面がより異性に似ていることを発見することによって、それがその人のアイデンティティ帰属を「正当化」することでもある、ということだ。これを理解するために、次の二つの想像上の発見を比較してみよう。(a)「女性のジェンダーアイデンティティを持つ男性は、脳の特徴Xを持って生まれる可能性が高い!」、(b)「女性のジェンダーアイデンティティを持つ男性は、脳の特徴Xを持って生まれる可能性が高く、その特徴Xをほとんどの女性は持っているが、ほとんどの男性は持っていない!」。後者は、前者よりもはるかに胸を躍らせる発見のように見えるだろう。それは後者が前者にはないやり方で、特定のトランスのアイデンティティを正当化しているように見えるからである。

これはすでに論争の領域に入っている。というのも、観察可能な特有の構造的特徴を持つという意味で、生物学的な「女性脳」と「男性脳」というものが存在するのかどうか自体が、激しい論争の的だからだ。この問題には議論の余地があるが、話を進めるために、とりあえず「存在する」と仮定しよう。[20] とはいえ、ジェンダーアイデンティティについて示されたエビデンスは、あまり確かなものではないようだ。二〇二〇年のあるレビューによれば、脳の二つの領域、分界条床核(ＢＮＳＴ)と前視床下部第三間質核（ＩＮＡＨ３）が、男性どうしよりも、「トランス女性」とトランスでない女性の間で類似していることを発見したと主張する研究者がいるという。しかしそのレビューは、この研究のサンプル数が少ないことを指摘している。また、もう一つの問題として、この研究に参加した「トランス女性」のなかには、長期間エストロゲンを投与されていた者もおり、それが所見に影響を与えた可能性がある。これ以外の脳の違いに関するデータも「限定的」であり、「信頼できる結論は得られない」と評価されている。[21]

しかし、もっと根本的な問題がある。ＳＯＲモデルの説明によれば、ジェンダーアイデンティティとは個人が意識的に自覚できるものである。個人個人は、おそらく周囲の人びとにはできないような方法で、それについて明確な自己認識を持っている。では、ある男性の脳のＢＮＳＴやＩＮＡＨ３領域が比較的小さく、それゆえ「女性の脳に似ている」という場合、個人はどのようにして女性としてのアイデンティティを意識的に自覚するようになるのだろうか。明白な直接的ルートはない。ＢＮＳＴは、「ストレス反応、長時間の恐怖状態、社会的行動など、さまざまな行動において重要である」と言われている。[22]ＩＮＡＨ３は、性的行動パターンに関与していると言われている（実際、同性愛者である男性のＩＮＡＨ３領域は、異性愛者の男性のものよりも小さく、より「女性の脳に似ている」という説がある）。[23]

これは、もう一つの仮説を提起する。それはこうだ。これらの非典型的な脳領域が、平均的にみて男性よりも女性らしい振る舞い（あるいは少なくとも社会から「女性らしい」とみなされる振る舞い）を生み出している可能性がある。該当者はこの「らしさ」を意識するようになり、その自己認識が、おそらく他人によって強化され、偶発的に性別と一致しないジェンダーアイデンティティを形成することになる、という仮説だ。たとえば、容量が相対的に小さく、「女性の脳に似た」ＩＮＡＨ３領域を持っている男性ほど同性愛者である可能性が高いとしよう。男らしさのステレオタイプと異性愛のステレオタイプの間に依然として強力な文化的結びつきがあることを考えると、おそらくそのような男性の一部は、女性のジェンダーアイデンティティを形成するようになるだろう。この場合、脳の構造的領域にジェンダーアイデンティティが「プログラム」されているわけではない。むしろ、脳の構造的領域が女らしい一連の振る舞いに影響を及ぼし、与えられた環境的文脈のなかでそれを認識することで、性別と一致しないジェンダーアイデンティティが偶発的に形成されるのである。その場合、ジェンダーアイデンティティは生得的なものとは言えない。生物学的影響を受けることと、生得的であることとは同じではない。

これと同じ種類の問題が、性別と一致しないジェンダーアイデンティティを自然なものと位置づけようとする別の試みの障害となっている。二〇一三年、イギリスの国民保健サービス（NHS）の児童向けジェンダーアイデンティティ発達サービスの当時の所長ポリー・カーマイケル博士が、『タイムズ』紙で、「発達初期におけるホルモンが、ジェンダーアイデンティティと行動に永続的な影響を及ぼす可能性があるというエビデンスが増えつつある」と語った。ここまでは、非常にSORモデルに有利だ。実際には、その記事が明らかにしているように、この結論はまれなケースを調べた結果得られたものである。つまり、先天性副腎過形成症（CAH）という性分化疾患（DSD）を持っている女性たちで、発達初期に異常に高いレベルのテストステロンを投与されていたというケースを用いたのである。カーマイケルは、「この少女たちの行動は、遊び仲間の選択や自己のアイデンティティという点で、男子の方に近い」と言い、「CAHの女子は、乗り物や武器など、通常男子が選ぶおもちゃを好む傾向が強く、乱暴な遊びに関心が高いことが示された」という一つの研究を引用した。[24] 同じような傾向の別の研究では、CAHの女子が、女子の絵によく見られる「女性、花、蝶々」ではなく、「兵士や戦闘」といった

「機械的なもの」を描くと述べられている。[25]

すでに述べたように、これらの子どもたちの体は、女性の表現型としては著しく非典型的であり、いくつかの点では男性の表現型の典型により近い。曖昧な外性器を別にしても、CAHの女子は平均的な女子よりも筋肉質で、遊びにおいてより攻撃的で、身体的に活発である傾向がある。[26]つまり、このデータから考えられる説明の一つは、CAHの女子は、テストステロンが原因で男子との身体的類似性があるため、女子よりも男子のそばにいるのが好きで、その結果、より活発に遊ぶ機会が生まれるということである。このような女子は男子のそばにいるのが好きなことが多いので、おもちゃやお絵描きなどに関して、男子と興味を共有するようになるのは驚くことではない。また、子宮内での異常なホルモン曝露が、後の同性愛志向と関連しているとする研究結果もあることに注意すべきである。[27]また、これらの理由から、CAHの女子は、自分を「男の子のようだ」とか「おてんば娘」だと解釈する可能性が高く、おそらくは、自分を完全に男の子とみなす可能性も高いと思われる。しかし、これらのことはどれも、ジェンダーアイデンティティを直接的に生み出したのは胎内でテストステロンに暴露したことだ、ということを立証するものではない。

まとめると、SORモデルが無視していると思われるのは、性別と一致しないジェンダーアイデンティティが、発達の過程で人のなかに形成される一つの原因として、後天的に獲得する世界の「地図」とそのなかでの自分の位置づけがあるという可能性である。つまり、何が女らしく、何が男らしいとみなされるのか、そして自分がそれらにどのように一致するのかしないのか、についての認識である。利用可能なエビデンスを考慮すると、こちらの可能性の方が高そうだ。トランスの人びとが自分のジェンダーアイデンティティを「知っている」とか「発見した」と言ったり、自分のジェンダーアイデンティティが「本物」ないし「本当」の自分であると言ったりするのは、自分自身に関する先行的な脳内事実に何ゆえか特権的にアクセスできるようになって、このアイデンティティ帰属を直接的に正当化されたからだ、というような可能性はきわめて低い。

医療モデル

「スティック・オブ・ロック（SOR）」モデルと同様に、ジェンダーアイデンティティの医療モデルも、権威的響きを持つ科学的言語を使用する。ジェンダーアイデンティティが脳と体の比較的永続的な特徴であるという印象を与えるためだ。医療モデルは、性別と一致しないジェンダーアイデンティティを本質的に精神疾患または障害とみなし、その主な症状を「ジェンダー違和」〔二〇一九年の世界保健機関の国際疾病分類第一一版（ICD-11）ではジェンダー不合（gender incongruence）〕と呼ばれる状態とする。アメリカ精神医学会が発行している「精神障害の診断・統計マニュアル第五版」（DSM-5）によると、成人のジェンダー違和は、少なくとも六ヶ月間の「臨床的に重大な苦悩または機能障害」と、以下のうち少なくとも二つが認められることにより診断される（紛らわしいが、以下の「経験された／表明されたジェンダー」はジェンダーアイデンティティ、つまり〈ジェンダー4〉を指し、「もう一方のジェンダー」はもう一方の生物学的性別、つまり〈ジェンダー1〉を指すことを念頭に置いてほしい）。

①経験された／表現されたジェンダーと、第一次性徴および（または）第二次性徴との間に著しい不一致があること。

②経験された／表現されたジェンダーとの著しい不一致が理由で、自分の第一次性徴および（または）第二次性徴を取り除きたいという強い欲求があること。
③もう一方のジェンダーの第一次性徴および（または）第二次性徴に対する強い欲求。
④もう一方のジェンダーになりたいという強い欲求。
⑤もう一方のジェンダーとして扱われたいという強い欲求。
⑥もう一方のジェンダー（または出生時に割り当てられたジェンダーと異なるジェンダー）の典型的な感情や反応が自分にはあると強く確信すること。[28]

実際には、大人のジェンダー違和の有無は、「ジェンダーアイデンティティ／ジェンダー違和質問票」と呼ばれるようなもので確認される。「出生時に割り当てられた性別が男性」のバージョンは、患者に、過去一二ヶ月間で次のようなことを感じたことがあるかを尋ねる。「男性であることに満足している」、「男性であれと周囲からプレッシャーをかけられるが、自分では男性だと感じていない」、「男性でいるために努力しなければならない」、「自分は本当の男性ではなかった」、「男性として生きるよりも女性として生きる方が自分にとってよい」。また、次のようなことも尋ねる。「女性になりたいと思ったことがある」、「女性の服装や行動をしたことがある」、「女性であることをアピールしたことがある」、「女性である夢を見たことがある」、「自分が男性の体であることが嫌になったことがある」、「女性の体になるためのホルモン治療を受けたいと思ったことがある」、「女性の体になるための手術を受けたいと思ったことがある」。[29]

予想されるとおり、医療モデルは、性別と一致しないジェンダーアイデンティティを障害として理解するため、それを「治療」することに著しく重点を置いている。精神科の診断としては珍しく、認可された治療はまず肉体を変えることを目的としており、（直接的に）心を変えることを目的としていない。主な治療法はホルモン剤だが、おそらく手術も用いることで、性徴を取り除いたり、新しい性徴を作り出したりする。この治療法は、生物学的に健康な組織や生殖システムの機能を除去したり阻害したりするものであるが、患者の苦悩を和らげるために医学的に必要であると考えられている。医学的な議論でしばしば強調されることは、ジェンダー違和の併存疾患として、ほかの精神医学的、心理学的疾患を伴うことである。不安、抑うつ、自殺念慮、パラフィリア、パーソナリティ障害、トラウマや虐待の履歴などだ。

医療モデルには、トランスの人びとにとって利点と思われる点がある。医療モデルが提示するのは、医療上必要なものとしての手術やホルモン剤の提供（単なる「美容」手術ではない）であり、そのための資金を国民保健サービスやそのほかの医療制度から引き出す。それは、性別と一致しないジェンダーアイデンティティに個人は責任を負わないというストーリーを提供する。ジェンダー移行に際して家族からの反感を買うこともある今の世のなかで、こういった点を慰めに感じる人もいる。たしかにそれは、性別と一致しないジェンダーアイデンティティを病理学的に扱う。だが、大半の人にとってなじみのある医療の領域にそれを位置づけることで、ある程度は文化的に「正常化」される面もある。そして、性別と一致しないジェンダーアイデンティティを持っていることを一つの障害として提示し、社会がそれに対応することを求める。

しかし、医療モデルにはあまり魅力的でない面もあると思う。性別と一致しないジェンダーアイデンティティを障害として治療することは、同性愛に対する「治療」の歴史と同じように、医療者が根底に抱いている嫌悪感やわいせつ感が原因で、性別に不適合な行動が事実上病理化されているのではないかという疑念がある。なかには、同性愛が暗に再病理化されているのではないかと心配する者さえいる。このような懸念は、学者のイヴ・コソフスキー・セジウィックが指摘した発見によっても軽減されない。「性同一性障害」が一九八〇年に初めて当時のDSMに導入されたちょうどその頃、障害として理解されていた「同性愛」が、ゲイ権利運動の圧力によって削除されたという発見だ[30]。

通常あまり関心が示されないのが、心理的苦悩（併存する精神疾患は言うまでもない）と、ジェンダー不適合な行動や欲求に関する、広く行き渡った文化的規範との関連性である。性別に基づくステレオタイプへの人びとの適合性が高く、適合しないことが社会的に罰せられるところでは、トランスジェンダーが苦悩を感じるのは当然であろう。しかし、医療モデルのもとでは、これは往々にして未解明である。イギリスのあるジェンダーアイデンティティ・クリニックの元患者が言うように、『はい、これがホルモン剤、これが手術です。行ってらっしゃい』と告げるのがシステム化されているのだ[31]」。

一般的に、医療モデルの支持者の多くは、人を取り巻く世界やそのなかでの自らの位置づけに対する個人の解釈が果たす貢献に関しては、比較的関心が低いようである。医療モデルは、おそらくは小児期か十代の頃に始まる持続的で長期間続く精神的問題についての巧妙なストーリーを提示する。そういう精神的問題は、生得的なものでないとしたら、少なくとも局所環境からは相対的に切り離された病因を持つとされる。精神科の診断としてはこれも異例なことだが、この診断は、性別と一致しないジェンダーアイデンティティを、うつ病や過食症のような一時的な可能性のある精神障害というよりも、永続的な神経発達障害のように扱っている。このモデルのもとでは、性別と一致しないジェンダーアイデンティティは、個人的な解釈によって現れるような比較的流動的なものではない。ジュディス・バトラーは、医学的な「診断」について、次のように批判的に述べている（「ジェンダー」をジェンダーアイデンティティの意味で、つまり〈ジェンダー4〉で用いている）。「診断というものは［……］ジェンダーが比較的永続的な現象であることを立証したがる。たとえば、ある本を読んで初めて自分の望んでいたことが何かがわかった、でもそのときまではあまり意識していなかったなどと診療所で説明しても、取り合ってもらえないだろう[32]」。

医療モデルのもう一つの問題は、性別と一致しないジェンダーアイデンティティを持つ人のなかには、「社会的」移行（つまり非身体的で、行動のみの変化）だけで、安定してうまく生活できている人もいるということである（現代のトランスの人びとの生活ではよく見られることだ）。また、DSM−5の診断基準に記載されている「強い欲求」（異性になりたい、あるいは異性の体を持ちたいという欲求）は、必ずしも臨床的に重大な苦悩を伴うことを意味するわけではない。実際、DSM−5は、その種の強い欲求と並んで、臨床的に重大な苦悩をジェンダー違和に関するもう一つの別の病態としており、このことを実質的に認めている。しかし、前述のようにうまく生活できている人びとの存在を考えると、臨床レベルの苦悩を、性別と一致しないジェンダーアイデンティティの病態の一つとするのは奇妙に思える。さらに悪いことに、トランスジェンダーは性別と一致しないジェンダーアイデンティティを持つという意味で定義されるという考えと結びつくと、事実上、障害の既往歴がある人だけがトランスとなりうるということになる。

臨床的に重大な苦悩が、性別と一致しないジェンダーアイデンティティの病態から取り除かれれば（私はそうすべきだと思っているが）、それはもはや医学的な問題ではなくなる。つまり医療モデルは適用されなくなる。性別と一致しないジェンダーアイデンティティにはひどい苦悩が伴うことがあり、解決策として医学的介入が適切な場合もあるが、どちらもジェンダーアイデンティティの説明に不可欠なものではない。また、後述するように、異性になりたいと強く思ったり、自分の体がまったく違うものであってほしいと願ったりすること自体は、臨床的に重大な障害ではない。しかしそれについて述べる前に、ジェンダーアイデンティティに関するもう一つの影響力のあるモデルを見ておきたい（そこではすでにお馴染みの人物が登場する）。

クィア理論モデル

このモデルは、ジュディス・バトラーをはじめとするクィア理論家の仕事に根ざしている。本題に入る前に、いくつか議論の邪魔になるものを片付けておきたい。バトラーが、人間に関するほとんどの、あるいはすべてのカテゴリー（科学的なものも含む）を完全に社会的に構築されたものだと考えているというのは、すでに見たとおりである。そのため、当然のことながら、バトラーはジェンダーアイデンティティが性別と「一致しない」という考えにはあまり賛同しそうにない。また、何が人を「女性」あるいは「男性」にするのかという問題も、ひとまず括弧に入れておきたい。ここでは、ジェンダーアイデンティティとは何かということだけを考える。この問いに焦点を当てれば、クィア理論家は興味深いことを言っていると思う。

バトラーは、社会構築主義の文脈で、「ジェンダー」――これは観察可能な生物学的性別、それをめぐる社会的ステレオタイプ、女性であること、男性であること、そのほかすべてを包括的に意味する――は、「パフォーマンス」でしかありえないと考えている。クィア理論が好むパフォーマンスの形態は、既存の権力構造やヒエラルキーを破壊する、あるいは「クィアする」ものである。そのため、ジェンダーアイデンティティの無常さと流動性が強調されるのは当然かもしれない。SORモデルのように、ジェンダーアイデンティティを「生得的」、その人のうちに「本当にある」、「根源的」、「本物」、「発見された」ものなどとして語ることはすべて、根本的に社会的なものを、より正当なものに見せるために自然化しようとする見当違いの試みであるとみなされる。また、ジェンダーアイデンティティはオール・オア・ナッシングでなければならないという考えや、ジェンダーアイデンティティは男性か女性でなければならないという「バイナリー」な思い込みから離れ、曖昧なアイデンティティやその拡散（ラディカルな政治的行為として理解されている）という考えへと移行している。これが、現在のトランス運動のある側面が、第1章で述べたようなジェンダーアイデンティティの多様性を強調している理由である。

クィア理論モデルでとくに魅力的なのは、ジェンダーアイデンティティに対して自己解釈が潜在的な影響を持ちうる点を強調していることであり、ジェンダーアイデンティティを自然化しようとすると、その潜在的影響を覆い隠してしまう可能性があるのだと強調していることである。バトラーが言うように、「ライフヒストリーは『なる』ことの歴史であり、カテゴリーは時として、『なる』という行為を凍結させる」[33]。この章の前半で私は一つの仮説を立て、性別と一致しないジェンダーアイデンティティは、性別に不適合な体や行動を環境に影響された特定の方法で解釈した結果として生じる可能性があると述べた。さらに後になると、それらのことは何か別のことを示していると解釈するようになることもあるかもしれない。これは、以前は自分をトランスだと考えていたが、いまはそうではない人、つまり「脱移行者」の現象に見られる。「みんなジェンダーは社会的な構築物だと言うのに、同時にジェンダーが人のアイデンティティの生得的な一部であるかのように振る舞っている」と、ある脱移行者は『ストレンジャー』誌に語った。「私は、ジェンダー移行という概念そのものが、時代に反していると思うようになった」[34]。SORモデルの支持者であれば、脱移行者という存在を、性別と一致しないジェンダーアイデンティティを「本当」に持っている人たちとは根本的に異質な現象として退けるかもしれない。脱移行者はそもそも本物のトランスではなかった、と言われることもある。しかし、アイデンティティが基本的に個人的な「意味づけ（meaning-making）」に付随するものであるならば、そして意味づけが個人の生涯にわたって変化しうるものであるならば、そういう指摘が正しいはずはない。

しかし、クィア理論モデルには欠点もある。クィア理論モデルが推定するアイデンティティの曖昧さと多様性には限界があると思われることだ。生物学的な、あるいは社会的な意味での女性と男性という観念との関係（たとえそれが否定的なものであったとしても）から決定的に離れてしまうと、ある種の、とくに複雑なジェンダーアイデンティティの持つ意味を見失ってしまう。第1章で挙げた、イギリスの大学で公式に保護されている人たちの話に少し戻ろう。これには、「デミ・フルイド」（「ジェンダーアイデンティティが部分的に流動的でありながら、ほかの部分は固定的である」人びと）や「パンジェンダー」（「多数の、そしておそらくは［……］無限の数のジェンダーと、程度の差こそあれ、同時に、あるいは時間の経過とともに」同一化する人びと）が含まれる[35]。二元的な性別カテゴリーとの間接的な関連性さえ失われたこれらのアイデンティティは、ほとんど理解することが難しい。自分がそれであることをどうやって確実に知ることができるのか、ましてやだれかがそれに基づいて差別されたことをどうやって立証できるのか、実のところ明らかではない。このことは、クィア理論家にとってはあまり重要ではないかもしれないが、政策立案者にとっては重要であるはずだ。

懸念されている問題がもう一つある。多くの人びとにとって政治を超越したかたちで心理的に重要なものを、クィア理論モデルが矮小化している、あるいは少なくとも完全に政治化しているようにみえることである。「トランス女性」のジョイ・レイディンは回顧録のなかでこう書いている。「私にとってジェンダーとは、パフォーマンス以上のものだ」[36]。またトランスの研究者ジェイ・プロッサーも次のように異を唱えている。「トランスセクシュアルのなかには、パフォーマティブでないこと、事実確認的であること、きわめて単純に『あるがままにある』ことを強く求める人たちがいる」[37]。また、既存の権力ヒエラルキーをパフォーマティブに破壊するかぎりにおいてのみ、性別と一致しないジェンダーアイデンティティを受け入れる有益性があると考えるのであれば、性別と一致しないジェンダーアイデンティティを政治的に保護したり、法律に明記したりする根拠がまったくなくなるように思われる。クィア理論が設定する相対主義的な条件でこれらのことを行なえば、ある有害な権力ヒエラルキーを別のものに置き換えることになるだろう。

クィア理論モデルのさらなる問題も、このジェンダーアイデンティティの政治化に関連している。すべてのジェンダーアイデンティティは等しく正当な存在なのだという主張は執拗に聞かされている。だから、SORモデルの場合と同様に、「肯定」しかありえないと。しかしクィア理論モデルの場合は、根底に本当にある生得的な事実が発見されたからではなく、むしろこうしたアイデンティティを肯定することが、有益な破壊的政治行為とみなされるからである。しかしこれでは、ジェンダーアイデンティティに関する特定の主張がほかの主張よりも根拠があるものなのか、個人や社会の幸福に資するものなのかを分析するための重要な判断材料が失われてしまう。ジェンダーアイデンティティの名のもとに人生を左右するような医療上の決断を下している人もいるのだから、これはかなり傲慢に見える。

以上をもって、ジェンダーアイデンティティの説明モデル（私の考えでは、ほとんどが満足のいかないものだが）の要約的紹介を終える。私はこれらのモデルの標準的な説明に厳格に従うことはせず、有力なモデルを自分なりに解釈しようとしてきた。だが取り上げていないものもある。とくに、ジェンダー研究の一部の人びとが好んで語る「生物心理社会的」アプローチがそうだ。アレックス・イアンタフィとメグ＝ジョン・バーカーは、著書『自分のジェンダーを理解する方法——本当の自分を探る実践的ガイド』でこう述べている。「私たち全員にとって、ジェンダーの経験とは、生物学、心理学、そして私たちを取り巻く社会の複雑な混合物である」[38]。実際には、これは理論というよりも研究計画の最初の枠組みにすぎない。イアンタフィとバーカーがもっともらしいが限定的にのみ主張しているのは、性別化された身体（sexed bodies）に関する肉体的事実は、個人の心理的特徴と因果的に相互作用しうるし、その逆もまた然りである（たとえば、男性のジェンダーアイデンティティを持つ女性がスポーツを追求することで、より筋肉質な体格になるような場合）ということと、その両方が現在の社会的・文化的背景や可能性に影響されているということである。異論はないが、それはおよそジェンダーアイデンティティだけに特有のことではない。そこで、より有益で詳細な説明だと期待しているものに目を向けることにする。

「同一化（アイデンティフィケーション）」モデル

私が「同一化モデル」と呼ぶものは、イギリスの社会学者スチュアート・ホールに触発されたものである。ホール自身は、バトラーのようなポスト構造主義の理論家に触発されていたのだが、文化的アイデンティティは一般的に自己に関する定まった安定した事実としてではなく、むしろ能動的な「同一化」のプロセス〔他者の諸特性を自己のものとし、それに従って自己を変容する心理的過程〕として理解されるべきだと主張した。とはいえ、ホールと違って私は、同一化の政治的側面よりも心理的側面を明確にすることに関心がある。

同一化モデルには、人は無意識的かつ意識的に自分以外のだれかに「同一化する」という一般的な考え方が含まれている。精神分析学者のハインツ・ハルトマンとルドルフ・ローウェンシュタインは、精神分析理論では同一化についてさまざまな考え方があるとしつつ、次のように書いている。「私たちは皆、同一化の結果として、他者に同一化する人物がその同一化した相手と何らかの点で同じように振舞うということに同意している［強調は引用者］。『同じように』というのは、相手の性格、特徴、態度や現実に果たしている役割（または現実に果たしていると、同一化した当人が想像している役割）を指していることもあれば、相手の『身代わりになる』ことを指していることもある。フロイトも［……］それについて、モデルとして選んだ相手に倣って『自分自身を型にはめる』ことと表現している」[39]。

ここでは他者に同一化することについて述べているが、国（ナショナリズム）やスポーツチーム（スポーツファンの世界）、愛するペット、あるいは自然全体に同一化することもできる。人はポップシンガー、映画スター、教師、政治的・宗教的指導者、友人、あるいは見知らぬ他人に同一化することができる。ほとんどの精神分析学派では、何かに同一化すると、人は機能不全に陥る可能性があるとされている（とくに空想や有害な行動に没頭する場合）。だが必ずしもそうとは限らない。それが価値と意味の大きな源泉となる場合もある。同一化は、それを共有する同志との間に見出される帰属意識や受容感によって強化され、政党の集会やポップコンサート、あるいは環境保護やラディカル・フェミニズムのような正義を求める運動など、より広範な社会的実践の原動力の一部ともなっている。

同一化には、部分的に情動が含まれる。つまり他者と同じようでありたい、時には融合したいという欲求や憧れである。精神科医デイヴィッド・オールズの言葉を借りれば、これは「他者と似た手順や行動パターンを学ぶといった、より実際的な側面だけでなく、意識的・無意識的な模倣」を生じさせうる。同一化にはまた、「相手の目標や価値観」を引き受け、「自分の人生をその目標を達成する方向に向かわせる」ことも含まれる。[40] 同一化にはさらに、すでに自分自身は相手と類似した存在であると認識することも含まれる。オールズが言うように、「認知への影響、つまり他者を自分と類似したものとして理解する」ということが起きているのだ。スチュアート・ホールは次のように書いている。「同一化は、他者や集団あるいは理念に何らかの共通の起源や特徴を認識したうえで、その基盤の上に確立された連帯と忠誠の持つ自然な閉鎖性を背景にして構築される」。とはいえ、類似性を認識するだけでは、自分が同一化する対象と実際に同一であることを証明するには十分ではない。ホールが書いているように、「いったん［同一化が］確保されても、それによって相違がなくなることはない」[41]。

同一化モデルをジェンダーアイデンティティに当てはめると次のようになる。生物学的男性が女性のジェンダーアイデンティティを持つということは、特定の生物学的女性あるいは一般的な対象や理想としての女性性（フィーメイルネス）のどちらかに、心理学的な意味において強く同一化することである（「女性であること（ウーマンフッド）に同一化する」と言えるかもしれないが、ここでは女性であることは脇に置いておく）。生物学的女性が男性のアイデンティティを持つということは、特定の生物学的男性あるいは男性性（メイルネス）（あるいは男性であること（マンフッド））の一般的な対象や理想のいずれかに同一化することである。そして、ノンバイナリーのアイデンティティを持つということとは、特定のアンドロジナスな人物か、アンドロジニーの一般的な理想のどちらかに同一化しているということである。強い同一化は、しばしば違和感を伴うが、これは自分自身の性別化された身体を嫌悪する、あるいは自分が見たいと切望する体と自分の実際の体との違いを嫌悪する情動反応として理解される。

同一化モデルは、トランスの人びとの多くの体験談に見られる、他の性別への憧れや理想化とよく合致している。「トランス男性」のルー・サリヴァンが、移行前の一九歳の頃の日記に印象的にこう書いている。「私の心と魂はドラァグクイーンたちとともにある。先週も、すべてを捨ててその世界に入りたいと思った。私はとても孤独で、悲しく、迷っている。男性同性愛者に本当の欲望と情熱を抱く少女に何ができるのだろう? 私はそうなりたいのか? 私はいまでもその世界に憧れている。私が何も知らないその世界は、重苦しくて、恐ろしくて、悲しくて、凶暴で、嵐のようで、失われた世界なのだ[42]」。ヤン・モリスは子どもの頃、「神様、私を女の子にしてください」と祈り、その後も「流れ星を見るたびに同じ願いごとをした」と語っている[43]。ジャック・ハルバースタムは次のように書いている。「一九七〇年代にティーンエイジャーだった頃、もし私が『トランスジェンダー』という言葉を知っていたら、荒波のなかで救命胴衣のようにその言葉をつかんだに違いないが、私の世界にはそんな言葉はなかった。私や同年代の多くの人びとにとって性別変更は空想であり、夢であった。それは現実とは無関係だったため、私たちはこの不可能な夢を忘れようと努め、自分が何者かを理解するうえで快適でも正しくもない体で、自分の居場所を作らなければならなかった[44]」。そして、マンロー・バーグドルフは、性別移行を考えた瞬間について次のように語っている。「それは友人の家で『クルーレス』〔一九九五年のアメリカの青春コメディ映画〕を観た後のことだった。一緒に観たのは女の子たちのグループだったけれど、その子たちがお互いにどう接しているかを見て、そして一緒に映画を観て、女性どうしの交流や友情と、それがフィクションではないということを知った。それまで接することのなかったものに触れて、それが本当にあるんだと気づくことが、人には時々あると思う。ちょうどゲイの人が初めてゲイバーに行って、

『ああ、ここが自分の居場所なんだ、これが自分なんだ、これが仲間なんだ』と気づくようなものだ」[45]。

性別と一致しないジェンダーアイデンティティを「同一化」として理解することは、アメリカの精神医学マニュアルDSM－5が言うところの、異性の「典型的な感情や反応を自分が持っているという強い確信」が頻繁に存在する、という状態を説明するものでもある。というのも、先ほど述べたように、他者や理想と同一化することの一般的な特徴は、自分が他者とすでに類似した存在であると感じること、および、もっと類似したいと切実に願うことが結びついたものだからだ。トランスの人びとの子ども時代の体験談を読むと、自分の体やセクシュアリティや自我が、自分の性別には典型的でないあり方をしているという認識（それには多くの場合、周囲からの苦痛を伴う偏見に満ちた反応が伴う）と、ジェンダーアイデンティティの形成が、部分的に関連していることが多いように思われる。もう一度マンロー・バーグドルフを引こう。「高校から思春期にかけて、私は『男の子』であるように言われることや、男性の視点から私に期待されることと闘った」。パリス・リースは、父親が次のような言葉でリースを「侮辱した」と述べている。「ホモのような歩き方」「なよなよしたしゃべり方」（父親自身の言葉）[46]。ラヴァーン・コックスはこう語っている。「出生時に男性に割り当てられた人が振る舞うべきとされているように振る舞わなかったので、いじめられました」[47]。自分が異性と類似しているという認識は、自分が同性に魅かれることに基づく部分もあるかもしれないが、ほかの類似性の認識の方がより重要ということもありうる。最近の研究によると、ジェンダーアイデンティティとセクシュアリティの相関関係は、現代のトランス人口全体をみるならば弱いことが示されている[48]。個人にとって認識された類似性が何であれ、実際には、他者と類似した存在になりたいと欲することと、自分がすでに部分的にその他者と類似しているとみなすことの間に、心理的には明確な違いは必要ない。この二つの心理的側面の間には相互関係があり、簡単に切り離すことはできない。

同一化モデルはまた、ジェンダー違和の経験についての体験談ともよく合致する。何人かの証言を紹介する。「それは、自分の内面的な感じ方と外面的な自分を一致させるための絶え間ない努力である」、「私はそれを、精神的な自己イメージやアイデンティティと肉体の身体性との間の断絶と表現したい」、「私のジェンダー違和は、自分の体がよりステレオタイプどおりに男性的に見えることへの強い憧れに火をつける」[49]。これらの記述は、自分が強く同一化している理想と、現在の自分の認識との間の、痛みを伴うミスマッチの感覚を伝えている。ジェンダー違和がジェンダーアイデンティティを煽り、ジェンダーアイデンティティが違和を煽ることもある。精神科医のアズ・ハキームは、その著書『トランス』のなかで、性別とジェンダーアイデンティティが一致しなくなってきている患者に特徴的な軌道を説明している。「何かおかしいという初期の徴候や症状」や「気分の変化」から、「経験の背後にある意味を探し求め、自分を変化させる期間」を経て、ひいては「ジェンダーアイデンティティに由来する自分の変化の経験」へ向かう。それに続いて、「ジェンダーアイデンティティへのこだわりの増大」、「人生[……]における問題を振り返り、その原因をジェンダーのせいにすること」、「日常生活での自分自身や他者との関係における、ジェンダーへの意識の高まり」が起こるという[50]。

SORモデルと比較した違いとして、同一化モデルは、反対の性別への興奮、欲求、憧れや、類似性の確信の背後にジェンダーアイデンティティという別個の事実の存在を仮定しない。同一化それ自体が、ジェンダーアイデンティティが形成される過程なのであって、「それ」の現われや「表出」ではない。また、ジェンダーアイデンティティを含め、あらゆる心理上の現象には必ず脳による説明があるものだが、同一化モデルは、性別と一致しないジェンダーアイデンティティが、唯一の神経部位や性別に非標準的な脳という特定事実によるものだという前提はない。同一化モデルは、一方で医療モデルと同じように、ジェンダーアイデンティティを本人が直接的、意識的に責任を負うものとは考えない。一般に、同一化は選択されるのではなく、無意識のうちに始まる（だが一定の治療状況では、それを変化させる間接的な影響を与えることができる点は後述する）。しかしその一方で、同一化モデルでは、クィア理論モデルと共通し（医療モデルとは異なり）、個人的な意味づけの役割が認められている。同一化は、生涯を通じて変化する可能性がある。私たちがだれと、あるいは何と同一化するかについては、偶発的な環境が与える影響の役割を認める余地もある。

同一化モデルの最も魅力的な側面の一つは、ジェンダーアイデンティティの主張を柔軟に評価しうる可能性に関する点にある。性別と一致しないジェンダーアイデンティティは、そのせいで争ったり苦しんだりするようなものでは必ずしもない。というのは、同一化モデルに基づくと、同一化が不適応である必然性はないからである。同一化が個人を必ずしも苦しめるわけではなく、順調な生活と両立していることが多い。今あるジェンダー違和は、適切な介入によって、時間の経過とともに軽減していく可能性もある。たとえそれが幼少期のトラウマに由来するものであったとしても、性別と一致しないジェンダーアイデンティティを持つことが個人にとって間違っているということにはならないし、実際、過去や現在に適応するための対処方法なのかもしれない。私たちのほとんどは、理想的でない状況で築かれた人格の側面を持っているが、だからといってそれが本質的に私たちにとって悪いということにはならない。

大人が行動や服装、場合によってはホルモン剤や手術によって、異性やアンドロジニーとの同一化を探求したり表現したりすることに、本質的に悪いことは何もない。もし悪いと思われることがあるとすれば、それは、性別に不適合な振る舞いに対して抱かれる一般的な嫌悪感や不快感が――とくに男性の間で――まだ残っているせいだと思われる。この私のスタンスは、一部のフェミニストの読者には奇妙に思えるかもしれない――男性らしさや女性らしさに関する時代遅れの社会的ステレオタイプと自分たちがみなすものと、性別と一致しないジェンダーアイデンティティを結びつけて非難するフェミニストにとっては。そのようなフェミニストの言い分はこうだ。生物学的男性がたとえば、「私は女性のジェンダーアイデンティティを持っている」と言うこと、あるいは単に「自分を女性のように感じる」と言うことは、実際には「私は、時代に反する女らしさの社会的ステレオタイプ〔受動性、柔順さ、「弱々しさ」など〕に魅力を感じる」という意味にしかならない。男性のジェンダーアイデンティティを持つ生物学的女性についても同様だ。レスリー・ファインバーグの半自伝的小説『ストーン・ブッチ・ブルース』のなかで、「彼＝彼女（he-she）」〔ここでは男性のような性徴や性質、外見などを持つ女性のことを指している〕である登場人物が、レズビアン仲間から言われたことについて次のように述べている。「彼女たちは、私たちのことを男性優越主義のブタ野郎で、『敵』だと言った」[51]。

　私はそのような仮定は間違いだと思うが（その理由は後で述べる）、その一方で、異性との同一化が社会的ステレオタイプを反映することを含む可能性が高いことはその通りだと思う。なぜなら結局のところ同一化は理想や空想に基づいているからである。しかし、社会的ステレオタイプは原理的に逆行的というわけではない。おそらく、ステレオタイプは発見的手法（ヒューリスティックス）〔経験や先入観によって直感的に、ある程度正解に近い答えを得ることができる思考法〕であり、迅速な意思決定が必要なときに、大まかで即興的な、いくぶんか誤りも含む一般化をするのに役立つものだ。だが、女性に関するステレオタイプの多くが、実際に非常に逆行的で役に立たないというのはその通りだろう。そうであっても、非常に多くのトランスでない女性が女性に関する逆行的なステレオタイプに魅かれているのに、「トランス女性」がそれに魅かれることを責めるのは奇妙に思える。忘れないでほしいのは、この時点で私が話しているのは、何が人を女性にするのかではない、ということだ。この問題はあまりにも複雑に絡み合っているため、その点についての議論は先送りにする〔これは次章で論じられる〕。

その一方で、同一化モデルは、SORモデルやクィア理論モデルと異なり、異性との同一化がつねに何の疑問もなく「肯定」されるわけではないことを認めている。一般に、私たちの理想に対する感情的なつながりや、それに関連する欲求や感情は、それらに意味を与える信念のストーリーとうまく適合しているものだ。たとえば、それには価値があり立派なことだと信じているから、私はそれを大切にする。あるいは、それが私を傷つけると信じているから、私はそれを恐れている。あるいは、それが私にこれをもたらすと思うから私はそれを望む。このように、新しいエビデンスに触れさせることで、その人の背景にある信念を変えれば、関連する前景の感情を変えることができる。これはとくに子どもや十代の若者に当てはまる。先に、子どもは非常に早い時期に自分のジェンダーアイデンティティを「知っている」という主張を見た。まったくおかしなことに、DSM－5は子どものジェンダー違和のエビデンスとして、異性用の服を着たり異性用のおもちゃで遊んだりする傾向を挙げている。[52] しかしこれは、正確な意味での同一化の存在を示すにはまったく不十分である。基本的な概念がまだ形成段階にある子どもには、服やおもちゃがとくに「男の子用」か「女の子用」かと考えられる意識がない可能性がある。そのため、子どもが異性用のものを着たり、それで遊んだりしても、それを見ている大人の投影以上のものは通常見えてこない。このことは、言葉を話す前の子どもや、言葉を話さない子どもであれば、なおさら明らかである。だが、この事実でさえ、ストーンウォールが二〇二〇年版の学校ガイド「LGBT

の子どもと若者をサポートするための入門書」で次のように書くことを止められなかった――「言葉を話す前の、あるいは言葉を話さない子どもたち」にとっては、「一人ひとり子どもも、若者が、自分のジェンダーアイデンティティを表現する機会を与えられ［……］『聞いてもらえた』と確実に感じられるようにする」ことが重要である、と。(53)

これは信じられないほど無責任なことだと私は思う。女児が「私は男の子よ」と言い、「男の子」になりたいとさえ強く願う場合、それは単に遊んでいるだけかもしれないし、男の子や女の子であることが何なのか混乱しているだけかもしれない。そのためこの願望は、自分の間違いに気づいた後も続くとはない。心配しなければならないのは、ジェンダーアイデンティティ発達センターの元心理学部門長であるバーナデット・レンの言うところでは、彼女の患者には「自閉症スペクトラムがよく見られる」ということだ。別の研究によれば、「自閉スペクトラム症の患者は、作業が単純であったり、ルールに基づいたものであったりする場合にはうまく分類できるが、より抽象的であったり複雑であったりすると、分類が困難になることを示す研究がいくつかある」。(54)アズ・ハキームは、「私の意見では、ジェンダー再適合を追求する必要性に関して非常に厳格な信念を持つジェンダー違和の患者の多くは、アスペルガー症候群を示す特徴を持っている」と書いている。(55)

「自分は『本当は』異性なんだ」と言ったり、「そうなりたい」と切実に願ったりする子どもたちには、アスペルガー症候群のほかにも臨床的に重要な要因が関係している可能性がある。レンはこう記している。「この集団では比較的高いレベルの精神的苦痛と発達の非定型性が［……］記録されており［……］その主なものはうつ病、不安、トラウマ、自傷行為である」。レンは次のようにみている。「これらの広範な健康障害と、ジェンダーの感情やアイデンティティ発達の広範な側面との間の複雑な関係は、たいてい切り離すのが非常に難しい」。トランス運動団体は、精神衛生上の問題を伴う症状を、子どもが生まれつき持っているジェンダーアイデンティティを社会が十分に「肯定」しなかったせいだと解釈しがちである。だが、ジェンダーアイデンティティには自己解釈が含まれると認められれば、それが過去の精神衛生上の問題に対する反応であることも、同様に十分ありうるだろう。ジェンダーアイデンティティ発達センターの創始者であるドメニコ・ディ・チェグリーも、「非典型的なジェンダーアイデンティティの形成」と「幼児期初期の心理的破局と混乱の経験」との間に統計学的に有意な関連性があることを指摘している。[56] アズ・ハキームは、性別と一致しないジェンダーアイデンティティが形成されるリスク要因として、「リプレースメント・ベビー」〔亡くなった兄や姉の役割を背負わされる子ども〕であることや、「幼少期に性別を逆にした育児」を受けた経験が含まれると書いている。[57]

現在多くの国で未成年者が自分の生殖能力や健康に影響を与える決定（思春期ブロッカーやホルモン剤、手術を含む）を下しているが、これらの理由から私はそうしたことをなしうる状況にはないと考えている。成人になるまでの治療期間は、これらの要因になりうるすべての糸をほどくのに十分な長さではない。しかし当然のことながら、子どもたちが早く社会的・医学的にジェンダー移行することを推進する団体（イギリスの運動団体マーメイドなど）では、アイデンティティの流動性を示唆する言い分は推奨されていない。代わりに、これらの団体はSORモデルが真実であるかのように語る向きがある。二〇二〇年までマーメイドのウェブサイトに掲載されていたある親は、自分の子どもについてこう語っている。「あの子は生まれつきトランスなのだと思う。子宮のなかで起こることだから、だれもそれをコントロールすることはできない」。さらに憂慮すべきことに（後で詳しく取り上げるが）、こうした団体はしばしば大げさな統計を使って、ジェンダー移行ではなく「注意深く見守る」という方法をとると自殺が起きる可能性が非常に高いと、不安がる親たちに入れ知恵している。[58] 二〇歳のときに乳房と子宮と卵巣を摘出し、今は後悔しているというある脱移行者は言う。「ジェンダー移行しなければ自殺することになるという非常に強いストーリーがあります。私は心底から、移行が唯一の選択肢だと思っていました」。[59]

子どもや十代の若者であることには、強烈だが短期的の同一化が伴うことが多いものである。たとえば、正義、ポップスター、俳優、教師、友人などに対する同一化だ。子どもが同性に魅かれる場合、十代の期間はよりいっそう混乱しやすい時期となる。家族や友人、より広い社会から受けるプレッシャーに直面して、前向きで安定した自己イメージが揺らぐ可能性が高い。これだけの困難が待ち受けているのであれば、事態がそのまま変わらないのかどうかを「注意深く見守る」というアプローチが最善であるように思える。最初は異性やアンドロジナスの理想に強烈に同一化していても、多くの場合、別のものに変化する可能性がある。ある脱移行者は、二十代前半のときに別の脱移行者の女性たちと出会い始め、ものの見方が一変したと語る。「このような女性たちは、私の人生のどこにいたのだろう? [……] レズビアンであったり、男性的な女性であったりすることはとても普通のことなのに、そう感じたことは一度もなかった、一度も」。[60] これらのことを考えると、現在行なわれている、専門家による「転向療法」の禁止、つまり医師や心理学者によるジェンダーアイデンティティ肯定アプローチ以外の療法の禁止は、非常に見当違いに見える。それは以下の可能性を明らかに無視している。十代の子どものジェンダーアイデンティティを治療者が自動的に「肯定」せず、その代わりその子に寄り添い、気持ちを敏感に探ることで、その子が自身の同性愛を受け入れる余地が開かれる、そういう可能性である。

同一化モデルがもたらすそのほかの帰結

同一化モデル（少なくとも私が特徴づけたところのそれ）の一つの帰結として言えることは、性別と一致しないジェンダーアイデンティティのようなものは大昔から存在していたと考えるのが妥当だろうということだ。理想的な男性像に心理的に強く同一化する女性と、理想的な女性像に心理的に強く同一化する男性が存在していた以上はそう言える。さまざまな文化的・歴史的要因が、こうした感情を解釈し表現する新しい方法を人びとに提供してきたかもしれないが、少なくとも潜在的には、その感情そのものは相対的に非歴史的なものに見える。文化史家のバーニス・ハウスマンが、「医療技術と実践の発展が、性別変更の需要が出現したことの［……］の中心にあった」と主張するのは確かに正しいが、だからといって、その土台となる感情が二〇世紀に発明されたわけではない[61]。

もう一つの帰結は、ジェンダーアイデンティティ理論の標準的な言い分に反して、比較的曖昧な性分化疾患を持つ人びとでさえ、全員が性別と一致しないジェンダーアイデンティティを持っているわけではないということである。ケースはさまざまである。女子に分類される完全型アンドロゲン不応症（CAIS）の男性は、女子であることにとくに同一化する必要はない。「男の子らしい」ものが好きな先天性副腎過形成症（CAH）の女性も、とくにそれに強く同一化する必要はないだろう。ただそういうものが好きなだけという可能性もあるからだ。

トランスでない人が、自分と同じ性別の理想像に感情的に強く同一化するような、「性別と一致した」ジェンダーアイデンティティを持つことは可能なのだろうか。おそらく可能だろう。女性のなかには、女らしさのステレオタイプに強く、執拗に感情移入する人びともいる。女らしさ、あるいは女性であることの理想像が、何らかの理由で自己意識の中心となっている場合だ。たとえば、女らしさの文化的理想像に到達するために美容整形を繰り返す女性などである。あるいは、男らしさに異常に執着しているように見える男性を考えてみよう。ボディビルにいそしみ、ジャック・リーチャー〔リー・チャイルドによる推理小説シリーズの主人公〕を愛する銃マニアタイプの男性だ。もしかしたら、これらの人びとは、私がここで説明したような意味で、「性別と一致した」ジェンダーアイデンティティを持っていると言ってもいいのかもしれない。それでも明らかに、トランスでない人のほとんどは、いずれにせよここまで強く自分の性別の理想像を感じておらず、よってジェンダーアイデンティティをまったく持っていない。つまり、ほとんどの人は、自分自身の性別や反対の性別に対して、あるいはアンドロジニーに対して、心理的に強く同一化していないのだ。

同じように、トランスでない人のなかにも、ジェンダーアイデンティティが性別と一致しない人がいるのだろうか。これについても、いると思う。[62] たとえば、ジャック・ハルバースタムが著書『フィーメイル・マスキュリニティ』で提唱しているように、「ブッチ〔男性的な特徴や自己認識を持つレズビアン。女性的なそれを持つレズビアンはフェム〕」という言葉を「レズビアンの男らしさのマスターシニフィアン」として理解するならば、多くのブッチの女性はその基準に当てはまるように思える。最近BBCのシリーズ『ジェントルマン・ジャック』で生き生きと描かれた一八世紀の日記作家で地主のアン・リスターのような歴史上の人物もそうである。リスターは生涯を通じて多くの女性と性的関係を持ち、そのことは日記に詳細に記されている。ハルバースタムが記述しているように、日記のいくつかの箇所で「アンはジェンダー化された欲望、ペニスを持つことへの空想、［……］『夫』になりたいという欲求、そして

『ペチコートを思い起こさせるものへのいら立ち』について言及している」[63]。しかしその一方で、ハルバースタムは、「アンは日常生活のなかでつねに男性に間違われたり、男性のように扱われたりするが[……]アンは自分の性別の曖昧さを、模倣でも欠陥でもないと考えている」と記している[64]。

この最後の点は、法律や政策立案の目的上、「トランスであること」を「性別と一致しないジェンダーアイデンティティを持っていること」と定義すべきではないことを示唆している。なぜなら、トランスでない人びとも性別と一致しないジェンダーアイデンティティを持ちうるからである。このことを踏まえると、もし議員が（トランスを含む性別に不適合の人びと全般にではなく）トランスの人びとだけに法律上の保護を与えたいのであれば、トランスジェンダーの定義は、特定の行動をとることに傾倒した人であるべきであり、行動表現から切り離された、単に特定の感情を抱くだけの人はそこに含むべきではない。トランスジェンダーの政策上の定義としては、たとえば次のようなものがありうるだろう——性別変更を望んでいると真剣かつ頻繁に述べる者または性別変更した者、および、意図的に自分の性別に著しく非典型的な服装、自己装飾または身体改造を行なった者またはそのほかの文化的にコード化された方法でトランスジェンダーであることを明らかに示唆する行動をとる者。これは、平等法において現在保護されている特性である「ジェンダー再適合」の趣旨にほぼ沿ったものである[65]。その一方で、しかし、トランスの人びとを差別から保護する法律に関しては、性別に不適合な人全般を保護するより広範な法律の下に包含させることも考えられる。すなわち、ブッチ・レズビアン、ドラァグクイーン、「キャンプ」男性、クロスドレッサーなどを保護するだけでなく、さらに、おそらく「男性だけのパーティーで女装した男性グループ」が「レストランから追い返される」ことからも保護する法律である（平等人権委員会によれば、最後の人びとは「トランスセクシュアルではないので差別から保護されない」のだが、もしその男性たちを保護から排除する唯一の理由が、たとえば泥酔による行動の可能性ということではなく、性別に不適合な服装をしていることであるなら、それは不当であるように思われる)[66]。

これにより、ジェンダーアイデンティティそれ自体も法的に認められ、保護されるべきかという難問が残る（先ほど述べたジェンダー再適合が保護されるべきかとは別の問題である）。いまや周知のことだが、ジェンダーアイデンティティは自己の根源的な部分であり、ジョグジャカルタ原則が言うように「人格に［……］不可欠なもの」であるため、法律で承認される必要があるとしばしば議論される。性別と一致しないジェンダーアイデンティティ（異性またはアンドロジニーに心理的に同一化することとして理解される）を持つ人びとにとっては、確かにそれは自己および人格双方の一側面を持つ。だがそれは、あくまで「自己」および「人格」が、生得的で永続的な特徴という観点からではなく、個人的な解釈によって構成される部分があり、潜在的に流動的なものとして理解される場合のみである。さらに、そのような同一化が、異性に対するものであれ、同性に対するものであれ、私たち全員に存在するわけではないことも明らかである。したがってジェンダーアイデンティティは、身分証明書に関連するような意味で「根源的」なものであるはずがなく、第1章でジョグジャカルタ原則の第三原則が壮大に主張したような「自己決定、尊厳および自由の最も基底的な側面の一つ」であるはずもない。

その一方で、性別と一致しないジェンダーアイデンティティを持つことがしばしば性別に不適合な行動を伴い、それが差別や時には暴力の原因となることを考えると、ジェンダーアイデンティティは、平等法など何らかのかたちで法的に保護されるべきだと思えるかもしれない。しかし、その呼び名のもとで保護されるべきか、むしろ性別に不適合な行動という包括概念のもとで保護されるべきかについては、議員によって慎重に検討される必要がある。内面的な心理状態を、他人が有罪判決を受けるおそれのある根拠とすることの大きなリスクは、どのようなケースでも「それが原因だ」と簡単に言えるようになってしまうことである。実際、現在定式化されている文言のなかには、特定のジェンダーアイデンティティの存在が検証不可能にしか思えないという危険性をはらんだものがある。たとえば、ストーンウォールが若者たちに向けて言っていることがそうだ。「あなたのジェンダーアイデンティティが何であるかは、他人が言えることではない。あなたがどう感じるかは、あなただけが知っている」[67]。もしジェンダーアイデンティティが法的に保護され、その名において侵害行為が犯罪とされるのであれば、他人のジェンダーアイデンティティの存在と影響を、それが自明ではない特定の状況下で確認する方法について、専門的なガイドラインが策定されるべきである。

第5章　何が人を女性にするのか

「トランス女性」が女性とみなされるかどうかという問題は、文字どおり非常に有害なものとなっている。ストーンウォールの有名なスローガンにはこうある。「トランス女性は女性だ。以上!」。ストーンウォールのようなトランス運動団体は、この「トランス女性は女性かという問いに熱狂的な肯定で答えないのならそれはすべてトランスを「消去」しようとする試みであると表明している。この問いがトランスの人びとの存在を問題にしているのではなく、これらの人びとがどのように正しく分類されるべきかを問うているという事実を無視する戦略である。「トランス女性は女性だと思うか」という直接的な質問は、私の知るフェミニストの間では「魔女狩りの質問」として知られており、反対派を黙らせるための武器のように振りかざされている。実際に性別を変えることができると思い込んで、不可逆的な身体改造を施してしまった人がいることを十分に理解したうえで、否定的な答えをしなければならないのは、明らかに非常に気まずいからだ。トランスでない人たちは、思いやりを示したいと思っているが、問い詰められると「トランス女性」は生物学的には女性ではないと認めてしまうかもしれない。それでもなお「トランス女性」を女性とみなすことには首尾一貫した意味があるのではないかと推測したり、少なくともそうであってほしいと願ったりする。だから、それが本当なのかどうかを確かめることが重要なのである。

女性（woman）とは何か。男性（man）とは何か。人間がそのどちらかの一員とみなされるには、どのような帰属条件を満たさなければならないのか。ジュディス・バトラーやより一般的にはクィア理論を読むことに時間を費やしてきた者には、これらの問いは独特の響きをもって聞こえるかもしれない。知ってのとおり、バトラーは女性性（ウーマンフッド）や男性性（マンフッド）のようなカテゴリーを「規範的」かつ「排除的」なものとして捉えている。その文脈では、私の質問は悪意あるものに聞こえる可能性がある。事実上、これらの問いは、「女性、あるいは男性とみなされるには、どれほど完璧でなければならないのか」と問うているように聞こえるだろう。「自分たちの排他的なクラブに入会させる前に、規範主義者たちはどんな身体的、心理的、性的理想を要求するのだろうか」と。

しかし、それらの問いは必然的にそういう意味になるわけではない。女性とは何か、男性とは何かという問いは、少なくとも部分的には、〈女性〉と〈男性〉という一般的な概念についての問いである（〈 〉で括った理由は、それらの概念が何かを表したり参照したりする存在ではなく、概念そのものについて論じていることを示すためである）。クィア理論が概念に関する説明の独占権を持っているわけではない。ある概念への「帰属条件」を求めることは、その概念をすでに支配している条件を問うことである（大雑把に言えば、ある存在がその概念に包含されるためには、何を備えていなければならないか、あるいはどうあるべきなのかを問うことだ）。そして、その具体的内容は人びとがその概念を実際にどのように使用しているかによって明らかになる。それは、排他的な完璧主義者たちの委員会がどこかで恣意的に決めるものではない。「男性とは何か」「女性とは何か」に答えようとする者が決めることでもない。そのように問われた者は、何か恣意的な基準を規定するよう求められているのではない。だれにもそんな力はない。いずれにせよ、すぐ後で説明するように、概念はそういうものでも、そのために存在するものでもない。これらの問いが求めていることは、少なくともある意味では、人は〈女性〉や〈男性〉という概念をさまざまな文脈で実際にどのように使っているのかをよく考えてみること、そしてその使い方に共通する前提は何かを考えることなのである。したがって、より正しい問いは、「非英語話者や子どもに対して、〈WOMAN〉や〈MAN〉という概念が通常何を指しているのかを理解させるためにはどのような説明をしなければならないか」というようなものだ。女性であること、男性であることとはどうあるべきことかを規定するよう求められているのではなく、それらはすでにどのようにあるのかを説明することが求められているのである。

だが、これさえも話のすべてではない。なぜなら、何かを説明しようとするとき、それについての一般的な概念を批判し、何らかの修正を提案することになる可能性があるからだ。何が人を女性にするのか、または男性にするのかに答えようとするとき、あなたはクラブの用心棒というよりも、忍耐強く偵察活動をするスパイでなくてはならないのだと心に留めておいてほしい。

概念分析

概念とは何か。哲学者たちはこの問いについて議論しているが、私は概念とは、少なくともそれがうまく機能しているときには、私たちが住む世界でより効率的にやっていくのに役立つ認知ツールや手段であると考えている。概念を持つことで、私たちは物事にはさまざまな種類のものがあることに気づき、自分の関心に応じた区別をすることができる。たとえば、どの文化圏にも、〈食べ物〉という概念が存在するのは驚くことではない。食べ物の概念があり、それが何に当てはまるのかがわかれば、食べ物でありうるものをそうでないものから区別できるので、生きていくのに役立つ。しかし、トランスの学者であるジャック・ハルバースタムは、概念への偏愛を「命名の神的な機能への熱狂」と表現し、それは「植民地の探検から［……］始まった」という[1]。確かに、自分たちに役立つかたちで世界に名前を付け概念化する能力は、脳の高次認知機能と同じくらい長い間、人類に備わっていた。それがなかったら、私たちは遠くに行くことはできなかっただろう。

人が特定の物の概念を持っていることを示す第一の指標として、感覚情報を使ってその物を確実に識別できること、そしてその識別に失敗するよりも成功することの方が多いことを挙げることができる。しかし、私たちは、直接感じることができない多くの物事についても概念を持っている。私たちが考えていることのほとんどは、直接感じることができない（酸素、汚職、語り、価値観、不安、オンライン取引、思考、エネルギー、数など）。知覚的に識別できるかどうかにかかわらず、概念を持っていることの第二の指標は、ほかの人が認識できるその物事を指す特別な言葉を使い、さまざまな文脈でそれについて首尾一貫して話すことができることである。名前は、個別的なものであれ一般的なものであれ、この第二の指標を実現するのに役立つ。言語の使用者として、人はある物事の概念を持っている場合、それを指す名前もほかの人から得ていることが非常に多い。実際、この二つは結びついている。というのは、私たちが新しい概念を得る主な方法は、名前とそれに加えて定義や説明、例を用いて、他人から新しい種類の物事について教えてもらうことだからだ。ほかの人と同じように名前を使うことで、その物事に関するコミュニケーションが円滑になる。

物事の区分のすべてが、そのための概念を必要とするほど興味を引くものとは限らない。ぱっとしない命名だが、たとえば〈二年経過物〉という概念があるとしよう。この種のことに対してもっと気の利いた名前を考え、それを使って世のなかのすべての物事を、それに当てはまるかどうかによって分類することもできる。だが、そんなことをしても、あまり意味はないだろう。一方、もし世界中の二年以上経ったものが突然、触ると死に至るようになったら、間違いなく、ただちにそれを指す気の利いた呼び名ができるだろう。哲学者のジョン・デュプレが指摘するように、多くの言語が無脊椎動物よりも脊椎動物に関する概念を多く持っているのは偶然ではない。無脊椎動物に対する一般的な関心は比較的低いが、脊椎動物には多くの関心がある。荷馬、ペット、捕食動物、食用動物など、人間の生活で脊椎動物が果たす役割は多岐にわたるからだ(2)。

このように、私たちは人間の関心に対応して概念を形成する。私たちは自分たちのあり方を前提にして、あるものに対して他のものより関心がある。しかし、このことは、概念が世のなかにすでに存在する現実の区別を見つけ出すこともしないという意味ではない。概念は、うまく機能すれば、すでにそこにあるものを見つけ出す。ジュディス・バトラーが考えていることとは裏腹に、概念はそれ自体で特定の種類の物事を作り出すわけではない。だが多くの場合、概念は特定の物事を社会に広める力になり、場合によっては社会的なトレンドを通じて、その評判を高めたり数を増やしたりする。概念は、純粋に物質的な物事を見つけ出すのに役立つこともある。たとえば〈炭素〉がそうだ。また〈面白いジョーク〉のように、もっぱら社会的な物事を見つけ出すこともできる。だがいずれの場合も、そのようなものは概念より先に存在していたと私は主張したい――それが炭素については言えても、面白いジョークについてはあてはまりにくいことは確かだが(3)。

時としてある概念がうまく機能していないことが明らかになることがある。第一の最も極端な例は、ある概念が実際には存在しないものを指していることが判明することである。燃焼によって放出される元素であるとかつて理解されていた〈フロギストン〉という古い概念の場合がそうだ。一八世紀になって、そんなものは存在しないということが科学者の間で明らかになり、この概念は科学的に使われなくなった。第二にそれほど極端ではないが、それでも、理論家が既存の概念を徹底的に修正した理解を新たに提供するということがありうる。(4) これは、伝統的な〈人種〉という概念で起こったことだ。理論家たちは、いかなる人種カテゴリーもそれに属する条件は、これまで理解されてきたことと違って、遺伝学そのほかの生物学の側面に基づくものではなく、むしろ社会的な要因に根ざしていると主張するようになった。(5)

第三の、より一般的なケースもある。それは、ある特定の概念への帰属条件の内的論理を考慮すると、その概念はかつて不適格と考えられた個体にも適用されるはずだと気づく（あるいは気づいたと考える）というケースだ。それが起きた例は、動物愛護活動家が、〈人格〉という概念は人間だけでなくゴリラやチンパンジーといった高等霊長類にも適用できると主張したことや、一九九〇年代末に美術評論家が、トレイシー・エミンの散らかったベッドが自宅からギャラリーへ運ばれたとき、それが〈アート〉という概念に該当すると主張したことである。第四のケースは、世のなかの現象から注目すべきものを識別するために、まったく新しい概念が作られることである。私たちはいまや〈新型コロナウイルス（COVID-19）〉という概念を持っている。二〇一八年にはなかった。

私のような「分析」哲学者は、概念の調査に多くの時間を費やし、その概念が目的に適うかどうか、つまり、世界のあり方や、世界のさまざまな部分を位置づける際に私たちが共通して持つ関心に実際に合致するかどうかを確認する。第2章と第3章では、〈生物学的性別（BIOLOGICAL SEX）〉、〈生物学的女性（FEMALE）〉、〈生物学的男性（MALE）〉という概念を見直し、それらは引き続き世界に対して首尾一貫して適用されると主張したのだが、私が行なったことはまさにそれだ。哲学者の標準的な用語に倣って、この活動を「概念分析」と呼ぶことにしよう。だがこれは、言語使用者が既存の世界をどう捉えているかを、完全に受動的で保守的な方法で再現し、記録することだけを意味するとみなされるべきではない。そういう非難が概念分析に向けられることもある。だが、私の考えでは、概念や言語への注意と物事の性質への注意は両方とも必要なのだ。すでに挙げた例が示すように、概念分析には潜在的に能動的な要素があり、必要に応じて概念を改良し、世界により適合するものにしようとするのである。私は概念分析において、概念がどのようにあるべきかということにも関心があるのであって、現在のあり方だけに関心があるわけではない。しかし、同時にきわめて重要なことだが、だからといって、概念分析者を直ちにクラブの入口の用心棒のような存在──権力ヒエラルキーを支えるため、あるいは利己的な利害を満たすため、だれを概念のなかに「入れる」のか「入れない」のかの門番をするような存在──になるわけではない。世界の諸特徴や、それに対する人びとの社会的な関心は恣意的なものではないのであり、それ〔世界の諸特徴や、それに対する人びとの社会的な関心〕こそが概念が対応すべき対象なのである。私たちはまだ偵察の仕事をしているのであって、門番をしているわけではないし、そうでなければならない。

概念としての〈女性〉の機能

ジェンダーアイデンティティ理論の中心的な柱は、人を女性または男性にするものは、その人の生物学的性別ではなくジェンダーアイデンティティであるということである。これは、ジェンダーアイデンティティ論者が自覚しているかどうかにかかわらず、概念的な分析である。かれらは、既存の概念である〈女性(ウーマン)〉と〈男性(マン)〉について、根本的に修正した理解を提案しているのだ。〈女性〉〈男性〉という概念は、従来、次のように理解されていた――「女性（woman）＝大人の生物学的女性（adult human female）」、「男性（man）＝大人の生物学的男性（adult human male）」。それらの新しい定義として提案されているものは、次のように説明されている。「女性＝（生物学的に男性と女性のどちらの性別を「割り当てられた」かにかかわらず）女性としてのジェンダーアイデンティティを持っている大人」、「男性＝（生物学的に女性と男性のどちらの性別を「割り当てられた」かにかかわらず）男性としてのジェンダーアイデンティティを持っている大人」。「割り当てられた」という点について論じるのは意味がないので、以下ではそれには言及しない。

前章の議論を踏まえると、女性であることと男性であることに関するこの新たな説明には大きな問題があることがすぐにわかる。もし「同一化モデル」に関しての私の言い分が正しければ、すべての人がジェンダーアイデンティティを持っているわけではない。だとすると、そうしたジェンダーアイデンティティを持たないほかの人たちを男性と女性のどちらとみなすかについて、別の説明が必要になるだろう。その人たちのために考え出した条件はどんなものであれ、ジェンダーアイデンティティを持つ人びとにも適用できるだろう。その場合、女性であることと男性であることとの条件に関して二つの競合する説明が存在することになる。一方で、私は前章で、トランスでない人のなかにもジェンダーアイデンティティを持つ人がいると主張した。たとえば、アン・リスターは自分を男性だとは考えていなかったが、リスターが外見上持っていた男性のジェンダーアイデンティティからすると、リスターは男性に違いない。だがそのような分類の仕方は、ジェンダーアイデンティティ理論の基準からしても奇妙に思える。

だが、反対論者に公平を期すために、私は同一化モデルが正しいことを前提とせずにジェンダーアイデンティティに対する反論を組み立てることにする。この章に限り、ジェンダーアイデンティティに関して正しいことを述べているのはジェンダーアイデンティティ論者であって、私ではないと仮定しよう。しかしそれでもなお、ジェンダーアイデンティティという観点から「女性」と「男性」を定義すべきではないと主張したい。

一見すると、ジェンダーアイデンティティ論者が提案する〈女性〉と〈男性〉という概念は、先に述べた〈人種〉という概念のケースに似ているようにみえる（人種はいまや多くの人が遺伝学的なものではなく社会的なものと理解している）。そのように捉えると、帰属条件に大幅な修正が提案されることになる。では、帰属条件の修正を言葉の使用者が採用すべきかどうかは、どのように検証すればいいのだろうか。一つの方法はこうだ。当初理解されていたような帰属条件を伴う伝統的なバージョンの概念が、世界のあり方や、その世界のさまざまな断片を描き出すことへの人びとの社会的関心に合っているかどうかを評価することである。〈人種〉については、伝統的な概念がどちらにも合っていないことは、少なくともほぼ間違いない。なぜならその帰属条件は、人種の決定要因として生物学的要因を挙げていたからである。二〇一六年の『サイエンス』誌の論文（『サイエンティフィック・アメリカ』誌に要約版が掲載された）

では、「人間の遺伝的多様性を解明するための有用なツール」という理解のもとでは、〈人種〉概念は目的に合っておらず、人びとを混乱させている可能性さえあると論じられている。実際この論文は、人種の区分は「遺伝的多様性を示すものとしては弱い」と言う。(6) それゆえ、〈人種〉の伝統的概念は、その帰属条件が完全に社会的なものを指すと理解されるように修正が必要だと述べている。

このように、ある概念の一般的な理解に対して大きな変更が提案されている場合には、次頁のような「フローチャート」が使える（「C」は概念の伝統的バージョンを意味し、「C2」は新たに提案された新バージョンを意味する）。もし『サイエンス』誌の記事が正しければ、〈人種〉に関する決定構造はこのフローチャート上では以下のようになると思われる。「いいえ→はい」〔伝統的バージョンを新バージョンに置き換える〕。

〈女性〉と〈男性〉という概念についてはどうだろうか。「女性」と「男性」という言葉は、その歴史のほとんどにおいて、それぞれ「大人の生物学的女性」と「大人の生物学的男性」を指しており、またそうであると一般に信じられてきた。すべての女性（ウーマン）は定義上、生物学的な大人の女性であり、すべての生物学的な大人の女性は女性（ウーマン）であると、またすべての男性（マン）は定義上、生物学的な大人の男性であり、すべての生物学的な大人の男性は男性（マン）であると一般的に理解されてきた。これらの概念は、世界のあり方に適合し続けているだろうか。答えは「はい」だ。第2章で私は、人の二元的な性別の終焉という議論は非常に誇張されていると主張した。人間には老若さまざまな生物学的な男性および女性が存在するのであり、そうでないことを示す新しい理論は何ら示されていない。だから、これは〈フロギストン〉のケースとは違うのである。

次の問いは、女性と男性の集団を指し示す概念を持つことは有用か、ということである。〈女性〉〈男

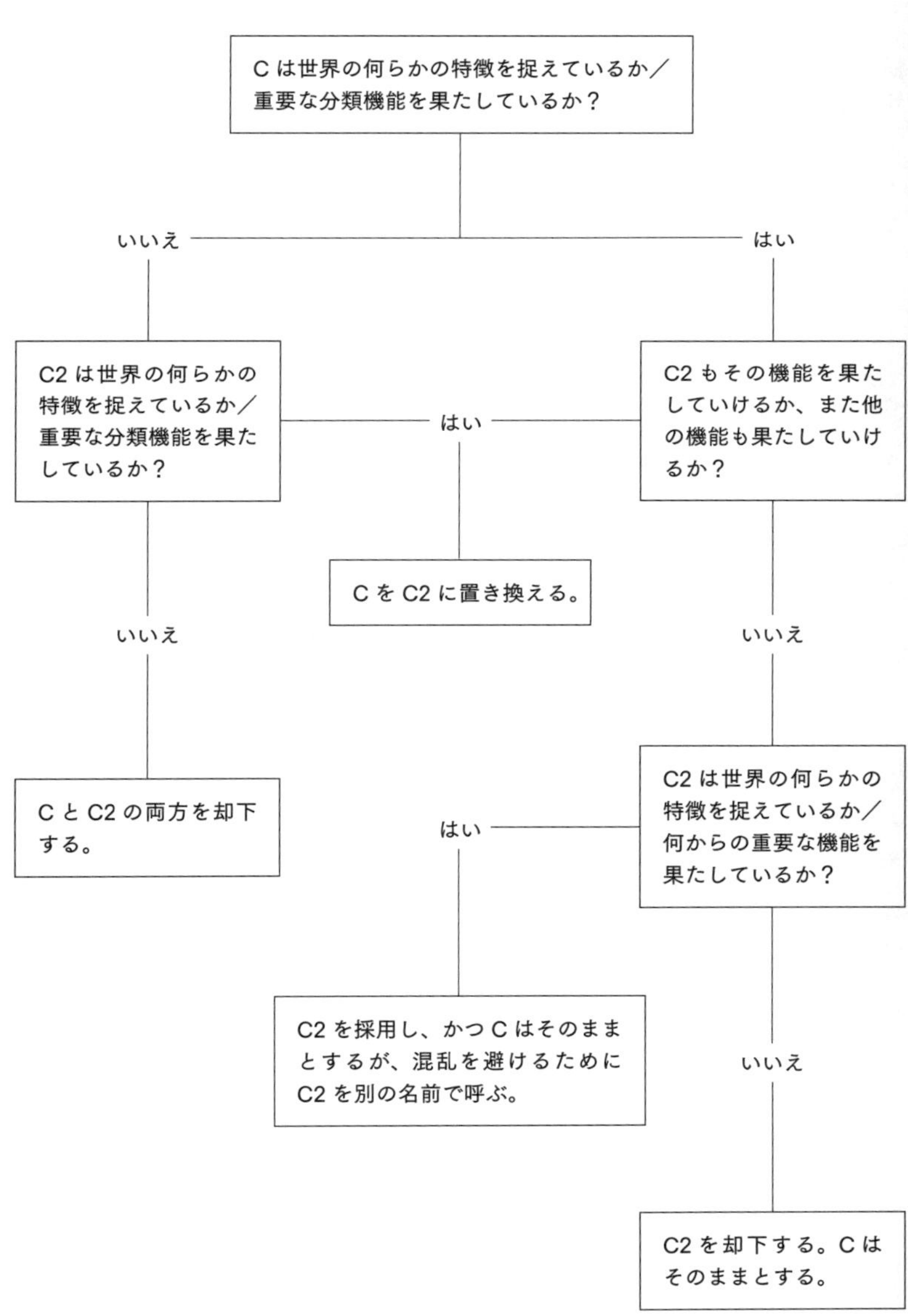
Cは世界の何らかの特徴を捉えているか／重要な分類機能を果たしているか？
いいえ
はい
C2は世界の何らかの特徴を捉えているか／重要な分類機能を果たしているか？
はい
C2もその機能を果たしていけるか、また他の機能も果たしていけるか？
CをC2に置き換える。
いいえ
いいえ
CとC2の両方を却下する。
はい
C2は世界の何らかの特徴を捉えているか／何からの重要な機能を果たしているか？
C2を採用し、かつCはそのままとするが、混乱を避けるためにC2を別の名前で呼ぶ。
いいえ
C2を却下する。Cはそのままとする。

性〉という概念は、有用な概念である〈食べ物〉という概念と、いまのところ役に立たない概念である〈二年経過物〉という概念のどちらに近いのだろう。答えは明白である。大人の生物学的女性と若年の生物学的女性、大人の生物学的男性と若年の生物学的男性を区別する概念を持つことには、高い社会的関心がある。その区別をすることが、伝統的な概念である〈女性(ウーマン)〉〈女の子(ガール)〉〈男性(マン)〉〈男の子(ボーイ)〉の役割である。これらの概念はそれぞれ、生物学的な女性と男性の下位グループを区別するものであり、そのための概念を持つことは重要、いや不可欠でさえあるだろう。

配偶子による性別の説明では、動物種はもちろんのこと、植物種にも雌雄があることになる。したがってこの意味での性別に関して、人間の生物学的女性(female)と人間の生物学的男性(male)を他の生物種から区別して厳密に語ったり考えたりしたい場合には、〈メス(FEMALE)〉と〈オス(MALE)〉という概念を使うことができない。人間にとって重要な種の多くについては、メスとオスそれぞれを指す別の概念も私たちは持っている。〈ダック〔メスのカモ〕〉と〈ドレイク〔オスのカモ〕〉、〈ヘン〔雌鶏〕〉と〈コック〔雄鶏〕〉、〈クィーン〔女王蜂〕〉と〈ドローン〔オスバチ〕〉、〈ドウ〔雌ジカ〕〉と〈バック〔雄ジカ〕〉、〈カウ〔牝牛〕〉と〈ブル〔牡牛〕〉などだ。人類のあらゆる言語において、その言語の使用者が自分たちの種のメスとオスの概念を発達させるであろうことは、疑う余地もなく予測できることだろう。(7)

一方、染色体やクラスターによる性別の説明では、〈FEMALE〉と〈MALE〉は(ほかの多くの言語的文脈でも同じく)人間だけを指している。しかし、〈FEMALE〉〈MALE〉という概念は、大人の生物学的女性と大人でない生物学的女性、大人の生物学的男性と大人でない生物学的男性を区別していない。あらゆる理由から、大人か大人でないかも区別できれば便利である。たしかに〈大人〉はそれ自体、曖昧で歴史的にも厄介な概念であり、大人と子どもの境界は不明確だが、それでも持っているととても便利な概念だ。（本書ですでに繰り返し強調したように、概念が曖昧であることや明確な境界がないこと自体は問題ではない）。それでも、生物学的性別と結びつけて大人を識別する概念を持つことは非常に有用である。なぜなら、私たちの社会では、多くの重要なことが年齢という相対的な要因に左右されるからだ。たとえば、道徳的責任（性的な意味での成年、選挙権、刑事司法などに関連する）、思春期前と思春期後の健康上の課題の違い、各年齢層で男女がそれぞれに直面する社会的課題の違いなどである。ある事柄が人口の半分、つまり男女どちらかの大人に多く起こる傾向がある場合にその理由を説明したいのであれば、それに注意を向け、関連する因果関係の説明に用いるための概念が必要である。

このことは、とくにその目的がフェミニズムのそれである場合はなおさらだ。第二波フェミニストのマリリン・フライは、「女性」の伝統的な意味を参照して、次のように述べている。「女性であることは、私がいまの仕事よりましな仕事に就けない主な要因であり、女性であることで性的暴行やハラスメントの被害者になる可能性が高くなる。私が女性であるがゆえに、私の怒りのパワーは私が精神を病んでいることの証拠に矮小化されてしまう。ある女性が経済的、政治的な力をほとんど持っていない、あるいは達成したいことをほとんど達成できていないとしたら、その大きな原因はその人が女性であるということだ。どんな人種の女性や経済階層の女性にとっても、女性であることは、大小にかかわらず彼女が受けるあらゆる不利や剝奪に大きく関係している」[8]。〈女性〉という概念をなくすと、これらの特有な現象を記述し、説明し、予測し、対処することができなくなる。

以上をまとめると、第2章で検討した性別の三つの説明モデルのどれに基づいても、多くの共通の目的から、〈FEMALE〉と〈MALE〉という概念が必要であるだけでなく、さらに大人の生物学的女性と大人の生物学的男性を大人でない者から区別する概念が不可欠だと思われる。これが若年の男女を意味する〈女の子（GIRL）〉と〈男の子（BOY）〉とともに、大人の男女を意味する〈女性（WOMAN）〉と〈男性（MAN）〉という概念がある理由である。

伝統的な〈女性〉〈男性〉〈女の子〉〈男の子〉という概念には、もう一つの重要な側面がある。それは、これらの概念が、ほとんどの場合、知覚的な手がかりに基づいて識別できる種類の存在を指しているということである。たとえば、私がある人に人だかりを見せたとして、五感が十分に働いていれば、通常、その人は見たり聞いたりするだけで、その人だかりのなかのだれが大人の生物学的女性で、だれが大人の生物学的男性であるかを確実に推測できるはずである。第3章で見たように、性別を間違えたり、年齢を間違えたり、人違いをしたりする可能性があるため、いつも正しく判断できるとは限らないが、ほとんどの場合、ほとんどの人が正しい結果を得ることができる（ボーダーラインの年齢にあるのでないかぎり）。大人の生物学的女性と大人の生物学的男性を知覚的に区別でき、さらに両性について大人と子どもを知覚的に区別できるようにした方がよい理由を挙げれば、膨大な数にのぼるだろう。そのうちのいくつかを第3章で検討した。

近年、認知科学者の間では、ある概念の獲得と知覚との間に密接な関係があることが明らかになっている。だが実は常識がすでにこのことを教えてくれている。なぜなら、世界の物質的存在に関する概念を獲得する主な方法の一つが、見る、聞く、触る、匂いをかぐ、味わうという知覚だからだ。〈女性〉や〈男性〉という概念は、通常、視覚と聴覚によって部分的に獲得される。ほとんどの子どもは、街中や家庭、絵本などで女性や男性を指さしてもらうことで、これらの概念の使い方の感覚を得ることができる。

一般に、目の見える人が自分の環境を見るとき、広範で未分化な情報の羅列ではなく、個別の境界づけられた物体を認識するものである。これは、「カテゴリー知覚」と呼ばれる脳の能力によるものである。ある著者はこう説明している。「カテゴリー知覚によって、私たちは世界を自分の行動に関連するカテゴリーに切り分けられるので、そのカテゴリーに関連する視覚的特徴をより効率的に処理することができる。たとえば、毒ヘビを見せられたとき、このヘビをほかのヘビから区別する視覚的特徴に注意を払うよりも、ヘビにまつわる特徴を素早く処理して素早く分類する方が有用である」[9]。ここで言われていることは、ヘビの種類の違いを視覚的に区別できない人がいるという意味ではなく、ほとんどの人にとって、ヘビとほかの生き物との違いは、このヘビとあのヘビの違いよりも明確であり、通常はそう区別した方がより迅速に対処できるという意味である。

子どもがある特定の種類のもの、たとえばヘビや犬などを知覚的に区別できるようになり、それに関連した概念を持つようになる認知過程には、非常に驚くべきものがある。UCLA人間知覚研究所の主任研究員であるフィリップ・ケルマンとクリスティン・マッシーは、一例として、子どもが初めて〈犬〉という概念を獲得する方法について論じている。まず、父親が小さな白いプードルを指して、いつものように「犬」と言うとしよう。次に、大きな黒いレトリバーを指さして「犬」と言うとする。新しい犬種に出会うたびに、大きさ、色、耳や顔の形などが前の犬とはかなり違って見えても、それでも比較的早く、その子は今まで見たことのない犬種を犬だと識別できるようになる。また同時に、犬と多少似ているほかの哺乳類(猫やリスなど)を区別する能力も身につく。「犬と猫の顎や体の構造の違いなど、形状の変数が重要であることが多い」とケルマンとマッシーは指摘する。「形状の変数は、特定の色や大きさ、文脈に結びついたものではなく、非常に関係的で抽象的であるため、この種の学習を受けた者は、ガラス製の卓上飾りが犬か猫かを難なく見分けることができる」[10]。

この過程は、子どもが〈女性〉や〈男性〉といった概念を知覚的に獲得する過程とほぼ同じだと考えるのが妥当であろう。子どもが通常、たとえば女性を認識できるようになる過程をみると、ある範囲内でかなり多様な身体的特徴を持つ女性（またはそのイメージ）に直接的または間接的にさらされるが、それでも最終的には関連するものだけを識別するようになるからだ（したがって、手術もホルモン投与もしていない「トランス女性」を指して、子どもに「あれは女性だよ」と言い、次に生物学的女性を指して同じことを言うことが、子どもの世界に対する概念形成にどのような影響を与えるかは興味深い問題である。私にはその答えはわからないが）。

ジェンダーアイデンティティとしての〈女性〉

知ってのとおり、ジェンダーアイデンティティ理論は、〈女性〉と〈男性〉、〈女の子〉と〈男の子〉という概念の著しい修正を提案している。新しいバージョンでは、一部の女性は大人の生物学的女性ではなく（その人たちは生物学的男性である）、一部の大人の生物学的女性は女性ではない（男性またはノンバイナリーである）。同様に、一部の男性は大人の生物学的男性ではなく（生物学的女性である）、一部の大人の生物学的男性は男性ではない（女性またはノンバイナリーである）。しかもそれだけではないのだ。**女性も男性も、女の子も男の子も、見たり聞いたり、そのほかの知覚的手段を使って直接識別できる存在ではないということ**になる。というのも、人を女性や男性、女の子や男の子にするものはジェンダーアイデンティティであり、その人の外見とまったく相関関係のない内的な心理状態だからだ。

こうしたことが、これらの概念の伝統的な機能を根本的に変えてしまうことは、きわめて明白である。

だが、〈人種〉の場合とはおそらく異なり、これらの概念の本来の機能に対するニーズがなくなったわけではない。そこで、ジェンダーアイデンティティ理論が提案する〈女性〉と〈男性〉を、先ほどのフローチャートに当てはめてみよう。決定構造は次のようになると思われる。「はい→いいえ→はい」〔新バージョンを採用し、かつ伝統的バージョンはそのままとするが、混乱を避けるために新バージョンを別の名前で呼ぶ〕。つまり、元のバージョンを保持することの根拠が得られるのだ（それなしでどうしようというのか）。しかしそれと同時に、「女性のジェンダーアイデンティティを持つ（生物学的な男性または女性の）大人」と「男性のジェンダーアイデンティティを持つ（生物学的な女性または男性の）大人」という新たな追加概念も生み出される。とはいえ、それは元の概念に置き換わるものではなく、それを補うものだ。理想的には、混乱を避けるために新概念を別の名前で呼んだ方がいいだろう。その場合、「女性に同一化した人びと」というのが、一つの暫定的な提案である。この案では、それに該当すれば男性も女性も「女性に同一化」した人でありうるが、男性または女性としてのもともとの地位に何も変更がないことがよく理解されるだろう。

　実は、元のバージョンを残すことの重要性は、いま述べたこと以上に大きい（ここでは〈女性〉を例として取り上げるが、〈男性〉〈女の子〉〈男の子〉についても同様の指摘が可能である）。〈女性〉への参照は、それが組み込まれたほかの概念が果たす役割にとって中核をなしている。たとえば、〈母〉は、『オックスフォード英語大辞典』では次のように定義されている。「性別が女性である方の親。自分が出産した子ども（たち）との関係での女性。（拡大用法では）子どもに対する親の責任を引き受ける女性、とくに継母」。〈女性〉や〈女の子〉は、〈祖母〉〈娘〉〈姉妹〉〈叔母〉〈妻〉といった通常の概念にも組み込まれており、また第3章でみたように〈レズビアン〉にも、そしてそのほかの多くの概念にも同様に組み込まれている。したがって、もし〈女性〉の帰属条件が性別ではなくジェンダーアイデンティティに関するものであるというのであれば、関連する概念についてもジェンダーアイデンティティに関するものとするよう、私たちの理解を根本的に見直すことを意味するように思われる。大人の生物学的男性のなかに、母、継母、祖母、娘、姉妹、叔母、妻である人がいることになるし、大人の生物学的女性のなかに、父、祖父、息子、兄弟、叔父、夫である人がいることになるからだ。

トランス運動団体のなかには、このように予測される結果を認識し、歓迎しているところもある。先に見たように、ストーンウォールとGLAADはいまや〈レズビアン〉概念を、女性のジェンダーアイデンティティを持つ者で、女性のジェンダーアイデンティティを持つほかの人に魅かれる者のこととして解釈している。二〇二〇年のイギリスの裁判で、「トランス男性」のフレディ・マッコネルが、自分の出産した子どもの出生証明書に自分を（大人の生物学的女性であるにもかかわらず）「母」ではなく「父」と記載することを求めて敗訴した例がある。[11] イギリスのLGBT団体はこの裁判でマッコネルの主張を支援した。

しかし、もし仮にトランス活動家が望んでいるらしい、こうした関連する言語上の変化を大々的に実施し始めたとしても、子どもを出産する生物学的女性や、生まれる子どもに精子を通じて遺伝的貢献をする生物学的男性、生物学的女性である子や、大人の生物学的女性に魅かれる大人の生物学的女性などを表す概念を、私たち人間が必要としなくなることはないだろう。もし、これらを「母」「父」「娘」「レズビアン」などと呼んではならないのであれば、それらを意味するほかの用語を考え出さねばなるまい。つまり私たちはこれからも、人間の幅広い関心に関連する、これらの重要なグループを特定し、それらについて語る必要があるのだ。ジェンダーアイデンティティ論者が提案するように、もしこれらの概念が変わったとしても、たとえば現在「母」とみなされている多くの人びとが、新しい提案のもとでも母とみなされるだろうと指摘するだけでは、概念の変更に反対する者にとっては十分ではない。なぜなら、それはまったくの偶然だからだ。新しい「母」概念は、その人が生物学的女性であることや、子どもを出産したこと、子どもを育てたことを条件とはしないだろう。

　これだけの問題があっても、なおシスの人たちは「もっと思いやり深く」なるべきだ、つまりは〈女性〉と〈男性〉という概念を「あきらめる」べきだと主張する反対論者がいることは想像に難くない（私のような主張をする者は、あたかも離婚後も別れた相手に恨みを抱いてその財産にすがりつく者のように、これらの言葉にすがりついているのだと言わんばかりに）。かれらはこう言うかもしれない――最終的に言語の使用者は、「大人の生物学的女性」と「大人の生物学的男性」にまったく新しい名称をいとも簡単に作り出すことができるだろう、それのどこが悪いのだ、と。しかし、長期的にみると、それではジェンダーアイデンティティ論者の目的を満たすことはできないように思われる。たとえば、大人の生物学的女性と大人の生物学的男性を、何か別の言葉で呼ぶとしよう。何でもいいが、当面の例として、七〇年代のフェミニストに敬意を表し、それぞれ「ウーミン（womyn）」と「ミン（myn）」を選ぶことにしよう〈ウーミンはウーマン（woman）とウイメン（women）から「男性（man, men）」を取り去ろうとしたアメリカのウーマンリブの言葉〉。言語の使用者の間に定着すれば、これは実際にはかなり表面的な変更に見えるだろう。このシナリオでは、大人の生物学的女性と大人の生物学的男性をはっきり区別する概念を引き続き持っており、それぞれに新しい名前が付けられることになる。人間生活において重要な役割を複数担っていることを考えれば、従来〈女性〉や〈男性〉を使っていた文脈のすべて、あるいはほとんどで、それらの新しい名前を使い続けることになるだろう。だが「トランス女性」は依然としてミンであってウーミンではないし、「トランス男性」は依然としてウーミンであってミンではない。そしてウーミンとミンそれぞれに特有の医療、スペース、社会的資源、データ収集、場合によっては社会的制度が依然として存在するだろう（少なくとも存在すべきだ）。言いかえると（クィア理論家が考えるような）「規範的排除」と、（私が考えるような）「有用な分類と、その結果得られる、多くの首尾一貫した目的に対応した社会組織の合理的な調整」が依然として存在することになるだろう。

私の結論はこうだ。性別の代わりにジェンダーアイデンティティを参照するようにするために〈女性〉や〈男性〉などの概念を変更するのではなく、それらの概念の元のバージョンを維持したうえで、同時に「女性のジェンダーアイデンティティを持つ大人」と「男性のジェンダーアイデンティティを持つ大人」を表す別の概念を共通の語彙に追加すべきだ。念のために言っておくと、これらの概念は「あれかこれか」というものではない。それは人びとをカテゴリー横断的に分類するのである。女性が男性のジェンダーアイデンティティを持つ大人でありうるし、男性が女性のジェンダーアイデンティティを持つ大人でもありうる。私たち一人ひとりは、同時に多くのカテゴリーに帰属しうるし、実際に帰属してもいるのだ。

利益のヒエラルキー？

これまでの議論で、ジェンダーアイデンティティ理論が提唱する〈女性〉と〈男性〉という概念の非現実性が明らかになった。重要な点を補足すると、（大人の生物学的女性として理解された）女性は、集団として特有の社会的特徴を示し、独特の社会的課題に直面する傾向がある。その詳細は社会によって異なるが、大まかに解釈して多くの女性がある共通の側面と障害に直面している。たとえば、周知のように、女性は男性よりも性的暴行を受ける確率が著しく高く、男性よりも性的暴行を加える確率が著しく低い。暴力犯罪の大半も、女性ではなく男性によるものだ(12)。これは国を問わない現象である。また、妊娠の結果生じるさまざまな事実も一因となり、女性は働いたとしても男性より低賃金やパートタイムの仕事に就く可能性が高いこともわかっている。それと関連して、男性よりも女性の方が家庭内で無報酬の育児や家事労働を担っている可能性が高い。家庭と仕事を両立しようとする女性には、同じ立場の男性が直面しないような余分なプレッシャーがかかることになる。このことは、同じ仕事に就いている男性と同じレベルで働こうとする女性の能力に影響を与える。

これらは普遍的主張ではなく一般論であり、多くの例外が存在する。しかし偶然に起こっているわけではない。それは、男性と比較した場合の女性の平均的な身体的弱さや、集団的属性として持っている出産能力など、生物学に関する既成事実とさまざまに説明可能なかたちで結びついているのである。このような動かしがたい生物学的事実は、男女の集団で平均化され、偶発的な社会的事実と相互作用して、現在の世界を作り出している。多くの女性が、それを不公平なものだと感じている。女性たちは、男性のために作られ、男性の利益のために運営されている世界に住んでいるという印象を強く持っている。キャロライン・クリアド＝ペレス『見えない女たち』やガブリエル・ジャクソン『痛みと偏見』といった最近の書物は、イギリスやアメリカのような先進的とされる国々であっても、医療、職場、製品デザイン、税制、政治的代表など、女性の利益に関わるさまざまな分野を理解するには女性のデータが大きく不足していることを強調している（より正確に言えば、その結果正しく理解することに失敗している）。

こうした背景のもとで、女性のジェンダーアイデンティティを持つ生物学的男性をあらゆる場面で女性として扱うことは、政治的に敵意を煽る行為だ。すでに自分たちの利益が不平等な扱いを受けていることを意識している女性たちに対して、事実上、侮蔑的に見下すメッセージを送ることになる。そのメッセージはこう言っている――**女性のジェンダーアイデンティティを持つ男性の利益の方が、生物学的女性の利益よりも重要である**、と。本書ですでに、多くの機関が現在、公共スペースや社会的資源へのアクセスを決定したり、データ収集を管理したりするためにジェンダーアイデンティティを用いていることを説明した。また、情報提供の決定のためにもジェンダーアイデンティティが利用されている。その典型例が、「トランス女性」の犯罪が現在どのように報道されているかである。報道の自主規制機関ＩＰＳＯが二〇一六年にトランスの人たちに関するメディア報道ガイドラインを発表したことを受けて、イギリスのメディアは、「トランス女性の」犯罪を「女性の」犯罪として報道するようになったのである。[13] ＩＰＳＯのガイドラインによると、「個人のジェンダーアイデンティティは［……］記事に真に関連する場合を除き、言及されてはならない」。実際にこれが意味していることは、「トランス女性」の犯罪者の生物学的性別には言及するべきでなく、代わりにその犯罪は女性が起こしたものとして報道されるべきである、ということに思える。（大人の生物学的男性と思われる）男性が女性の三倍以上の暴力的性犯罪を引き起こしている現状において、以下のようなニュースの見出しは、目に余る、挑発的とさえいえるほどひどい女性の利益への無関心を示しているようみえる――[14]「女性（四一歳）が少年を装って、少女に性的グルーミング」（『メトロ』ウェブニュース、二〇一八年一〇月一日付）、「女性の非行集団が地下鉄「レスター・スクエア」駅で午前二時に乱闘、男性の頭を繰り返し踏みつける」（『デイリーミラー』ウェブニュース、二〇一八年六月二六日付）、「一〇〇〇枚以上の児童ポルノ画像を所持していたシェフィールドの女性、法廷に引き出される」（『デイリースター』ウェブニュース、二〇一九年七月一九日付）、「かつて警察官を地下鉄の線路に突き落とした女性が警官に唾を吐きかけ留置された」(『デイリーミラー』ウェブニュース、二〇二〇年二月一七日付)、『小児性愛者であることを自慢した』女性、追悼イベントで少年たちに近づく」(『ウェールズオンライン』二〇二〇年五月一五日付)。報道機関の根底にあるメッセージは次のようなもののように思える。「たとえ女性が集団としてはこれまでほとんど持っていないと思われてきた小児性愛や性的暴行、暴力犯罪の資質を持っているという誤解を招くメッセージを世間に発信することになったとしても、犯罪者として有罪判決を受けた生物学的男性の内なるジェンダーアイデンティティを尊重することの方を重視する」。ここで問題になっている犯罪が、こうして刑事司法制度のなかで「女性による」あるいは「生物学的女性による」犯罪として記録されるとき、侮辱はさらに強まる。本来の意味での女性に対する暴力と闘うために私たちが利用しえたであろうデータは現在、著しく損なわれている。[15] 繰り返すが、権力者がこのことをまったく気にしていないように見えるという事実は、私を含め、多くの女性にとって腹立たしいことである。

男性の利益との関係で女性の利益を相対的に無視することやそれに関して女性に送られた否定的な政治的メッセージとは別に、本節の議論は、前述した次の点を明確に示している。すなわち、伝統的な〈女性〉〈男性〉概念に代わるものとして、ジェンダーアイデンティティ理論が提案する概念では、生物学的な意味での大人の女性を指す用語としての「女性」や、生物学的な意味での大人の男性を指す用語としての「男性」を有意義に使う必要のある、依然として切実な文脈のすべてをカバーすることは不可能なのである。この問題に対処する一つの方法は、言うまでもなく伝統的な概念に立ち返ることであろう。しかし、それと対抗する対応策として、伝統的な概念に代わる、もう一つ別の選択肢が提案されている。この場合、ジェンダーアイデンティティという観点ではなく、ある種の社会的役割の共有という観点から女性と男性を区別するやり方である。

社会的役割としての〈女性〉

第1章で、長年にわたって多くのフェミニストを強力に引きつけてきた考え方、つまり〈女性〉とは、社会から「女らしい社会的役割」を果たすことを期待されている人のことであるという考え方を紹介した。それが何を意味するのかはたいていはやや曖昧だが、敷衍すると次のようなことだ。女性とは、定義上、生物学的女性にステレオタイプ的に結びつけられた一連の振る舞いを引き受け、実行することが期待されるあらゆる大人であり、あるいは生物学的女性に結びつけられた一連のステレオタイプや規範の観点から社会によって女性と解釈される者である。つまり女性とは、定義上、子どもの世話をし、ほとんどすべての家事をこなし、夫より低賃金の仕事をし、より従順に話し、聞き上手で、思いやりがあることを期待されている人びとだ。女性とは、定義上、処女や母であることを賞賛されたり、娼婦や魔女として非難されたり、意地悪、強気、ふしだら、冷淡、可憐、気立てがいい、怒りっぽい（などなど）と安易に思われがちな人たちのことである。

二一世紀に入ってから、この見解――「社会的なものとしての〈女性〉（WOMAN-as-social）」＝WASと呼ぶことにする――は、一部の人びとの間で、いわゆる〝パス度が高い〟「トランス女性」は女性であるという主張の正当化理由と結びつけられた。〝パス度が高い〟「トランス女性」とは、手術やホルモン剤の投与の結果、最終的に大半の人から見て大人の生物学的女性と知覚的に区別できなくなった生物学的男性のことである。これらの人を「トランスセクシュアル」と呼んでほかの「トランス女性」と区別することもある。トランスセクシュアルである「トランス女性」が生物学的女性としてパスする場合、多くの人はその「トランス女性」も、生物学的な意味での大人の女性に典型的に投影されるのと同じ女らしさの期待や規範に従わなければならないと想定する。そして、それこそが当人を「女性にする」ものであるとみなすのである。パス度が高い「トランス男性」も、同様の理由で男性であるとみなされる。

この種の見解には、第1章でみたシモーヌ・ド・ボーヴォワールの言葉「人は女に生まれるのではない、女になるのだ」（あるいは「女は生まれるのではない、作られるのだ」）が、「ジャジャーン！」とばかりに添えられていることが多い。だが、ボーヴォワールが『第二の性』で語っているのは明らかにもっぱら生物学的女性についてであり、生物学的女性が生まれながらにして女らしさという不可能な理想に服従させられる社会システムと不本意にも遭遇することについて語っているという事実は、ほとんど無視されているようだ。ボーヴォワールは、思春期以降に自分の身体を根本的かつ人為的に変えることを決意した生物学的男性について語ったわけではないし、同様のことをする「トランス男性」を自分の議論の範囲から排除するようなこともしなかっただろう。だが、いずれにせよ、ボーヴォワールの言葉は、現代の文脈で新たな生命を見出した。

WAS概念とジェンダーアイデンティティ理論は競合関係にある。事実上、それぞれが〈女性〉と〈男性〉について異なる概念分析を提供している。現代のトランス活動家（少なくとも一貫した活動家）によれば、WASは従来の〈女性〉や〈男性〉の概念と同様、「排他的」である。なぜならそれは、パス度が低い「トランス女性」が女性であるという主張や、パス度が低い「トランス男性」が男性であるという主張を受け入れることができないからである。WASに対してはまた、ノンバイナリーの人びとについて何も語らないという批判もある。しかし、ほかの多くの人びと、とくに二〇世紀の西洋フェミニズムの歴史に精通し、共感している人びとにとって、WASは、なぜ一部の「トランス女性」が女性とみなされ、「トランス男性」が男性とみなされるのかについての説得力のある説明であり続けている。しかし、残念ながらWASには問題がつきまとう。以下では、その歴史的な原動力にふさわしく、〈女性〉という概念に適用されるWASについてのみ述べることにする。しかしその要点は、〈男性〉という概念は定義上、社会から男らしい役割を果たすことを期待されている人びとを指すと主張する見解ならどれにでも適用できるように修正可能である。

WASを支持する根拠の問題点

社会的なものとしての〈女性〉(WAS)は、潜在意識レベルで多くの人を引きつけるのだと思う。これには、認知的な要因もあれば、人びとが一般に女性を客体化する方法に関する社会的な要因もある。しかしここでは、WASを支持する意識的な理由づけのみを扱うことにする。それを支えると認識されている根拠は主に二つあるが、どちらも詳しく検討するとかなりお粗末なものだ。

その第一は、日常の言葉遣いの特徴を引き合いに出すもので、ある大人の生物学的女性について話すとき、こんなことを言いがちな人がいるという事実だ。「あの女性は本当の女性ではない」。ボーヴォワールは『第二の性』の最初の方で、いくつかの例を挙げているが、それはこんなふうだ。「かれらはささやく。『ロシアでも、女はやっぱり女ですよ』」。そしてこう続ける。「ある女たちは、ほかの女と同じように子宮があるのに、女のことに詳しいという人たちから『あれは女ではない』と決めつけられることがある」。そして、「人類に雌がいるのはだれもが一致して認めているし、雌は今も昔も人類のほぼ半分を占めている。それなのに私たちは［……］『女でありなさい、女でいなさい、女になりなさい』と説教されたりする」。ボーヴォワールはこう締めくくっている。「だから雌の人間すべてが必ずしも女ではないことになる。女は、女らしさという神秘的で今や消滅しかけている現実を分かちあわなければならないのだ[16]」。

WASの支持者は、これらの観察から、〈女性〉という概念が、期待される女らしい社会的役割を指していることが証明されたと考えている。だが、これらの人びとが気づいていないのは、何千とは言わないまでも、何百という概念が、特定の文脈において一時的に似たような修辞的解釈を受けるのであって、だからといって、一般的にそれらの概念に根本的な変更を提案する必要はないということである。一九六〇年代に哲学者のJ・L・オースティンが指摘したように、何かが「本物」とみなされるか否かは、そのときの会話の文脈における対比によって、何が事実上関心の外に置かれ排除されるかによる[17]。たとえば、〈ダイヤモンド〉という概念は、結晶構造の炭素同素体として理解されている。巨大で透明できらびやかなダイヤモンドをプレゼントされた人は、「これこそが本物のダイヤモンドだ！」と言うだろう。あるいは宝石商は、小さくてくすんだダイヤモンドを売ろうとする相手に、「あれをダイヤモンドと呼ぶのか。あんなのはダイヤモンドではない」と（お互いダイヤモンドだと知っているのに）言うかもしれない。このような場合、一時的な「拡張」または「切り縮め」と呼びうることが生じている。そこでは、概念に「本物」や「本物ではない」などの修飾語を加えたり、特定の強調表現と声のトーンを使ったりして、現在関心のある対象の特定の特性、またはその欠如に注意を向けさせることができる。たとえば、「あれこそ本物のお城だ！」、「こんなの本物の誕生日プレゼントじゃない！」などである（身の回りの物事で試してみてほしい。「これがソファだって言うのか?」「あなたが本物の夫らしい夫だったら……」など)。ある人が今のところ価値を認めていないダイヤモンドについて「それは本物のダイヤモンドではない」と言ったところで、一般的に〈ダイヤモンド〉が結晶構造の炭素同素体以外の何かを意味すると提示したことにはならない。また、透明で輝いていて、大きいといった、ダイヤモンドが社会的に期待され、評価されている役割だけで〈ダイヤモンド〉といえるのだと、明確に示したことにもならない。

同じような点は、奴隷制廃止の活動家で元奴隷のソジャーナ・トゥルースの一八五一年の有名な演説、「私は女ではないのか」に対するフェミニストの解釈にも当てはまると思う。トゥルースは、「女性は馬車に乗るのを助けてもらい、溝を渡るときに抱き上げてもらい、どこでもいちばんいい場所を与えられねばならない」という白人中産階級のステレオタイプは、元奴隷であるトゥルースには適用されない、と指摘する。だがそれでもトゥルースは結局のところ女性なのである。[18] これは多くのフェミニストによって、暗にWASを支持するものだと受け取られている。しかし、黒人女性は女性ではない、あるいは本物の女性ではないという歴史上の発言は、一時的に〈女性〉概念を切り縮めた使い方であり、人種差別主義者が白人女性を評価するようには黒人女性を評価していなかったという事実を表している。黒人女性は女性ではないといった発言をした同じ人物が、別の状況では黒人女性を問題なく女性として認めていた。というのも、とりわけ奴隷所有者の多くが、奴隷制度を維持するために黒人女性の妊娠出産を利用し、自らも彼女たちを妊娠させていたからである。

WASという概念の正しさを示すのに役立つとされる第二の論拠は、私たちを再び生物学的決定論の亡霊に直面させる。それは、女性が台所や子ども部屋、寝室にいるのが「自然」であり、役員室や議会にいないのがきわめて正しいということの理由は、女性の生物学的な地位にあるという考え方だ。多くの第二波フェミニストにとって、WASという概念が魅力的にみえた理由は、それが表面上、生物学的決定論に基づく非難から女性を解放することを約束するものだったからである。しかし実際には、すでに論じたように、期待される女らしい社会的役割という観点から明確に〈女性〉を定義することは、この問題に対する実に恐ろしい対応の仕方なのだ。万が一、女性は家庭的で従順であるといったことが生物学的に決まっているというのが本当であるならば、〈女性〉概念を何か生物学的でないものとして再定義したとしても、その運命から女性を救うことはできない。それは対象を別の人たちにそらすだけである。他方では、生物学的女性はまだ同じ状態に置かれたままで、台所や保育園や寝室で懸命に働き、女性の生物学的構造に服従しているのだ。フェミニストにとっては、生物学的に女性であることがその人を自然に家庭に適したものにするという考え方を、利用可能な科学的証拠と概念分析を使って直接的に攻撃する方がずっといい。あるいは、別の方法として、「生物学的女性の集団全体に平均的にみられる」という意味での「生物学的女性にとって自然なこと」が、すべての生物学的女性にとって「正しい」ことが何かを決定するという考え方を攻撃するのもいいだろう。

最近、生物学的決定論者とフェミニストの間の古くからの敵対関係は、次のようなよく知られた主張に変貌している。もしWAS概念を受け入れず、代わりに伝統的な〈女性〉概念を主張するならば、その人は女性を「生物学に縛り付けよう」とする厄介な古い生物学的決定論者に違いないという主張である。率直に言って、これは馬鹿げている。私がその正当性を主張している伝統的な〈女性〉概念は、女性とは大人の生物学的な女性（adult human female）であるというものだ。第2章で、私は性別についての三つの説明モデルを提示した。そのどれ一つとして、生物学的女性であるために本質的な、あるいは必要不可欠な性格的特徴や振る舞いなど提唱していなかった。それらは性格的特徴や振る舞いについてそもそもまったく触れていない。それらは内因的な身体的特徴にのみ関心を寄せているのである。生物学的女性が平均として家庭やそのほかのことに自然に適しているかどうかは、完全に経験的な問題つまり科学的なエビデンスが出てくるかどうかに関係することである。どちらにしても、それは〈生物学的女性であること〉（ビーイング・フィーメイル）への帰属条件とは何の関係もない。だから、WAS概念ではなく伝統的な〈女性〉（ウーマン）概念（つまり大人の生物学的女性）を支持するからといって、女性が家庭に適しているのは自然の摂理だという見方や、そのほかの特定の行動や心理的特徴にこだわらなければならないという必然的な含意は何もないのである。

伝統的な〈女性〉概念に対する批判者は、さらに混乱したことを言い出す。この場合は、三つの特徴が女性であることの帰属条件に「本質的」であるとして提示されているという事実によって批判するのである。つまり①大人（adult）、②人間（human）、③生物学的女性（female）であるという特徴である。この事実は、伝統的な〈女性〉概念を支持する見解を、政治的に疑わしい、悪質な「本質主義」にするのではないかというのである。そんなことはない。いや、もしそうだとしたら、WAS概念も「本質主義」であるし、さらに言えばジェンダーアイデンティティ理論だってそうなる！　結局のところ、両者とも、女性であるために「本質的」な（つまり必要不可欠な）一定の帰属条件を提唱しているのである。「結晶構造の炭素同素体であること」を〈ダイヤモンド〉にとって「本質的」な特徴としてその定義とすることは、政治的な問題なのだろうか。そうではない。この意味で、ある特徴を本質的な帰属条件として提示することは、何千ものカテゴリーの定義の特徴であり、それがカテゴリーの機能の仕方であることはほぼ間違いない（たしかに哲学者のなかには、カテゴリーが本質的あるいは必然的な条件を持っていると考えることは、時に、あるいはつねに間違いであると主張する者がいる。しかしかれらは、それは哲学上の間違いであり、政治上の間違いではないと考えている。しかもかれらの主張は、ほとんど、あるいはすべての概念に当てはまる。この主張に関連する二つの例、〈種〉と〈生物学的男性〉〈生物学的女性〉のクラスター・モデルの議論は、第2章で検討した）。

さらに、もう一つの藁人形論法は、大人の生物学的女性として理解される伝統的な〈女性〉概念の支持者に対し、かれらは事実上「女性を生物学に還元している」と批判する。まるで、女性の生物学的特徴を持っていることが、個々の女性のすべてであるかのように言うのだ。しかし個人にとって、あるいは個人について何が重要かは、背景にある関心によって文脈ごとに変化しうるものである。一般的なカテゴリーとしての〈女性〉への帰属条件が、本質的に生物学的女性であることを要求していると主張しても、生物学的女性であること（あるいは大人であることや人間であること）が、あらゆる女性にとって個人的に重要な特徴であるということにはならないし、ましてや、その女性のすべてであるということにもならない。比べてみてほしい。〈銀行員〉という概念への帰属条件は、定義上、その人が銀行で働いていることを本質的に要求している。しかし、だからといって、あらゆる銀行員にとって銀行で働くことが個人的に重要であるとは限らないし、ましてや、それがその人にとってのすべてであるわけでもない。女性であることは、個々の女性のすべてをカバーするものではないし、できるものでもない。そんな理屈は最初から言っていない。

WASに対する追加的な反論

ここまで、社会的なものとしての〈女性〉(WAS)概念に有利と思われる論拠について批判的に述べてきた。今度はWAS概念に不利な追加的論拠を探すと、WASはなおさら見込みがないように思える。少なくとも三つ見つけることができる。一つ目は、〈女性〉概念の伝統的バージョンに対する挑戦と一般に考えられているWAS概念への反論である。ほかの二つは、とくに「トランス女性」に当てはまるとされるWAS概念に関する反論だ。

第一の批判は、実際のところ、WAS概念が〈女性〉概念の伝統的バージョンに代わる適切なバージョンであったことなどあるのかというものである。WAS概念にとっての大きな問題は、現実的に考えると、女性を定義するのに使えるような、すべての女性に期待される特別な社会的役割が実は一つも存在しないではないかということだ。先に、女性は性的暴行を受けやすいとか、男性と比べて職場で成功する可能性が小さいなど、共通する社会的課題に直面する傾向があると述べた。だが、それでも女性カテゴリー全体を定義するには不十分であり、いずれにしても多くの例外があることは明らかである。この問題は、フェミニスト思想におけるWAS概念の歴史において、早くから浮上していた。実際には、「女らしい社会的役割」の具体的な表現は、欧米の白人異性愛者の女性によって表現されたがゆえに、欧米の白人異性愛者の女性に対する社会的・文化的な期待がデフォルトになりがちであった（案の定だが）。このことは、早くから黒人やラテン系のフェミニスト、そしてレズビアンから指摘されてきた。すべての女性が受動的であることを文化的に期待されているわけではない（母系制の文化では主体性を重んじる場合もある)。すべての女性が上品で繊細であることを文化的に期待されているわけではない(黒人フェミニストは、黒人女性はそのように見られていないと主張したし、レズビアンも同様である)。理解しがたいことに、ひとたびこの問題に気づくと、一部のアカデミックなフェミニストたちは、WAS概念に何か問題があると結論づけるのではなく、女性という単一のカテゴリーが存在すること自体を否定するという、とてつもなく野心的な路線をとった。[19] また、女性は政治戦略的な目的のために存在するという立場をとるべきだという意見もあった。[20]

その後の延々と続く学術的な議論では、(先に見たジェンダーアイデンティティ理論の場合と同様に)伝統的な〈女性〉概念とWASが提案した概念が明らかにまったく異なる機能を果たしていることがしばしば見落とされていた。〈女性〉概念と〈女の子〉概念を合わせた場合と異なり、WAS概念は人口の五一パーセントをカバーする説明、あるいはそれに近いものを提供することはできない。本書ではこれまで、多くの重要な目的に関連して、大人の生物学的女性や若年の生物学的女性をほかの人たちから、また互いに区別するための概念を必要とし続けている、ということを考察してきた。社会的役割への期待だけを引き合いに出して、WASが想定される代替案として提示した概念はどれも、この役割を果たすことはできない。伝統的な概念が適用される人びととWAS概念が実際に適用される人びととの間には、十分な重なりがない。このことは、ジェンダーアイデンティティ理論と同様に、先のフローチャートによる決定構造が、「はい→いいえ→はい」になることを意味している。つまり、〈女性〉概念の伝統的バージョンを維持して大人の生物学的女性を指すために使い続ける一方で、異なる歴史的、社会的文脈で女性が果たすことを期待されるさまざまな社会的・文化的役割を特定するための別の概念を作り出すべきである。

以上の批判論は、ジェンダーアイデンティティ理論に対する類似の批判論のように、WAS概念の合理性を完全に否定するものだと私は考えている。それでも、WAS概念の信奉者がいることは承知している。そこで、以下の議論のために、WAS概念が、女性であることに関する一般的な理論として機能していると仮定することにする（機能しているとは思わないが）。

WAS概念が『『トランス女性』は女性である」という考えとうまく整合しない理由は二つある。第一に、女性とパス度の高い「トランス女性」がつねに同じ社会的役割を持つと期待されるわけではないという点である。「社会的役割」を非常に狭く定義して、「知らない人が、ある人のいまの外見だけを見て、その人に期待するかもしれない役割」というように規定すれば別だが。しかし、人に期待される社会的役割とは、それよりもはるかに広いものだ。一つには、どのような社会的期待や規範が提示されるかは、他人がある人について何を知っているかに依存する部分があり、知らない人がある人を街で遠くから見たときにどう思うかということだけに依拠するわけではないからだ。もしある人が「カミングアウト」したパス度の高い「トランス女性」であるなら、正確に言えば、その人が生物学的男性であり、生物学的男性として育ってきたということを周囲の人びとは知っている。その場合、状況によっては、平均的な生物学的女性とは異なる扱いを受け、異なる役割を期待される可能性がある（よりよく扱われることも、より悪く扱われることもあるだろうし、あるいはただ違う扱いをされるだけで、よりよくも悪くも扱われないこともあるだろう）。重なる部分は多かろうが、全部が重なることはまずないだろう。

もう一つは、個人の社会的役割は時間軸のなかにあり、一年、一週間、一日、ましてや知らない人が自分を見る一瞬に還元されるものではない、ということである。役割というのは人生の早い時期つまり幼少期から始まるが、経験によって影響を受ける。小説家のチママンダ・ンゴズィ・アディーチェが二〇一七年のインタビューで語っているように、ＷＡＳ概念の何らかのバージョンを受け入れているようにみえながらも、次のように述べている。「世界におけるジェンダーの問題とは、私たちの経験に関するものだと思う［……］。世界が私たちをどう扱うかに関するものだ。ある人が世のなかで男性に認められている特権に与り男性として生きてきた後でジェンダーを変えたとする。そういう人の経験と、男性に与えられている特権を与えられず最初から女性として生きてきた女性の経験を同一視することは、私には受け入れがたい(21)」。同じように、ジャーナリストで学者のエリナー・バーケットは、「トランス女性」についてこう書いている。『トランス女性』たちは、男性が自分の胸をじろじろ見ながら話しかけてくるビジネスミーティングに苦しんだり、セックスの後で前日に避妊薬を飲み忘れたことに怯えて目覚めたりしたことはない。混雑した地下鉄のなかで生理が始まったり、同僚の男性の給料の額が自分よりはるかに多いことに気づいたときの屈辱や、強かん魔から身を守るには自分はあまりにも弱すぎるという恐怖感に対処したりする必要はないのだ(22)」。このような指摘は、ＷＡＳ概念に従ったところで、パス度の高い「トランス女性」の多くは結局は女性ではないことを示唆している。

ＷＡＳ概念に関する別の重要なポイントは次のことである。その政治的起源を考えれば予想されるように、〈女性〉とは女らしい社会的役割を果たすことが期待される人びとを指すという元来のフェミニストの主張にはたいていは、その期待や役割に対する厳しい批判が伴っていた。キャサリン・マッキノンやアンドレア・ドウォーキンのようなフェミニストたちの著述は、ＷＡＳ概念によく似た考えを支持しているかのようにみえるが、女性に投影される期待には不平等や苦難が刻印されていると考えた。マッキノンやドウォーキンらは女らしさを粉砕したかった（これは控え目な表現だ）。その見解によれば、女性とは、生涯にわたって広範な性的支配と客体化の行為にさらされることを通じて社会的に構築され、男性とは、性的客体化を行なう支配者として社会的に構築される。マッキノンはたとえば、「レイプされうる存在であることは、生物学的ではなく社会的な地位であり、それが女性（woman）とは何かを定義する」と書いている[23]。

つまり、少なくとも当初は、社会的役割という観点から〈女性〉概念を考えることは、その社会的役割を維持することを支持する反動的な動きではなかったはずなのだ。実際、このことは、WAS概念の現代の提唱者であるアメリカの哲学者サリー・ハスランガーによって示唆されている。ハスランガーは基本的に、女性を駆逐するための政治的プロジェクトに集中すべきだと主張しているのだが、これは、生物学的女性の血なまぐさい虐殺を意味しているのではなく、生物学的女性に対する制限的で有害な社会的期待を除去することを意味しているのだ[24]。

だとすると、「トランス女性」を女性として認めさせようとする二一世紀のキャンペーンにWAS概念が協力し、あたかもそれが全体として進歩的な勝利であるかのように考えられているのは、控え目に言ってもやや奇妙なことである。マッキノンやドウォーキンが正しいのであれば、トランスであろうとなかろうと、だれも女性になることを奨励されるべきではない。また、意地悪な「ターフ」が「トランス女性」を女性であること（ウーマンフッド）から不当に締め出すために、熱心に「門番」をしているというトランス活動家による戯画がよく見られるが、その一方で、マッキノンやドウォーキンに触発された多くの「ターフ」が、女性であることを構成していると考えられる女性差別的な社会的ステレオタイプと闘うために、少なくとも自分の人生の大半を費やしているという事実もある。この二つのことがいったいどうして矛盾しないといえるのか、理解しがたい。

「トランス女性」は社会正義の問題として女性として分類されるべきだということと、女性であることは本質的に支配と性的客体化を伴う退行的な社会的役割にさらされることを意味するということの両方を同時に信じようとするならば、何かを手放さなければならない。実際に最近手放されているようにみえるのは、期待される女らしい社会的役割が、どういうかたちであれ時代遅れなものであるとか、それに反対して闘うに値するものではないかという認識のように思える。女らしさは、進歩的な人たちによってさえも、中立的ないし前向きな、人生を肯定する選択としてしばしば提示されている。だれかが受動的で従順に、あるいは感情的に振る舞うと、その人は性別に関係なく「女性みたいだ」と思われたり、実際女性だとみなされたりするようだ。たとえば、トランス作家のケイト・ボーンスタインは、後に「トランス男性」に移行した女性パートナーについて、回想録のなかでこう書いている。「私たちは互いに男の子としてセックスし、互いに女の子としてセックスした。私たちはランダムに男の子になり女の子になった。私が彼女の上に乗って楽しんだのと同じように、彼も私の上に乗って楽しんだ。そして、二人とも下になることを楽しんだ[25]」。つまり、上にいるときには相手は「彼」、下にいるときには「彼女」なのだ。また「トランス女性」のジョイ・レイディンは、回想録のなかでこう書いている。「自分たちの結婚生活の破滅について話し合うとき、泣くのは妻だ。もし私の目に涙が浮かんできたら（それはよくあることだが）、私は自動的にそれを押しとどめる。妻と一緒にいるときは、妻が女で、自分は男なのだ[26]」。このアプローチの神格化、あるいはおそらく頂点は、トランス学者アンドレア・ロング・チュウによる二〇一九年の著書『女（Females）』に見られる。そこでは——皮肉の意味で言っていると思いたいところだが、実際にはわからない——「女」を次のように定義している。「他者の欲望のために自己を犠牲にするあらゆる精神的操作[27]」。

これがWAS概念と組み合わさると、ラディカル・フェミニストたちが本来言いたかったこと——最近はそれを否定しているようだが[28]——とは正反対の反動的な立場になる。学術的な複雑さは当然ながら一般の人びとには伝わらないので、この骨抜きにされたバージョンのWAS概念がもっと普及するようなことがあれば、女性は女らしく「あるべき」（つまり支配され、性的に従順で、感情的で、男らしい人びとの言いなりになるべき）で、男性は男らしく「あるべき」（つまり支配的で、性的要求が強く、感情を持たず、女らしい人びとに自分の欲求を満たしてもらうべき）という印象を持つ人がさらに増えることになるだろう。このことが、すべての当事者にさらなる苦悩をもたらすことは想像に難くない——とくに混乱し、自分が正しい型にはまらないと感じている子どもたち、十代の若者たち、そして大人たちに。

これらのことを考慮すると、望ましいと思われるのは、これまでどおり本来の〈女性〉〈男性〉概念を維持したうえで、性別と結びついた社会的役割、期待、規範については、別の概念を持つことだ。それは有害な面もあればそうでない面もあろうが、私たちはそれを把握し批判することに集団として利害関心を有する。この点では、スウェーデン語のような言語に倣うことができるだろう。スウェーデン語の社会的な意味での「女性」と生物学的な意味での「女性」の両方を表す単語は「クヴィンナ（kvinna）」であり、生物学的性別を表す単語は「ショアン（kön）」である（スウェーデン語のコミュニケーションでは幸いなことに、この単語は性行為を意味しない）〔日本語も同様に、「女性」は「woman」と「female」の両方を指し、「性別」は性行為を意味しない〕。一方、性別と結びついた社会的規範や期待を表す言葉は「イアヌス（genus）〔英語の gender に該当するスウェーデン語〕」だが、この言葉は女性であることや男性であることそれ自体には使われない。

それぞれの性別と結びついた特有の社会的ステレオタイプや規範を表す別々の概念を生み出すことで、英語の話者は〈男らしさ〉や〈女らしさ〉の概念を現在の泥沼から救い出し、それぞれの意味をより明確にすることができるだろう。男らしさとは、ほとんどの男性と一部の女性に向けられる社会的期待や規範などの集合として、女らしさとは、ほとんどの女性と一部の男性に向けられるものとして、もっぱら理解することができる。それらをさらに別個の下位カテゴリーに細分化し、外見的、行動的、心理的など、性別と結びついた異なる種類の社会的期待や規範を明示的に表すように精緻化したいと思えば、それも可能である。あるいは、〈女性憎悪（ミソジニー）にさらされる人びと〉（またはもっと簡潔な表現）といった別の概念を作ることも可能で、これはいわゆる「認知差別（discrimination by perception）」（事実か否かを問わず、特定の保護特性を持っているとの認識に基づく差別）と呼ばれ、女性にも、そして一部のパス度が高い「トランス女性」にも適用することができる。〈男性憎悪（ミサンドリー）にさらされる人びと〉は、男性や一部の「トランス男性」に適用できる。既存の概念に磨きをかけたり、新しい概念を作ったりすることで容易に豊かで柔軟な語彙を生み出すことができ、私たちが説明したいと思う性別と結びついたどんな社会現象にも言及することができる。しかし、これらの要素への言及が、〈女性〉や〈男性〉概念に自動的に組み込まれうる、あるいは組み込まれるべきだと考える理由はない。それは、これらの概念をあまりにも扱いにくくするだけでなく、その本来の、そして依然として切実な目的とも相容れないだろう。その目的とは、生物学な男性と女性に関する文字どおり何千もの議論、説明、予測が交差する、非常に重要な結節点にあたるものを表現することだ。

　この章の主要テーマに関して私たちに残されたのは、身も蓋もない結論だけだ。それをできるだけ控え目に表現するなら、以下のようになる。たとえ「トランス女性」が女性であっても、大人の生物学的女性（adult human female）が「女性」であるのと同じ意味において「女性」なのではない。たとえ「トランス男性」が男性であっても、大人の生物学的男性（adult human male）が「男性」であるのと同じ意味で「男性」なのではない。「トランス」は、第1章でジュリア・セラーノが主張したように、「女性」に付属する形容詞ではない。ここにはまったく異なる複数の概念が提出されている。理想的には、それぞれを指す音声学的に異なった言葉を用意すべきである。しかし、もし音声学的に異なった言葉を作らないのであれば、少なくとも〈トランス女性〉〈トランス男性〉〈女性〉〈男性〉がそれぞれ異なる帰属条件を持つ四つの別々の概念であり、〈トランス女性〉への帰属は〈女性〉への帰属を必要とせず、〈男性〉への帰属も排除せず、〈トランス男性〉への帰属も〈男性〉への帰属を必要とせず、〈女性〉への帰属を排除しないということを明確にすべきである。

この結論は、少なくとも初めは衝撃をもって迎えられるかもしれない。読者（トランスであれ非トランスであれ）がそう感じたとしても、私はまったく責めない。「トランス女性」と女性、「トランス男性」と男性の間には、言語の使用者がそれを記録し把握するために別々の公的概念を作りたいと合理的に思うような重要な違いはないという混乱した考えを生み出した責任は、ほかの人にある。学者や法律家、トランス運動団体が、さまざまな誤った知的・政治的理由でこのストーリーを流布したのだ。人びとはこのストーリーを軸に人生を築いてきた。おそらく、私がそのすべてを剝ぎ取っているように感じられ、それが苦痛を引き起こすのだろう。

そこで、次の章でこれらの点についてより詳しく説明し、正当性を主張する前に、私が何を言っていないかをはっきりさせておきたい。私は、以下のような多くの誤解を予期することができる。というのも、このような誤解は、私が言っているのは本当はこういうことに違いないという思い込みから、批判者によって頻繁に私に投げ付けられるからだ。

- 大人が、生物学的性別と一致しないジェンダーアイデンティティに対する対応策として、異性のように見えるようになるため、あるいは自分の生物学的性別と違って見えるようになるため、あるいはその両方のために自分の身体を改造することは合理的な選択肢ではないと、私は言っていない。私は合理的な場合もありうると思っており、第4章でその理由を説明している。
- より一般的に、(生まれつきにであれ、人為的にであれ)外見的に、あるいは根本的に、生物学的性別に不適合なことに何か問題があるとは、私は言っていない。正反対だ。個人的には、性別に不適合なこと(男らしい女性、女らしい男性、アンドロジニーなど)の価値を私は認め、祝福している。生物学的性別に捉われないことを評価し、祝福している。実際、私がこのような主張をしてきたのは、この価値観のためでもある。
- 多くのトランスジェンダーの人びとが自分を異性の一員だと思うことで得られる心理的な安らぎを、私は軽視していない。意外かもしれないが、「トランス女性」や「トランス男性」が自分のことをそれぞれ「女性」または「男性」と呼んだり、周囲の人からそのように呼ばれたりすべきではない、とも私は言っていない。その理由は次章で説明する。
- 私は、トランスの人たちを「嘘つき」とは言っていないし、「妄想的」だとも「騙されている」とも言っていない。とんでもない誤解だ。疑問の余地がないように、次章でその理由を説明する。

第6章　フィクションへの没入

これまで私が主張してきたように、文字どおりの意味で性別を変えることができないのだとすれば、二〇〇四年のジェンダー承認法は、いったい人びとがそれまでできなかった何を可能にしたのだろうか。私の考えでは、ジェンダー承認法とそれに付随するジェンダー承認証明書は両者あいまって、性別変更の可能性に関して、法的フィクションとして知られているものを導入したのである。

法的フィクション

二〇〇三年から二〇〇四年にかけて、ジェンダー承認法案は議会で何回かの読会を通過した。審議の記録は、今でもオンラインで読むことができる。[1] いくつかの発言では、法案が成立したら、女子スポーツや女性専用スペース、同性愛と異性愛の定義などに悪影響が生じるおそれがあると指摘された。[2] そのような心配は大げさだと否定する人もいた。最終的にはジェンダー承認法が成立し、ジェンダー違和の公式診断を受け、二年間「獲得したジェンダーで生活する」ことを条件に、トランスの人たちがジェンダー承認証明書を取得できるようになった。

「獲得したジェンダーで生きる」とは、実際には、ステレオタイプな女性の服や男性の服を着たり、化粧をしたり、手術やホルモン剤によって異性に似せることを意味していたと思われる。当時は、ジェンダーアイデンティティを正当化の理由に挙げる者はほとんどいなかった。議員たちの明らかな前提は、美容的、ホルモン的、外科的に、より異性に近い外見に変えるという決断を下すことが、ある意味で法律がその選択の正当性を認め、確証することの政治的要件であるという理解であった。

審議の記録を見ると、議員たちがこの法案を成立させることで、いったい何をしようと考えていたのかが一つの重要な論点であることがわかる。時には、第2章で論じたようにありえないことなのだが、ジェンダー承認証明書を付与すれば証明書の所持者の性別が文字どおり変わるかのような発言もあった。たとえば、政府を代表して貴族院〔イギリスの上院〕で演説した議長のジェフリー・フィルキン議員は、ある時、「トランス女性」にジェンダー承認証明書を付与するためには、女性との「既存の結婚」を解消する必要があると述べた。これは、「結婚は異性カップルのための制度である」という理由から主張されたものである。つまりフィルキン議員は、異性カップルの男性がジェンダー承認証明書を受けて「トランス女性」になると、そのカップルは事実上「同性」カップルとなるので、結婚は解消されなければならないと言いたかったのだろう。また、フィルキン議員は後の審議で、ジェンダー承認証明書を以前受けていた「トランス女性」がその後に男性と結婚した場合、このカップルは「同性」ではなく「異性」のカップルになると主張した。

その後、ノーマン・テビット議員は、まさにフィルキン議員のこの仮定に言及して、「同じ性別の染色体と外性器を持つ二人の者の結婚を同性婚」とみなすのかどうかと迫った。フィルキン議員は、医学者のロバート・ウィンストン議員とレスリー・ターンバーグ議員の審議における院内発言を引用し、「この問題に関する医学は、テビット議員が［……］私たちに信じさせようとしていることよりもはるかに複雑である」ことを示していると答えた。[3] 実はウィンストン議員の発言は、ほとんどが性分化疾患（DSD）を持つ人びとに関するものであり、トランスの人びとに関するものではなかったことが判明している。ウィンストン議員は、知人のジャニスについて次のように述べている。「たいへん美しい女性で、しばらく前に私の家にやってきた。ジャニスは身長一八〇センチメートルで、女性として育ってきた。胸が大きく、体形も完璧だが、実はXY染色体の持ち主だった。ジャニスは二〇歳になるまでそのことを知らなかった」。[4] 言い換えれば、ウィンストン議員は、この明らかに相手を客体化する描写を通じて、生まれつきDSDを持つ人びと、この場合はおそらく完全型アンドロゲン不応症（CAIS）を持つ人びとを引き合いに出し、トランスの人びとについて何かを示そうとしたのである。ターンバーグ議員も発言のなかで、ほぼ同じことを行なっている。[5] フィルキン議員はこれを、ジェンダー承認証明書の付与による文字どおりの性別変更の可能性を、少なくともいくぶんか支持する材料として受け取ったようだ。

しかし別の場面では、フィルキン議員の発言はこれとは違うことを言っているようにも聞こえる。テビット議員から、政府は『性別』という言葉に『ジェンダー』という言葉と同じ意味を持たせているのか」と問われ、フィルキン議員は「違う」と答えた。そして続けてこう述べた（強調は引用者）。「ジェンダー承認法案の基本的な原則は、獲得したジェンダーが法的承認を受けた後には、イギリスの法律上、トランスセクシュアルの人はあらゆる目的において獲得したジェンダーであるとみなされ、法律上、獲得したジェンダーがその者のあらゆる場面での性別の法的意味となるということである。つまり、法的承認を得た後は、仮に獲得したジェンダーが男性のジェンダーの場合には、その者の法律上の性別は男性となる」[6]。フィルキン議員は、この苦し紛れの法律特有の言い回しのなかで、ジェンダー承認証明書が個人に与えるのは、法律上、異性が扱われるのと同じように扱われる権利だけだと示唆しているものと思われる。だがこれは、文字どおり性別が変わることとは明らかに違う。

本書でこれまで述べてきた、「ジェンダー」とは何か、二元的な性別は存在するのかということについての誤った情報の歴史を考えれば、二〇〇四年に議員たちがジェンダー承認証明書を持つことが何を意味するのかについて混乱したのは驚くことではない。しかし、当時議員らが自分たちのしていることについてどう考えていたにせよ、ジェンダー承認証明書の付与を「法的フィクション」として扱い、人が性別の変更をした「かのように」みなしたのだと解釈することが、最も理にかなっている。これは、性別が文字どおり変わるという先の議論とは異なるが、直前に引用した下りに最も適合する解釈であることは確かである。また、二〇一〇年に制定された平等法の法案説明書の文言にも合致する――それは「ジェンダー再適合」を「ある人が自分の性別を変更するプロセスを提案、開始または完了したこと」と表現している[7]。

法的フィクションとは、法律が、ある明確な法的目的のために、実際にはそうではないのに、何かがそうであるかのようにみなすときに生じるものである。このような場合、事実ではなく、フィクションが関与している。たとえば、法律が会社を「人」として扱ったり、養子縁組のために子どもを手放した実の親を子どもにとって「他人」として公式に扱ったりする場合、それはフィクションを作り出し、法律上、あたかもそうであるかのように扱う[8]。法的フィクションとは、別の言い方では次のようにも言われる――「虚偽またはその可能性があるにもかかわらず、何かを真実であるとする法的仮定、公正な利益を増進するためになされる無害で有益な性格の仮定」。[9]これは、二〇〇四年の議員たちの、少なくともある時期の考え方に合致するように思われる。つまり、かれらは人が性別を変えることができるという法的フィクションを作ることは、トランスの人びとに利益をもたらす可能性があると考えたのである。それはたとえば、詐欺の告発を受けたり、トランスの人びとのプライバシーが侵害されたりするのを防ぐことに役立つ。[10]ジェンダー承認法の最終版は、性別変更というフィクションを維持することを通じて、ジェンダー承認証明書の所持者にさまざまな可能性を提供した。たとえば、「獲得したジェンダー」に合わせて出生証明書を変更したり、税金や年金の手続を変更したりする可能性や、ジェンダー承認証明書を所持している事実や本当の性別についての情報が雇用主の「保護すべき情報」に分類される可能性である。[11]

しかし、ジェンダー承認証明書の所持をそのように理解するのであれば、単にジェンダー承認証明書を所持しているだけでは、「トランス女性」または「トランス男性」に、女性としての法的地位または男性としての法的地位が付与されない場合もありうる、ということもまた認識すべきである。実際、ジェンダー承認法の最終的に公表された文言は、そのことを認めている。「完全なジェンダー承認証明書が発行された場合、その人のジェンダーは*あらゆる目的との関連で*獲得したジェンダーになる」（強調は引用者）と明言しているにもかかわらず、そのすぐ後に、そうならない場合を明記している。それは、出生証明書における父母の記載、世襲の地位、貴族の身分、スポーツ、「ジェンダーに特有の」性犯罪などである。[12]もし、ジェンダー承認証明書の所持が本当に性別を変えると信じられているならば、これらの制限は明らかに恣意的で不公平なものといえよう。

フィクションと現実

法律で行なわれているのと同じことを多くの人が普通の生活のなかでもしているというのが、ここで私の言いたいことである。つまり、トランスか非トランスかにかかわらず、「トランス男性」は（社会的にであれ生物学的にであれ）「トランス女性」は（社会的にであれ生物学的にであれ）「女性」である（またはそれ以外の何かである）という主張を非常に熱心に支持するかなりの数の人びとは、そのときにフィクションに没入（immersion）しているのだと思う。かれらは意識的あるいは無意識的に、これらのことが一部あるいは大部分において真実であるかのように考え、一時的であれそう感じ、行動することに身を委ねているのだ。しかし私は、そうした発言をかれらは文字どおり真実だとは思っていないということを論じたいと思う。

この仮説には限定がある。前章の議論に関連して私は、性別と一致しないジェンダーアイデンティティを持つことと、性別変更に関するフィクションに没入することを分離可能なこととして扱っている。性別と一致しないジェンダーアイデンティティを持っていても、性別変更に関するフィクションに没入しないことはありうる。ジェンダーアイデンティティが性別と一致していても、何らかの理由で性別変更に関するフィクションに没入することもありうる。この二つはしばしば同時に起こるのだが、つねにそうとは限らないというのが私の仮説だ。トランスの人のなかには、自分が性別を変更したとも、何らかの首尾一貫した意味で「女性」や「男性」（あるいは「ノンバイナリー」）になったとも思っていない人がいるし、そういう人たちはフィクションに没入しているようにも見えない。たとえば、女性と結婚している「トランス女性」のデビー・ヘイトンはこう書いている。「私は女性ではないし、LGBでもない」[13]。「トランス女性」のミランダ・ヤードリーは、「私はいま、自分自身やほかのトランスジェンダーの生物学的男性に対して『女性』という言葉を使うことを否定し、『トランスセクシュアル』または『トランスセクシュアルの生物学的男性』という言葉を使うことを好んでいる」と語っている。[14]「トランス女性」のフィオネ・オーランダーは、「私は『トランス女性』だが、男性でもあり、どちらか一方が欠けたら成り立たない」と語っている。[15]

一方、「トランス男性は男性」「トランス女性は女性」などと公言する人のなかには、そうした発言が真実だと信じている人もいて、かれらがそれを口に出して言うのは、その内なる信念を端的に表しているといえる。フィクションは関係ない。第2章で見たように、二元的な性別という物質的なものは存在しないと考える人たちがいる。また、そのような人たちの多くは、もともと「生まれたときに割り当てられた」性別は恣意的なものだと考えている。その暫定的な理由づけは曖昧なことが多いが、そもそも性別の割り当てが恣意的なものである以上、それは男性であることや女性であることとは無関係であり、ジェンダーアイデンティティが代わりにその役割を果たしているに違いないと考えているようだ。前章で見たように、性別と(男らしい社会的役割、女らしい社会的役割として理解される意味での)「ジェンダー」を区別し、そこから「トランス男性は男性」であり、「トランス女性は女性」であるという結論に至る人もいる。そしてもちろん、これらのことが真実であると考えるべき複雑な理由をとくに持たず、専門家の権威ある証言に基づいて額面どおりに受け入れる人もいる。一般に、人間はこのようにして多くの正しい信念を問題なく受け入れている。$E=MC^2$やラパスがボリビアの首都であることを私が信じているのは、だれかが私に教えてくれたからだ。私はそれらを証明したことも、飛行機に乗って確かめに行ったこともない。すべてを自分たちで調べなければならないとしたら、あまりにも非効率的である。しかしそれは、残念ながら、そのような程度の根拠に基づいて誤った信念を受け入れる人がたくさんいるということも意味している。

だが、これらの事例ですべての可能性を網羅できているとは思わない。「トランス男性は男性」である、「トランス女性は女性」であるといった主張を公然と否定する人は、比較的稀である。それどころか、政治家、著名人、ジャーナリスト、主要な運動団体やＮＧＯの職員、警察や司法の幹部、そして多くの一般市民が、だれかから促されるままに、あるいは自ら進んで、「トランス女性は女性」、「トランス男性は男性」という同じお題目を熱心に繰り返す傾向にある。このような人たちの多くは、ジュディス・バトラーの書いたものや一九七〇年代のラディカル・フェミニズムの文献を読んだことはなさそうだ。これらの人びとがみな、性別が「割り当てられたもの」であるとか、文字どおり何百ものジェンダーが存在すると本気で信じているとは思えない。とはいえ、ただ流れに身を任せているだけのようにも見えない。おそらく、一部の人は礼儀としてそうしているだけなのだろう。それ以外の人はおそらく、社会的に承認された筋書きから逸脱することを警戒しているのだろう（すぐ後で述べるように、それはきわめて当然のことだ）。しかしそれでも、トランス、非トランスを問わず、これらのお題目を繰り返すかなりの数の人びとは、そういう事情よりもむしろ感情移入してそうしているようにみえるが、それでもそれを完全に信じるまでには至っていないようにみえる。私の仮説では、多くの人がフィクションに没入しているのである。この仮説は、現在の言論状況の興味深い特徴を説明できると思う。

没入とは何か

一般に、フィクションに没入することは、人間にとって身近で、良識的かつ合理的な行動である。ここでいうフィクションは、自分で作ったものでも、他人が作ったものでもよい。長編小説や映画、演劇のように何年もかけて作り上げることもあれば、自然に生まれた空想や子どものままごと遊びのように数秒で作り上げることもある。あるフィクションに没入するのは個人が意図的にそうしようと決めてそうなるとは限らず、何かしかるべききっかけがあれば、自然にそうなることもある。私たちは、テレビをつけてドラマに夢中になるたびに、つまり俳優が演じるキャラクターになったつもりで笑ったり、泣いたり、目を覆ったりするとき、またその後に友人とあたかもそれらの人物が実在するかのように話すとき、他人が作ったフィクションに没入している。また、劇場に足を運び、演劇の「世界」に入り込む多くの人もまた、没入の典型的な状態を示している。そのときは一時的に、ニューヨークや片田舎、月面での出来事を本当に見ているように思えるかもしれないが、実際にはステージを見ているのだ。

小説や物語も、ビデオゲームやロールプレイングゲームと同様に、没入感を得ることができるものだ。俳優の場合、ある役柄に徹することで、観客以上に没入することができる。俳優は、観客とまったく同じようにフィクションが現実であるかのように考えたり感じたりはしないが、一定期間、舞台やセットのなかで、むしろ全身全霊で献身的に、外見上は現実であるかのように振る舞う。このようにフィクションに全面的に没入すると、自分自身やフィクションのなかのほかの登場人物に対して、悲しみ、喜び、恐れ、あるいは希望といったものを感じることもできる。[16] ダニエル・デイ＝ルイスやクリスチャン・ベイルのようなメソッド俳優〔役柄の内面に注目し感情を追体験することなどによって、より自然でリアルな演技を行なうメソッド演技法を行なう俳優〕はさらに進んで、舞台の上でも外でも、特定の役柄のために何週間も何ヶ月も準備に没入することがある。潜入捜査をしている警察官も、長期間にわたって役柄に没入する。また、宗教的体験に没入する人もいる。たとえば、カトリックのミサでは、礼拝者たちは聖変化〔聖餐のパンとぶどう酒をキリストの肉と血に変化させること〕というフィクションに没入する。

没入とは、哲学者や心理学者が関心を寄せる精神状態であり、かれらはそれを「単なる」想像上の楽しみと完全に献身的な思い込みの間の中間的状態であると考える傾向がある。没入の重要な特徴は、架空のシナリオに没入しているときに、そのシナリオが単なる架空であることや現実ではないことを意識的に考えないことだと思われる——なぜなら、意識的に考えるとまさに没入状態が崩れてしまうからだ。演劇の登場人物が「本当は」何度も見たことのある俳優であるという事実を意識的に考えることは、その効果を壊してしまうことになる。ロサンゼルスが舞台のスリラー映画の撮影現場が、実はシェパートン〔ロンドン郊外の町で長い歴史のある映画撮影スタジオがある〕にあるのだと意識すれば、突然、その演技が白々しいものに思えてくる。没入している間は、自分が見ているものが真実や現実ではないという事実を意図的に意識しないようにしている。この特徴は、それだけでトランス運動の建前〔「トランス女性は女性です」という建前〕について多くのことを説明することができる。

没入は個人的なものだけでなく、劇場や映画館での俳優と観客、あるいはマルチプレイヤーゲームの参加者のように、集団的なものもある。集団的な場合も、フィクションを受動的に楽しむことができるし（たとえば映画館での鑑賞）、一緒になって作り上げることもできる（たとえば子どもの遊び）。いずれにせよ、あるシナリオに集団で没入しているときは、それに水を差さないようにしてほしいと普通は考える。俳優も観客も、上演中に携帯電話に出る人を嫌な顔で見るものである。

互いに似た点があるとはいえ、フィクションのシナリオに没入することと、それが真実や現実だと信じることとは同じではない。というのも、典型的な没入状態では、本当は何が起こっているのかという事実に対して、認知的にアクセスする可能性を依然として精神的に保持しているからだ。普段は、没入している出来事の最中に、何が真実で何が正確かをすぐに意識することはないが、それでも必要に応じて簡単に事実を呼び出すことができる――たとえば、だれかに突然「あの俳優はだれだっけ」と聞かれた場合のように。芝居にすっかり心を奪われていても、必要になれば劇場のトイレを見つける方法を知っているのだ。潜入捜査官は、一日の大半を別人として考え、行動し、感じているのかもしれないが、それでも上司には合間合間に報告する。役柄に没入しているメソッド俳優でさえ、契約書にサインしたり、エージェントと話したりする必要がある。同じく、没入しているときにそれに基づいて取る行動は、通常、比較的制御されていて、頭にあるフィクションによって選択的に導かれているだけであり、実際にそれを信じた場合に取る行動と完全に一致しているとは限らない。シェイクスピアの「ハムレット」を観て、オフィーリアが正気を失っていく姿にひどく哀れみを感じ、涙を流したとしても、舞台に駆け寄り、オフィーリア役の人を精神病院に入院させようとはしないのである。

フィクションに没入すると涙を流すことがありうるということからもわかるように、それは現実や真実であると信じることとは違うとはいえ、単にドライでロボットのように感情のないものではない。つまり、ある設定を受け入れて、その設定においてどう振る舞うのが人々の期待にそうのかをあれこれ考えたうえで、意識的にそのような行動をとる、というものではない。もっとシームレスなものなのだ。没入とは、思い入れと感情をもってあるシナリオのなかに「身を投じる」こと、あるいはそこに「住まう」ことであり、その結果、思考だけでなく行動までもが意識的に熟考しなくとも進むようになる。哲学者のサミュエル・カムパが言うように、次に何を考え、何をすべきかについての「明示的なメタ認知」はほとんどない[17]。

私の仮説はこうだ。自分自身や周囲の人が文字どおり性別を変更した——つまり異性になった、あるいはノンバイナリーになった——というフィクションに、少なくとも一定の期間、多くのトランスの人もそうでない人も没入しているのではないか。この仮説を示唆するエビデンスは、一般的な行動の傾向とは異なり、匿名のプライベートな場では大半の人が、男性または女性であることとジェンダーアイデンティティとは関係がないと考えているという事実だ。二〇一八年に二〇七四人の回答者（男性四九パーセント、女性五一パーセント、幅広い年齢層で構成）が参加したポプラ社によるイギリスでの調査では、回答者は「生物学的男性として生まれ、男性器を持つが、女性を自認する人について考えてみてください」との指示を受けた。そのうえで「あなた自身の個人的な見解では、この人物を女性だと思いますか、それとも男性だと思いますか」と尋ねられたことに対して、一九パーセントが「女性」と答え、五二パーセントが「男性」と答え、七パーセントが「男性でも女性でもない」と答え、二〇パーセントが「わからない」と答え、三パーセントが「答えたくない」と回答した[18]。半数以上が「男性」と答えたことの説明としては、比較的匿名性が高く、プライベートな調査であることと、「あなた自身の個人的な見解」を強調する質問であることが、世論に従うと何らかの意味で陥りがちな没入の状態から脱け出すのを促したということが考えられる。

フィクションへの没入は、たとえば、舞台上の俳優の動きやスクリーンの映像などの舞台装置によって高められることがある。性別変更のフィクションに没入する人びとの場合、ＳＮＳは非常に効果的な舞台装置として機能すると思われる。そのバーチャルな環境のなかで、自分のイメージを日々作り上げることができ、世界に自己投影したいスタンスやアイデンティティに——少なくともしばらくの間は——心酔することができる。フォロワーは、だれかの発言と、その人に関するリアルタイムの情報とを照合する機会はほとんどない。二一世紀初頭、若者の間でジェンダーアイデンティティの人気が高まったのは、少なくとも部分的にはインターネット文化、とくにタンブラーなどの単文投稿型SNSと関係があったと、いまでは認識されている。同サイトは、「自分を表現し、自分を発見し、好きなもので絆を深めることができる」というのをキャッチフレーズにしている。ジェンダー違和を抱えた十代の若者の親は、自分の子どもがタンブラーで何時間も過ごし、人を特別でクールな存在へと魔法のように変身させる憧れのストーリーやミーム〔面白い画像や動画、テキスト〕を見つけてはシェアしていたとよく報告する。

二〇一八年以降、ハッシュタグ「#adulthumanfemale（大人の生物学的女性）」がツイッターで出回るようになり、トランス活動家の要求に対抗しようとするフェミニストによって使用された[19]。しかし、ほとんど間髪を入れずに、このハッシュタグは「トランス女性」たちによって自分たちのことを指すために使われ始めた。「トランス女性」が自分たちこそがそれだと確信に満ちて言うのは、最初は説明するのが難しいように見えるが、没入が関係している場合には、実際に起こりうることである。というのはフィクションに没入しているときには、エビデンスに裏打ちされたようなことや、合理的に結論づけられるようなことに、自分の言動を拘束される必要がなくなるからである。劇映画やロールプレイでもそうであるように、正確さが重要なのではない。

もし、私が主張しているように、多くの人がこのようなフィクションに没入しているとしたら、どのような結果になるだろうか。ここで重要なのは、フィクションに没入していると言ったからといって、かれらは「嘘を信じ込まされた」わけでも「ペテンにかけられた」わけでも、あるいは単に「騙された」わけでもないということである。正確にはかれらは没入しているのであって、没入することと信じることは同じではない。かれらは実際に「トランス男性が男性である」とか、「トランス女性が女性」であることを信じているわけではない。だから、そう考えることを「騙された」とは言えない。舞台上のオフィーリアという人物の運命に感動した観客も、役者に「嘘を信じ込まされた」わけではないし、「ペテンにかけられた」わけでも「騙された」わけでもない。

これと関連して、この解釈ではトランスの人びとを——トランスの哲学者であるタリア・メイ・ベッチャーの言葉を借りれば——「邪悪な詐欺師[20]」と自動的にみなすわけではないということを強調しておきたい。ベッチャーはどうやら、「トランス女性は女性です」は文字どおりの真実だとする解釈へのいかなる異議も、トランスの人びとへのこの不愉快な断定を伴うものだという濡れ衣を着せているようだが、それは不正確だ。舞台や映画に出演する俳優が、自分がだれであるかについて意図的に人びとに虚偽を信じさせようとしていないのと同じように、一般のトランスジェンダーは、自分の性別について意図的に人びとに虚偽を信じさせようとしているわけではない。俳優とトランスの人びとはほかの点では互いに大きく違っているが、両者は、定義としては他人を欺こうとする潜入捜査官とは異なる。フィクションに没入することは、他人に嘘をつくことでも、他人を欺くことでもない。言語は「真実」と「虚偽」の二元論に押し込めるべきではなく、それよりもずっと豊かな可能性を秘めている。トランスジェンダーの人びとのなかには、それがフィクションであると暗黙のうちに理解されることを前提に、フィクションに没入する人もいる。また、他人が何を信じるか、何を想像するかはとくに考えず、ただジェンダー違和から解放されたいという当然の直接的な欲求だけでそうする人もいる。いずれにせよ、欺こうという無意識の意図はなく、最終的に欺いたという事実もない。

フィクションに没入することのメリット

一般的に、フィクションに没入することで、現在直面している平凡な現実やストレスから精神的に解放されると言われている。このことは、小説を読んだり、映画を見たり、ゲームをした経験から、多くの人がすでに知っていることだろう。第4章では、性別とジェンダーアイデンティティの不一致を、異性やアンドロジニーの理想像と強い心理的同一性を持つことであると説明した。性別とジェンダーアイデンティティが一致しない多くの人にとって、性別変更のフィクションに没入することは、不一致が生み出す強烈な違和感に対処するための方法である。それはそれ自体で意味のあることだ。しかし、おそらくそれ以上に隠れた一連のメリットがある。

没入には、自分にとって閉ざされた別の視点や感情を体験することで、他者への共感を高め、ひいては自分への理解を深めることができる可能性もある。哲学者のスザンナ・シェレンバーグが書いているように、「没入することで、私たちは分身的な視点を獲得し、行動や感情の反応できる領域が広がることで、新しい方法を実践できるようになる」[21]。人が別の視点を持てるようになるのを助ける力があることを考慮し、カウンセラーはカウンセリングでしばしば没入型ロールプレイ戦略をクライアントに使用する。[22]この点で、男女の社会的な扱われ方の違いに心を開く方法として、ジェンダー移行が頻繁に挙げられているのは興味深い。たとえば、二〇一六年の『タイム』紙の記事は、数人の「トランス男性」にインタビューしたところ、かれらが、「世間によって男性と認識されたとたんに、自分たちがあらゆる点で異なる扱いを受けた」と「何度も何度も説明した」ことを報じている[23]。

さらに没入することで、自己探求のための有益な機会を得ることができる。たとえば、日常生活では優先されない、あるいは実現されない自分の側面などの探求である。この現象は、とくにレクリエーション用のコンピュータゲームに見られる。ゲームへの没入に関するある研究は、次のように指摘している。「ゲームは子どもたちにさまざまなアイデンティティを試す機会を提供する。[……]子どもたちは、男性か女性かを選んでプレイすることができるし、指導者や教師の役割を含む選択可能な社会的役割を選ぶことができる」[24]。状況は大きく異なるが、ここには性別変更のフィクションに没入することとの明確な類似性がある。また関連しそうなこととして、同研究は、ゲームによって理想化された自己のフィクションに没入することで、「日常生活では手に入れることが難しい能力や満足感を経験する」ことができると指摘している。

したがって、フィクションに没入することは、少なくともしばらくの間は、また人によってはもっと長期に、本人の役に立つ可能性がある。この点で、私はとくに若い「トランス男性」やノンバイナリーの人たちのことを考える。生物学的男性やノンバイナリーというジェンダーアイデンティティを持つ若い女性に関わるセラピストたちは、ジェンダー違和の発症は思春期であることが多いと報告している。思春期は地獄のようなものだとだれもが知っているが、現代の若い女性にとってはとくにそうである——突然、メディアのきわめて性化されたロールモデルに直面し、複雑で激しい社会的ヒエラルキーに囲まれ、しばしば攻撃的な生物学的男性の性的注目が始まり、自分ではコントロールできない方法で急速に変化する自身の身体に直面することになる。アビゲイル・シュライアーは、アメリカの若い女性たちの間で最近急速に高まっているトランスの自認（イギリスでも同時進行中）について論じた『取り返しのつかないダメージ』（二〇二三年一月にKADOKAWAから出版予定だったが、「トランス差別」との攻撃を受けて二〇二二年一二月に出版中止、その後二〇二四年四月に『トランスジェンダーになりたい少女たち』というタイトルで産経新聞出版から刊行）のなかで、思春期のトランスの若者たちを主に対象にしているセラピストのサーシャ・アヤドにインタビューしている。アヤドは言う。「私が女性のクライアントからよく受ける反応は、次のようなものです。『男の子になりたいと思っているかどうかは自分でもよくわからない。ただ、女の子でいたくないということだけはわかっている』[25]」。

思春期は、いわゆる「おてんば」な女の子にとって、とくに辛い目にあいやすい。一九九八年にトランス研究者のジャック（当時はジュディス）・ハルバースタムが書いたように、「女性にとっての思春期は、男性優位の社会で若い女性として成長することの危機を表している。男の子にとっての思春期が通過儀礼であり、ある種の社会的権力（たとえかつてより減衰していても）への昇格であるとすれば、女の子にとって思春期は、制約、罰、抑圧のレッスンである。何百万人もの少女たちのおてんばな性質が、従順な形の女らしさに変質させられるのは、そのような女性の思春期という文脈のなかで起きるのだ[26]」。そうした唯一の選択肢に直面したおてんばの少女たちのなかに、女らしさから精神的に「おりる」者が出るのも無理はない。しかし、それはおてんばの少女たちに限ったことではない。最近では、多くの「トランス男性」やノンバイナリーの思春期の生物学的女性が「パス度の高さ」を望んでおらず、「男性のステレオタイプな習慣を取り入れようとする努力はほとんどしない」とシュライアーは書いている——「ダンベルを買ったり、フットボールを観たり、女の子をいやらしい目つきで見たりすることはほとんどない。体にタトゥーをいれたければ、花やアニメの動物など、女らしいもの、ステレオタイプな男性以外の何かを好む。つまり『クィア』であり、『シス男性』ではまったくないことを示すようなものである。かれらは火のついた家から逃れるように女性であることから逃れる。どこか目的地があるわけではなく、ただ逃げることだけを考えている」[27]。

このような文脈において、自分が男性あるいはノンバイナリーであるというフィクションに没入することは、若い女性にとって、社会の圧力から逃れる有益な精神的避難所、不満足な現実に対する創造的な再構成、若い女性に特有な種類の注目から逃れようとする試みと理解することができる。また、仲間からの社会的承認、支援的なコミュニティへの参加、出身家族からの自律と自立の意識の高まりなどをもたらすこともあり、これらもすべて有益である。

だが性別変更をめぐるフィクションに没入することは、個々のトランスにとってのみ有益なことではない。周囲の人びとも、少なくともある時期は同じフィクションに没入することができるし、多くの人がそうしている。これはトランスの人びとにとって没入感を高めるのに役立ち、それは先に述べたような理由から望ましいことである。また、トランスの物事の見方と周囲の物事の見方の間の苦痛となりうる食い違いを減らすことができるため、対人関係を円滑にする。一般的に、他人のフィクションに没入できることは、社会的に生産的なスキルであり、異なる社会にうまく溶け込み、自己と他者との間に潜在する認知や感情の違いをスムーズに乗り越えることができる。

まとめると、トランスの人びとやかれらに関心を寄せる人たちの視点から見ると、人が性別を変更できるというフィクションに没入することには、しばしば合理的な意味がある。とはいえ、その行為に伴うさまざまなリスクを挙げ、認識し、管理する努力も必要だ。そのリスクには、個人レベルで発生するものもある。しかし、主なリスクは、有力者がフィクションに没入し、自分と同じ態度を他者に強制しようとしたときに、制度的レベルで生じるものである。

個人レベルでの没入のリスク

トランスの人たちが性別変更のフィクションに没入することの個人レベルのリスクの一つは、何らかの事情で、自分の性別に関する事実を、完全に自身の内面において認める能力を失ってしまうことである。その場合、最初はセラピー的な意味を持っていたことが、現実の否認という有害な結果になってしまう。このリスクは、没入している人が、自分の没入しているフィクションのシナリオが真実あるいは現実であってほしいと強く望んでいる場合に、とくに起こりうる。多くのトランスの人たちは、性別と一致しないジェンダーアイデンティティの結果、自分が異性であってほしい、あるいはアンドロジニーであってほしいと心から願っており、また、自分の直面している性別の現実を強く嫌悪している。

もちろん部分的にしか参考にできないが、一部の研究者に発見された有益な比較対象がある。それは、インターネットゲーム障害（ＩＧＤ）として知られることもある、問題のある無秩序なゲーム習慣と、「逃避」や「ファンタジー」といったゲームをする見せかけの動機との間の関連性だ(28)。インターネットゲーム障害は、たとえば、ゲームへの強迫的なこだわり、ゲームをしていない時の禁断症状、うつ病、ゲーム以外の通常の活動の妨げ、人間関係の破壊などを伴うことがある。ほかの没入のケースは、通常このようなものではない。映画を観たり、小説を読んだり、演劇を観たりするとき、通常は、表現された架空のシナリオにそれほど精神的に没入しているわけではなく、没入状態から「抜け出して」、現実を思い出すのは簡単なことである。

先に、SNSが一種の舞台装置として機能する可能性について述べた。そこでは、本人は脚本家であり、自分自身について開示する内容をコントロールする一方で、お気に入りの観客は無批判に自分を支持し、拍手を送ってくれる。個人的なフィクションをSNSで補完することの一般的なリスクは、そうすることで不適切なかたちで現実から切り離されてしまうことである。その一つは、バーチャルな空間で得られた相対的な報酬が、自分の身体に関する実際の事実に対する嫌悪感を強め、違和感を増大させることだ。没入状態が壊れることを恐れて、自分自身の性別に関する事実を示すエビデンスや、さらには性別に関するいかなる言及をも嫌うようになる可能性がある。心理学者の間では、不快な考えを避けると気分がいっそう悪くなることが多いということは広く知られている。ある脱移行者は次のように語っている。「変に思うかもしれないけど、今でもタンブラーが大好きなんです。でもオンラインで過ごす時間が長すぎて、体を十分に動かさないと、自分の体からいっそう切り離されるように感じるんです」[29]。ここでも、ゲームと部分的に比較することができる。ここで参照するのは、ゲームのアバターとの心理的同一化やバーチャルな世界からの好意的なフィードバックが、ゲームへの心理的依存をいかに増大させるかということとの比較である。研究者のサーシャ・シオニは、次のように述べている。「ゲームのアバターを通して起きる代行的な相互作用は、［社会的なつながりや承認の］ニーズを満たし、アバターとの強い自己同一化をますます強化し、その結果、プレイヤーはより強く、より肯定的な自意識を持つようになる。このような影響は、ゲームをする頻度を高めたり、より熱中したりする動機づけとして相乗的に作用する可能性がある」[30]。

それに関連するリスクとして、周囲の人びとの言葉や思考をコントロールし始めた結果、周囲の人びとも、どんな状況であれ、当人の生物学的性別について言及したり考えたりしないようになるということが挙げられる。このような行為は、両親や配偶者、子どもにも及ぶ可能性があり、対人関係を著しく破壊する可能性がある。シュライアーの『取り返しのつかないダメージ』には、自分の子どもの性別に関して「有害な」あるいは「問題のある」発言をしたと言われて、成人したばかりの子どもたちから縁を切られた親たちの証言が掲載されている。しかし、自分を産んだ親、自分と結婚した相手、あるいは自分自身の子どもたちが、当人の性別は本当はそうではないと知っているにもかかわらず、その実際とは違う性別として精神的にずっと関わり続けてくれることを期待するのは、無理がある。親族や友人たちが、このフィクションに半永久的に没入することができるとしたら、それは素晴らしいことだ。しかし、すべての人にその能力があるわけではないし、それはかれらのモラルの欠如でもない[31]。別の意味で有害なのは、自分の環境をコントロールしようとするあまり、他者から孤立し、普通の対人関係を避けるようになることである。これもまた、現在の家族との関係と、これからの人生でさまざまな経験を積むことを通じてしなやかで充実した自分になる可能性の両方を破壊しかねない。

舞台装置の助けがあろうとなかろうと、自分の性別に関する事実を完全に否定していることが問題である理由は、先に述べたように、フィクションから抜け出して他人に性別を開示しなければならない場合があるからだ。その明らかな一例は、医療を受ける場合である。もう一つは、スポーツでフェアプレーすることだ。また、もしある人の実際の性別がまだ他人に明らかになっていないなら、その人は他人と性的な出会いをするたびに、性別を開示する必要がある。現在、一部のトランス活動家が主張していることとは反対に、自分の性別を秘密にするという個人のプライバシーの権利は、他人が自己の基本的な性的指向に沿って性的パートナーを選ぶ権利に勝るものではない[32]。そして性別を明示したデータを収集する場合、回答が性別ではなくジェンダーアイデンティティに沿ったものであると、データの堅牢性が損なわれることになる。

没入して「我を忘れる」ことは、子どもであれ大人であれ、貴重な将来の可能性を閉ざしてしまうという潜在的な問題がある。第4章で私は、性別と一致しないジェンダーアイデンティティが個人的な意味づけに反応して、どのように現れるかについて論じた。それはある人には永続的なものであり、ある人には比較的一時的なものである。もし、女性であるにもかかわらず、自分は本当は男の子や男性なのだ、あるいは本当はノンバイナリーまたはそれ以外なのだというフィクションに精神的に没入した場合、自分に関するこの特定のストーリーを、ほかの可能性を犠牲にして、簡単に固定されたストーリーとして焼きつけることができる。しかしその人が置かれた特定の状況によっては、このストーリーが最終的に本人にとって正しいものとは限らない。このリスクは、とくに若い時期に顕著である。国民保健サービス（NHS）の児童向けジェンダーアイデンティティ発達サービスの元心理学部長であるバーナデット・レンが書いているように、「身体的な移行の永続的な価値についての信頼性のある確実な認識は、幼児期の初期か中期にはっきりと確立されるとの主張がなされることもあるが、この主張を裏付ける研究上のエビデンスは今のところほとんど、あるいはまったく存在しない[33]」。

この点で、性別変更に関するフィクションに没入することは、後になって体への永久的な改造を伴う可能性があることを念頭に置く必要がある。その見返りとして、このような体の改造は、その後のほかの可能性を閉ざしてしまうおそれがある。たとえば、男女ともに、子どもを持つ可能性をなくし、女性の場合は母乳を与えることが不可能になる可能性もある。また、異性に似せるため、あるいは同性にあまり強く似せないために、手術やホルモン療法で体を変えることは、さまざまな永続的で無視できない、時には痛みを伴う副作用にさらされるということを認識する必要がある[34]。これは真剣に検討する必要があることだ。そしてフィクションに完全に没入することが、この真剣な検討を妨げるということは十分考えられることである。

つまり、没入には確かに個人的なメリットもあるが、同時に犠牲も伴うということだ。しかし、没入にまつわる最も差し迫った危険の多くは、これよりももっと広い範囲に及んでいる。個人の歴史は、あくまでも個人のものである。特定の人びとが性別を変更した、あるいはノンバイナリーであるというフィクションにみなが没入することが、制度的な強制力を伴う社会規範となった場合、つまりそれに合わせないと社会的制裁を受けるという場合、大規模な問題が生じる。

制度レベルでの没入のリスク——他人への没入の強制

本書の初めの方で、イギリスの多くの組織において、ジェンダーアイデンティティが人生の重要な要素としていかに優先され、生物学的性別について言及することがいかに抑制されているかについて紹介した。実は、これよりももっとひどいことが起きている。私の考えでは、性別変更についてのフィクションに没入することが、人びとに強要されているのである。私が強制的な制度環境だと思うものの一端を示すために、ストーンウォールが多様性推進プログラムの有料メンバーシップに応募しようとする組織団体向けに発行している資料から抜粋してみよう。ジェンダーアイデンティティや性別をめぐる公的な表現を変えるという点で、ストーンウォールと同様の野心を持っているＬＧＢＴ団体はほかにもいくつかある。しかし、その進歩的な歴史、資金力、政治家への影響力のある人脈、一般への広がりを考えると、ストーンウォールに注目するのがよいだろう。

ストーンウォールの多様性推進プログラムというのは、さまざまな組織に対して、(ありていに言えば)ある種の社会統制的措置を扇動することと引き換えに、組織のPRに役立つブランドを提供するものである。このプログラムの現在のメンバー団体には、優良企業、政党、地方自治体、教育省などの政府部門、学校、ほとんどの大学、新聞社や放送局、警察や軍隊、芸術団体、検察庁、平等人権委員会、その他多くの主要な国家機関が含まれている。事実上ストーンウォールが目指しているのは、トランスの人を不快にさせる可能性がある生物学的性別についての公的な言及を、どのメンバー団体にもいっさいさせないようにすることのようだ。たとえば、すでに述べたように、「だれでも自分のジェンダーアイデンティティに沿った施設、スペース、集団にアクセスできるようにすべきだ」と明確にアドバイスしている[35]。しかし、より一般的に、スペースの割り当てとは関係のない問題であっても、言動を統制することに重点が置かれている。

ストーンウォールは「トランスフォビア」を次のように定義している(強調は引用者)。「だれかをトランスであるという事実に基づいて恐れたり嫌ったりすることであり、**ジェンダーアイデンティティを否定したり、それを受け入れるのを拒否したりすることも含まれる**」[36]。そしてもちろんストーンウォールは、「トランス女性」は女性であり、「トランス男性」は男性である、と言っていることでも有名だ。その意味するところはこうである。たとえば女性としてのジェンダーアイデンティティを持っていることが人を女性にするということを「受け入れるのを拒否する」場合や、トランスジェンダーである人の生物学的性別を理由に何らかの不適切な言動をした場合、その人は「トランスフォビア」だということになる。ストーンウォールの二〇一七年の報告書『イギリスにおけるLGBT――ヘイトクライムと差別』に記載されている例には、暴力やいじめに関する非常に悲惨な事例とともに、次のようなかなり日常的な例も記載されている。「衣料品店で男物の服を試着しようとしたら、男の子か女の子かと聞かれた。店員の女性は、『それは男の子用の服ですよ。あなたは女の子? それとも男の子?』と言った」。またこんな例もある。「イベントに参加するために列に並んでいたとき、女性の警備員が私の身体検査を拒否した。その警備員は列に並んでいるみんなの前で私を侮辱した。彼女は私が女性ではないと言い、私を男性用の列に並ばせたのだ[37]」。これらの事例のいずれにも、発言者による暴力や意図的な侮辱がないのはもちろん、嫌悪を示す確かな意思表示すら含まれていないことに注意してほしい。ただ単に、生物学的性別への言及と、性別を理由とした行動の違いがあるだけだ。

また、ストーンウォールは「あなたの組織の方針に含めるべきトランスフォビアの例」として、「だれかのジェンダーについて『あの人は男性だろうか、女性だろうか』と推測すること」、「その人の好む代名詞を意図的に無視すること」を挙げている[38]。これは、だれかの性別について言及したり、尋ねたりすることすらほぼ不適切に当たるということを示唆するものだ。一方、代名詞については、生物学的性別ではなくジェンダーアイデンティティを示すべきだと言われているのだが、ストーンウォールは、トランスの人びとだけでなく、すべての人に向けて次のようなアドバイスをしている。「自己紹介をするときは、自分の代名詞も紹介する、[……]メールの署名やSNSのプロフィールに、自分の代名詞を書く。グループや人びとに対して、ジェンダーを帯びた言葉を使わないようにする。[……]だれかの代名詞がわからない場合は、その人に尋ねる。本人が自認するジェンダーと異なる扱いを間違ってしてしまった場合は、その人に謝り、その後は正しい代名詞を使う[39]」。

ストーンウォールは別の文書では、とくに大学に対して、「講師や教師が差別のない言葉を使い、ジェンダー・ステレオタイプを避け、LGBTの話題を注意深く、正確に扱える」ようにするために「授業カリキュラムを見直す」ことを勧告している。(40) また学術的なイベントに関しては、次のように注意を促している。「反LGBTの見解を強く持つ講演者、たとえば［……］トランスの人びとが自認するジェンダーとして存在するということを否定する者は、LGBTの人びとに深刻な不安を感じさせる」（「存在する」という言葉のこのようなミスリーディングな使い方は、トランス活動家の文献の至るところに見られる。これはジェンダーアイデンティティの批判者はトランスの人びとが「存在しない」あるいは「存在すべきではない」とさえ言っているのだと、事情に通じていない人びとに――誤って――示唆するものだ）。文書は続けてこう述べている。「イベントに外部のゲストスピーカーを呼ぶことに伴うリスクを評価する際には、人種や信仰など、その人のアイデンティティを示すほかの重要な側面と同じように［……］ジェンダーアイデンティティを考慮するよう勧める」。学生の入学については、ストーンウォールは次のように勧告している。「学生が、名前、肩書き、ジェンダーなどの個人情報を、大学のシステム上でいつでも変更できるようにすべきである」。大学のスポーツクラブについてはこう述べている。「クラブや競技機会がすでにすべてのジェンダーを受け入れている場合は、混合（ミックスト）であることが明確にわかるように名称の変更を検討すること（たとえば、「柔道」を「混合柔道」に変更するなど）」。そして、ほかの方針と同様、違反と思われる行為に対しては、きわめて懲罰的な姿勢を示すよう示唆している。同文書は、大学に対して次のように指示している。「差別、いじめ、ハラスメントに関する方針には、ジェンダーアイデンティティが明確に包含されていることを確認すること」、そして「差別、いじめ、ハラスメントを訴える手段を積極的に提供し、周知すること」。さらにこう続ける。「差別、いじめ、ハラスメントを訴えるための各窓口は、ヘイト事件や犯罪を特定する能力も備えるようにし、学生が警察に通報する際のサポートを提供できるようにすること」。

事実上、ストーンウォールのねらいは、報酬（ブランド戦略、表彰、社会的承認）と罰（トランスフォビアへの非難、社会的不承認）のいずれかを通じて、女性のジェンダーアイデンティティを持つ人は女性で、男性のジェンダーアイデンティティを持つ人は男性であるというフィクションに、このプログラムのメンバーが没入するよう促すことにあるようだ。人は性別を変えることができるというフィクションに完全に没入させることのこのような「制度化」は、いくつかの理由から非常に危険である。まず、最も明白なのは、第3章と第5章で論じたように、生物学的性別は存在し続けるのであり、特定の個人に関して、あるいは一般的な事実として、生物学的性別に言及したり対応したりすることが適切である多くの状況が存在するということである。実際、そのような状況の一つが、先ほど引用した二〇一七年のストーンウォールの「ヘイトクライム」報告書で紹介されていたものだ。報告書が言うこととは反対に、女性の警備員が男性を検査することを拒否し、代わりに男性の警備員に検査を依頼することは、まったく適切なことである。

第二の問題は、言論の自由が損なわれることである。フィクションに没入するかしないかという個人の選択は、まさに「選択」であり、個人の自律性と良心の領域に属するものである。たとえ何らかのしかるべき種類の刺激や舞台装置に触れれば、自動的にフィクションに没入してしまうことがあったとしても、私たちは通常はそこから抜け出すことを選択できる。ヘイトではない言論は強制的に排除されるべきではない。あるフィクションに没入することを拒否し、代わりに事実に言及することを選択することと自体はヘイトには当たらない。だれかの体重や白髪、老化などの事実を指摘することが失礼にあたるように、フィクションへの没入を拒否することが失礼にあたる場合もあるかもしれないが、それが「ヘイト」かといえばそうではない。そして、デビー・ヘイトン、ミランダ・ヤードリー、フィオネ・オーランダーのような「トランス女性」が、自分が女性であるというフィクションに入り込むことを拒否し、自分は男性であると表明しても、それは「自己嫌悪（セルフ・ヘイティング）」ではない。

近年、イギリスの機関がジェンダーアイデンティティを示す言葉を使うよう強制する事例がいくつか目立ってきている。そのうちの一つ、メディアの犯罪報道に関するガイドラインに関わるものについては、前章で紹介した。もう一つの例は、六〇歳のラディカル・フェミニスト、マリア・マクラクランに暴行を加えた罪で、「トランス女性」のタラ・ウルフが二〇一八年に刑事裁判にかけられたときのことだ。ウルフは、裁判の時点ではジェンダー承認証明書を持っていなかった。暴行事件の前に、ウルフはSNSに「ターフを何人かぶちのめしてやりたい」と書き込んでいた。マクラクランへのショッキングな暴行はビデオに収められ、裁判ではウルフに有罪判決がくだった。しかし、それにもかかわらず、またマクラクランが自分の受けた暴行について証言する被害者としてその場にいたにもかかわらず、ケネス・グラント地方判事は裁判の過程でマクラクランに次のように告げた。「被告は女性として呼ばれることを望んでいるので、あなたも公判記録の都合上、被告を『彼女』と呼ぶように」(41)。

二〇一九年の別のケースでは、税制の研究者のマヤ・フォーステーターは、ツイートに「攻撃的で排除的」な言葉を使った疑いがあるという理由で、シンクタンク「グローバル開発センター」の職を失った。フォーステーターのツイートは、ジェンダーアイデンティティを支持する方向でジェンダー承認法を改正しようとする政府の動きに反対するものであった。フォーステーターはツイートのなかで、性別は二元的だと考えていること、「男性は女性に変わることはできない」と考えていることを述べた。解雇された後、フォーステーターが同センターを雇用審判所に訴えたところ、審判官は同センター側に有利な審判を下し、フォーステーターが述べた「二つの性別がある」という見解は、二〇一〇年平等法の条項の下で保護された思想信条とはみなしえないと述べた。審判官のこの信じられないような判断は、フォースターターが性別変更に関する（私に言わせれば）フィクションに没入することを拒否し、代わりに事実を述べたことは、「民主主義社会において尊重に値しない[42]」というものであった。

これらのケースにおいて、裁判官らの宣告は偶然に出たものはない。検察庁（すでに述べたようにストーンウォールの多様性推進プログラムのメンバー団体）は現在、被告人の呼び名と代名詞をジェンダーアイデンティティで決めるべきだと勧告している[43]。二〇一八年に裁判官研修所が司法関係者に向けて発行した『平等取扱いに関する裁判官必携』は、ストーンウォールを随所に長文で引用し、次のように述べている。「適切な呼び方、名前、代名詞を使用することで、その人のジェンダーアイデンティティを尊重することが重要である。だれもが自分のジェンダーアイデンティティ、私生活、個人の尊厳を尊重される権利がある[44]」。暴行を受けた女性や、自分にとって政治的に重要な事柄について自由に意見を述べたい女性の個人的な尊厳は、どうやら考慮の対象にはなっていないようだ。

強制的な没入が社会にもたらす第三のリスクは、知識の生産に関するものである。先に述べたように、人びとが集団的にフィクションへの没入を強制されるときには同時に、それがフィクションであることについていかなる言及もしないことが重要になる。そのような言及は没入感を失わせることになりかねない。舞台上で俳優が「私は俳優だ！」とか「この銃は本物じゃない！」と言えば、観客の演劇への没入感が失われるのと同じである。そこで、現実を述べることはタブーになる。これは、大学のような、広く言えば社会的に有用な知識を生産し、普及させることを主眼とする場では、とくによくないことだ。

本書で述べられているような見解を強く批判する学者たちが、学問の規範からすれば当然なはずの議論やエビデンスをもってそれに対応しようとせず、その代わり、そのような規範では比較的珍しいことに、私の動機を勝手に推測したり、個人的な欠点をあげつらったりすることが多いのは、特筆すべきことだと思う。かれらはまた、トランス運動の知的信条に対する批判を、トランスの人びとに対する道徳的な批判にすり替える傾向がある。ヘルガ・ヴァーデンの二〇二〇年の著書『セックス、ジェンダー、愛』の序文から、とくに格好の例を紹介しよう。ヴァーデンはこう書いている（強調は引用者）。「私は、フェミニズムの名の下に、**トランスの人びと**との現実を貶める、あるいは**トランスの人びと**を批判する文章を書く人たちから、自分自身と自分の理論を明確に遠ざけたいと思っている。[……] 私が思うに、多くのフェミニストやほかの哲学者たちがトランスの人生に無思慮に関わるのを見て、非常に悲しく思っている」[45]。このような道徳的レトリックを前面に出すことは、ここでの目的が真実の追究ではなく、フィクションの強化であることを示唆している。私の主張の傍証になりそうなもう一つの興味深い学術的現象は、哲学者のメアリー・レンが「逆ヴォルテール格言」[46]と呼ぶもので、「あなたの言うことに同意するが、あなたがそれを言うのを防ぐために命がけで闘う」というものだ。つまり、一部の学者は、強く尋ねられれば、生物学的性別が存在すること、それが「ジェンダー」とは異なることを認めるが、トランスの人びとを不快にさせる可能性があるかぎり、それを口にすべきではないと主張するのだ。このためかれらも多くの場合、没入状態にあるように見える。

二〇一九年に私は、性別とジェンダーに関する私の公的な執筆活動を封じ込めようとする、異常なほど悪質な人格攻撃を経験し、同じような経験をした人がいたら情報を送ってほしいと学者仲間に呼びかけた。すると連絡が殺到した。それによると、「トランスフォビア」を理由に学術誌への投稿や助成金申請を却下されたこと、同様の理由で編者の地位を取り消されたこと、学術出版社から遅延や撤回の嫌がらせを受けたこと、嫌がらせやいじめについて大学から公式に自分に対して苦情があったこと、昇進が危ういという可能性を学部長から非公式に話されたこと、などなどである。[47] その結果、学者たちはほとんど沈黙に追い込まれた。イギリスの諸機関におけるジェンダーアイデンティティを支持する最近の変化が社会に与える影響は、まさにイギリスの各大学自身が同様の政策を導入しているため、適切に調査されえない。生物学的性別と一致しないジェンダーアイデンティティを持つ未成年や大人の女性の数が最近急激に増えているといった興味深い現象が、適切に分析できないのである。ロードアイランド州のブラウン大学の研究者、リサ・リットマンがこれを学術的に調査して、「早発性ジェンダー違和」という論文を発表しようとしたところ、トランス活動家はすぐに「深刻な欠陥がある」と宣告し（おそらく、第4章で述べた、一般化している「スティック・オブ・ロック（SOR）」モデルを打ち消したためであろう）、その後、出版社とリットマンの所属機関はともに、この論文から手を引いてしまった。[48] 二〇一六年にはカナダのジェンダーアイデンティティ・サービスが、トランス活動家の要請により、ジェンダーアイデンティティが性別と一致しない若者に対する「転向療法」を行なっているという疑いで、つまりジェンダーアイデンティティを「肯定」するのではなく、その由来を積極的に問うたという疑いで、全面的に閉鎖された。[49] とくにトランスの子どもや十代の若者をめぐる学術的・治療的な取り組みが、このように綿密かつあからさまなかたちで政治的に取り締まられるということは、その集団における自閉症や同性愛、トラウマの履歴と、生物学的性別と一致しないジェンダーアイデンティティとの間の潜在的な関係が、適切に調査されていないことを間違いなく意味する。[50] おそらく最も心配なのは、ジェンダーアイデンティティが生物学的性別と一致しない多くの若者に処方される思春期ブロッカーやホルモン療法のような薬物の長期的影響に関する十分な医学的理解も妨げられている可能性があることである。[51] このようなことは、トランスジェンダーの真の利益にはまったくならず、むしろきわめて不利益に働く。

子どもに映画を見せると、それがフィクションであることを理解せず、現実だと思うことがある。現在多くの人が置かれている強制的な環境におけるもう一つのリスクは、生物学的な性別について本当のことを十分に理解できていない観衆が——年齢に関係なく——いるということである。というのは、予想できるように、「トランス女性は女性」、「トランス男性は男性」などのフィクションに他人が無自覚に没入しているのを見て、そのフィクションが文字どおり真実であることを示すものだと思い込む人もいるからだ。先に述べたように、人は他人の話を聞き、それをなぞることだけで、多くの考えを信頼して受け入れている。これは合理的で一般的な振る舞いであり、実生活においてはそれなしにはやっていけない。しかし、他人が現実ではなくフィクションに没入しているのを見て、無意識のうちにある考え方を信じ込むという方法で自分の考えを持つ場合、人は結果としてある種の独断的な信仰に基づいた態度になることがある——「それは正しいに違いないが、なぜなのかはわからない。私にわかるのは、否定するのは非常にまずいということだけだ」(「トランス女性は女性である！　トランス男性は男性である！」というのが宗教のお題目のようだと指摘されるのも無理はない)。童話『裸の王様』で巧みに捉えられている心理的効果が、実際に存在するようだ。この童話の有名な結末は次のようなものだ。「人びとは通りや窓から王様を見て、こんなふうに叫んでいました。『ああ、王様の新しい服はなんて素敵なんだろう！　それにあの長いすそと言ったら！　本当によくお似合いだこと』。だれもが、自分には見えていないことを気づかれないようにしていました。気がつかれると、自分がいまの地位にふさわしくないとか、愚か者だと思われるからです[52]」。

性別不合な言語がもたらすリスク

以上のことに関してリスクとして考えられることがもう一つある。それは、もし最終的にこれが本物の現象だと証明されれば、真剣に検討することが必要なものだ。二〇一九年の偽名ブログ記事「代名詞は麻薬」で、「バーラ・カー」は次のように主張している——人びとに対して「トランス女性」を「女性」、「トランス男性」を「男性」と呼び、トランスの人について性別不合な代名詞を使用するよう強制する施策は、性別不合な言語というあまり普通ではない言葉の選択を脳が処理するのに苦労するため、話す人も聞く人も認知の速度が遅くなる、と。カーはここでストループ・テストとの比較を行なっている。ストループ・テストとは心理実験で、参加者が異なる色で書かれた単語から色を選ぶのもので、単語自体は色の名前であるが、たとえば「赤」という単語は黄色で、「緑」は青でというように、実際の色とは「不合」な色で書かれている。心理学者がこのテストを実施すると、色と単語が一致する場合と比較して、単語の色に関する被験者の処理が著しく遅れることが判明した。このストループ効果は、「意味論的干渉」と呼ばれるものの結果として説明されている。つまり、宣言的事実の情報検索を担当する脳の部分に、競合するメッセージが同時に送られた結果、このようなことが起きると理解されている。[53] それと同様に、外見が生物学的男性であることを強く示唆する人物に対して「女性」「彼女」「彼女の」など、性別不合な代名詞を使おうとすると、ストループ効果のようなものが生じるとカーは主張する。[54]

これに、前章で紹介した点を付け加えよう。〈女性〉と〈男性〉という概念は知覚的な概念であり、通常、子どもの頃に身の回りの世界や絵本で多くの例を見せられることによって初めて獲得される（「見て、女の人だよ！」、「お店の男の人は何をしているんだろう」など）。そこから子どもの脳は関連する概念を推定し、新たな異なるケースに適用できるようになり始める。また、俗に言う〝パス度が高い〟「トランス女性」とは、十分な医療介入を受け、外見上女性と見分けがつかないようになった人と定義されていることを忘れてはならない。〈女性〉という知覚概念を持つ人（トランスを含むあらゆる人）が〝パス度が高い〟「トランス女性」を見るとき、一般的に女性を視覚的に認識するときとまったく同じ知覚システムがまず使われる。それは、まさに「トランス女性」が「パス」しているという事実によって示されている。「トランス女性」の性別に関して判断を惑わすような情報がない場合、人は自動的に「トランス女性」を「女性として」視覚的に分類することになる。また、ほかの情報ルートを通じて、パス度が高い「トランス女性」の実際の性別について判断を惑わすような情報を同時に得ていても（たとえば、本人からトランスであることを告げられた場合など）、そして同時に最終的に女性ではないと結論づけたとしても、人には自動的に「トランス女性」を女性「として」見てしまうという感覚がある。視覚や知覚の情報を共有することで、対象をほかの対象「として」自動的に見るという人間の脳のこの傾向は、映画館のスクリーンの映像を映画が描いている物「として」見たり、空に浮かぶ特定の形の雲を動物や木「として」見たり、隅にある影を幽霊「として」見たりするときにも機能している。自然にそうなるのだ。これは、自分が見ているものが実際には存在しないこと、あるいはそれは実際には自分が見ているようなものではないことを知っていることと矛盾しない。この場合、脳は事実上、同時に相反するメッセージを送っていることになる。

このことは、視覚システムが、「パス度が高く」ないトランスの人びとを自動的に分類することにどう対処するかということにも影響を及ぼす。入手可能な数字に基づくと、現在、イギリスでは、「パス度の低い」トランスの方が「パス度の高い」トランスよりはるかに多いと思われる。これは、手術が比較的高価で、待ち時間が長いため、またとくに生物学的男性の場合そうなのだが、ホルモン療法だけでは思春期以降に現れる生物学的男性の解剖学的特徴の痕跡を取り除けないことが多いためでもある。そして、たとえば「トランス女性」が、通常認識できる範囲で身体的に女性と異なっている場合、いくら内部の視覚処理システムを非難しても、その人を——本来の意味で——女性「として」見るように説得することはできない。ほかならぬ視覚的認識プロセスが、それを阻んでいるからだ。

このことの明らかな帰結の一つは、以下のことである。トランス運動が「ミスジェンダリング」と呼び、私が「正しいセクシング（性別分類）」と呼んでいることに対して、社会的に制裁を加えたり、犯罪にしたりすることは、ますますもって自由に反するものになることである——とくに若者が概念の本来の意味を理解し始めたばかりの環境（学校など）ではそうだ。人は見えるとおりに見る以外のことはできない。子どもたちの場合、私たちは通常、見えるとおりのことを口にするのを奨励するのに、ゲームを変えて、それに罰を与え始めるのは異様なことだ。もう一つの帰結は、少なくとも、「パス度が高くない」トランスの人びとに性別不合な代名詞やそのほかの言語を使おうとすることに関して、バーラ・カーの仮説が当てはまることだ。事実上、脳は自動的に「女性ではない」と視覚的に分類しながら、同時に「女性」というラベルを貼ろうとしているからだ。それに対し、「パス度が高い」トランスの場合には、おそらくストループ効果はより低いであろう。

カーの主張のなかには、「トランス女性」が故意にストループ効果のようなものを引き起こしているのは、自分の攻撃的な性的誘いに対する女性の防御力を弱めようとするためだという見解が含まれているように思える。これは私には恐怖を煽っているようにみえる。しかし、そのような特定の異論は脇に置いておくことができる。なぜなら、たとえカーの主張が正しいとしても、「トランス女性」の特定の意図が何であるかは問題ではないからだ。どちらであっても、トランスの人の望む代名詞に従おうとする人が認知的に不利になることは同じなのだ。体力と性的攻撃性が生物学的な男性と女性の集団間でそれぞれ異なる平均値を持っていること、女性に対する暴行の大部分は男性によるものであること、これら第3章で論じた事実を考えると、これは確かに検討する価値があると思われる。この文脈では、潜在的な加害者に対する女性の認知プロセスを遅らせるものが、女性にとって非常に深刻な個人的影響を及ぼすことが判明するかもしれない。

関連する点として、当該のトランス当事者がその場にいない状況で、かれらの望む代名詞や性別不合な言語を使用することが、公的な議論にどのような影響を与えるかということがある。第5章では、新聞記事が有罪判決を受けた犯罪者である「トランス女性」をも「女性」と呼び、「彼女（she, her）」という代名詞を使う傾向があることを説明した。メディアの解説者も同じように、「女性」と「トランス女性」、「彼女」の間を自由に行き来することが多い。「トランス女性」とは何かを十分に理解していない視聴者や読者にとって、これは混乱を招く可能性がある（「トランス女性」とは、男性として生きるためにジェンダー移行した生物学的女性のことではない、と繰り返し親に説明しなければならないのは私だけではないはずだ）。しかし、理解している視聴者や読者であっても、性別と適合しない言葉を使用されると、誤解を招くような印象が潜在意識に与えられてしまうことがある。私たちは「彼女」と呼ばれる人たちに対して、ある種の期待を抱くように仕向けられている。たとえば、「彼（he, him）」と呼ばれる人たちに比べて、平均的に身体的に弱く、性的には攻撃的ではないだろうというような期待である。このような期待の心理的効果が本当に明白になるのは、例外が原則であることが判明するような場合のみである。つまり、通常一つの文章のなかで期待が設定され、それがあからさまに反故にされるような場合だ。その好例が、女子刑務所に収容され、女性囚人への性的暴行で最終的に有罪判決を受けた「トランス女性」、カレン・ホワイトの裁判報道である。新聞は、検察官が被告人について次のように述べたと報道した。「彼女のペニス（her penis）は勃起しており、ズボンの上の部分から突き出ていた」[55]。この印象的な文章は、比喩的に隠されがちな事実を、「女性」や「彼女」の使用によって鮮明に記している。とはいえ、文字媒体でさらに多いのは、著者が性別不合の言語を選択することで無意識のうちに読者に生じた期待がそのまま残るせいで、明確なコミュニケーションが損なわれるという事態である。

私自身の代名詞の使い方

本書で私は、フィクションに没入せず文字どおりに話す場合、「女性」と「男性」は生物学的性別に対応させて使うべきだと主張してきた。しかし、同時に、これまでのところ私は代名詞を個々のトランスジェンダーの多くが好むと思われる方法で使ってきた。つまり私は、かれらの好みに応じて、「トランス男性」には通常「彼」、「トランス女性」には「彼女」、ノンバイナリーには「かれら（they, them）」を使ってきた。トランスジェンダーの人たちが私にそうすることを望んでいると思われる場合のほとんどにおいて、私は、かれらの性別変更のフィクションに没入することにしている（女性を暴行したり攻撃したりする「トランス女性」については例外とする。だから、たとえば、カレン・ホワイトを「彼女」とは呼ばないことにしている）。

前節の議論からして、この選択は決して簡単なものではないことがわかる。自分で選んだとはいえ、私はこの問題でいまなお葛藤している。少なくとも、性別不合な言語を使うか使わないかは、通常、自由な選択であるべきだということは明らかである。いかなる組織も、制裁を条件にこれを強制的に要求することは許されない。社会規範上の礼儀を会社や組織が奨励すること（たとえば、性別が重要でない場面では本人の希望の代名詞を使うことなど）と、それに従わない場合に人事部が「トランスフォビア」や「ヘイトスピーチ」と非難して人びとを脅すことは、まったく別のことである。トランスジェンダーとして、自分の望む代名詞や性別不合な言語を他人に使ってもらうことは、礼儀の問題であり、本人の権利ではない。

日常的なやりとりのなかで、この領域における最善のことのために何をすべきかを考えようとするとき、私たちはおそらく、「トランス女性」や「トランス男性」を指すために利用可能な選択肢は、一般的に提示されているように、「女性／彼女」や「男性／彼」だけではないことを覚えておくべきだ。その一つとして、関係ないことなら言及する必要はないという選択肢がある。日常会話では、対人関係を円滑にするために言及しないでおく厄介な事柄がたくさんある。もう一つは、特定の会話に性別が関係しない場合で、「彼女」や「彼」の使用が個人的に不可能であれば、「トランス女性」や「トランス男性」には「かれら」のような性別に中立な代名詞を使うことができる。つまり、必ずしも性別に合致したもの、または性別不合なもののどちらかを選ぶ必要はない。これは、どちらの「側」にとっても、また言うまでもなく文法学者にとっても理想的とは思えないだろうが、妥協案であり、おそらく私たちが望むことのできる最大限のことだろう。何世紀にもわたって、英語という豊かな資源は、心理的に不快な事実を——完全には否定することなく——外交的に取りつくろう言い回しをそれなりに提供してきた。

私たちは、そういった資源を、可能な範囲で創造的に使うよう努力すべきである。しかし、同じように、本章およびそれ以前の章からのメッセージも覚えておく必要がある。どのような組織においても、事実を隠蔽することが適切でない場合や、事実について言及する必要がある場合がある――悪意や無礼からではなく、組織の合理的かつ公平な機能のために必要だという場合が。

なぜ私たちは、このような妥協が可能であることを見失ってしまったのだろうか。次の二つの章では、歴史的観点と心理的観点の両面から、その原因についていくつかの説明を試みる。

第7章　なぜこんな事態にまで至ったのか

話を二〇一四年に少し戻そう。その頃までにストーンウォールは、同性婚の法制化というゲイの権利に関する最後の大きな目標をほぼ達成し、新たな使命を担う準備ができており、その過程で新たな収入源も見出そうとしていた。二〇一五年に「変革のためのビジョン――トランスジェンダーの例外なき受容」というキャンペーンを開始したことで、ストーンウォールはそれを見つけた。「変革のためのビジョン」の趣意書で表明された以下のような野心の多くは、もうお馴染みのものだろう。トランスの人たちは、「自分のジェンダーアイデンティティに沿った」サービスや社会的資源を利用できるようになるべきだ。二〇〇四年のジェンダー承認法は、「トランスの人びとが自らの性別を決定する能力を否定している」ため改正されるべきで、配偶者拒否権は削除されるべきだ。平等法は、「ジェンダー再適合」という保護されるべき特性を「ジェンダーアイデンティティ」に改めるべきだ。ノンバイナリーは、かれらに関する基本的な事実だと言われていることを反映するようパスポートを書き換えることができるようになるべきだ。さらに、「『騙しによる性行為』の事例を司法的に明確にする」ことも必要だ。なぜなら「ジェンダーに基づく『騙しによる性行為』の法的構成要件を明確にし、トランスの人びとのプラ

イバシーを確実に保護する」必要があるからだ。(1)

「変革のためのビジョン」とそれに伴うロビー活動の成果もあり、二〇一六年には党派を超えた女性と平等特別委員会が「トランスジェンダーの平等に関する調査」(以下、トランス平等調査)という公開調査を開始した。第1章で、運動指向の強い研究者らの間で人気のある知的立場、「スタンドポイント認識論」がこうした活動の背景で影響を及ぼしていることに言及した。この理論は、抑圧されたマイノリティの一員としてのトランスジェンダーに関することはトランスの人びとの意見を尊重すべきであり、トランスでない者の意見は無関係なものとして無視されるべきだというものである。関係者が気づいていたかどうかは別として、これが「トランス平等調査」の指針であったことは間違いないだろう。この調査には、下院議員を除く二〇人が証人として呼ばれた。そのうち一一人がトランス運動の団体や活動を代表し、さらにそのうちの九人がトランス当事者で、二人がトランス当事者の親であった。残りの九人の証人は、比較的中立的な専門家として出席していたが、そのうちの何人かはトランスでもあった。利害が対立するほかの関係者の代表は証人として呼ばれなかった。たとえば、女性だけの団体・サービスの代表者、ジェンダー移行の子どもをケアするセラピストやその親などである。

トランス代表者の多くは、独立した専門知識を持っているからではなく、トランス当事者としての体験と結びついているとの想定だけに基づいて提言を行ない、それが「トランス平等調査」の最終報告書で繰り返されることになった。たとえば、運動団体マーメイドの会長(現在は退任)であり、トランスの子どもの母親でもあるスージー・グリーンは、証人として出席し、最終報告書のなかで発言が頻繁に引用された。グリーンはITコンサルタントであり、医学的な専門知識はない。マーメイドが提出した提言書は、「思春期を先送りする治療を、年少の子どもだけでなく、年長(一六、一七歳)の子どもにも利用できるようにすべきだ」と提案するものとして引用された。ランカスター大学学生自治会の代表で、数学の学位を取得したアンナ・リーは、スポーツ問題とはまったく関係のない人物だが、国のスポーツ統括機関はリーの発言を引用して、トランスのアスリートの資格要件を緩和すべきだと提言した。「トランス・ヘルスのためのエジンバラ・アクション」の若手代表であるジェス・ブラッドリーによる国民保健サービスについての提言は、理由は不明だが最終報告書全体を通して多く引用されている。同アクションがその当時公言していた政治的目標には、すべてのトランスの囚人の即時釈放と恩赦、出生証明書の全廃、国民保健サービスによるホルモン剤の無料かつ要望に応じた処方が含まれていた。かれらのウェブサイトは、トランスに対する医療の歴史を「植民地主義的、ファシスト的虐待の歴史」と表現している。

女性と平等特別委員会は、「トランス平等調査」の結果をまとめた報告書のなかで、ストーンウォールの「変革のためのビジョン」からそのまま引用したような勧告を数多く行なった。これらの勧告の多くは、その報告書に対する後の保守党政府の回答において支持された。[2] たとえば、政府はジェンダー承認法を見直すことを約束し、「ジェンダー承認プロセスを合理化し、医療の関与を減らすために、ジェンダー承認法の改正が可能かどうかを判断する」と表明した。平等法のもとで男女別サービスが性差別から除外されるかどうかについてはまさしく最も高いハードルが課され、政府は「通常の『一般向け』サービス提供の場合に性差別から除外される可能性はきわめて低い」と指摘した。さらに、「スポーツにおいて、公正な競争や競技者の安全確保を理由にトランスを競技から排除することが正当化される場面はほとんどないだろう」とも述べている。その時点ですでに、「司法当局に提供される『平等取扱いに関する裁判官必携』では、トランスジェンダーの人びとが裁判手続で『アウティング』されるのを防ぐ方法についてのアドバイスが記載されている」と肯定的に報じられていた（この手引き書の影響の一端は第6章でみた）。その後、二〇一八年には当時のテリーザ・メイ首相がLGBTアクションプランの推進者となり、このプランで保守党政府は、ジェンダー承認証明書を合法的に取得するための「官僚的で押しつけがましい」障害を取り除き、「より合理的で脱医療的」プロセスに移行する旨を再表明した(3)。つまり、ジェンダー承認法の改正に関する公開協議は最終的に実施されたが、この協議は、反対は最小限にとどまり、国民から温かく受け入れられるだろうという、明らかに自信に満ちた想定で開始された（結果的にそれは間違っていた）。

どう考えても、ストーンウォールの「変革のためのビジョン」は驚異的な成功を収めた。少なくとも、草の根の世論が反発するまではそうだった。本章での私の問いは、「それはなぜ?」というものだ。より一般的に言えば、なぜこれほど多くの著名人や公的機関がジェンダーアイデンティティ理論の結論を受け入れるようになったのだろうか。なぜ、イデオロギーに駆り立てられた政策支配（policy-capture）がこれほどまで簡単だったのだろうか。もちろん、その説明は複雑に違いなく、私がカバーできるのはその一部だけである。その重要な要因の一つは、私が本書でその足跡をたどってきた知的潮流の展開であり、それが大学やその枠を超えて広まっていったことである。もう一つの要因は、現在のフェミニズムにおけるさまざまな信条や緊張関係であり、これについては最終章で述べることにする。ここでは、私が考えるほかの三つの重要な要因について少し詳しく説明する。

ゲイやトランスへの偏見の歴史

一つ目の重要な要因は、性別に不適合な（sex-nonconforming）人びとに対する偏見の歴史に対する世間の認知度と、偏見に反対する側にいたい（いると思われたい）という称賛すべき願望だと思う。この偏見は、とくにゲイの人びとに向けられることが非常に多かった。これは、いまでも世界のさまざまな地域で続いている。ゲイの人びとは他人から、次のような意味で、性別不適合とみなされている——男性同性愛者の場合は、女性と結びついた性的役割と認識されているものを引き受けているという意味で、女性同性愛者の場合は、男性と結びついた性的役割と認識されているものを引き受けているという意味で。同性間の性的営みを「不自然」や「逸脱」とする異性愛者の嫌悪感は、異性愛規範との暗黙の関係を物語っている。

イングランドとウェールズでは、一八六一年まで男性どうしの性行為は死刑になりうる犯罪であった。「肛門性交」の罪で絞首刑になった最後の男性は一八三五年に刑を執行された。その後も、同性愛は一九六七年まで犯罪とされていた。[4] 同性愛者だったオスカー・ワイルド〔一八五四〜一九〇〇年、アイルランド出身の詩人、作家、劇作家〕が有罪判決を受け、ペントンビル刑務所で重労働に服したことを思い起こせば、一九世紀から二〇世紀の大半にかけて、同性愛者として半公然と生きることの潜在的な危険性がよくわかる。戦後、風紀に対する一般的な関心が再び高まるとともに、同性愛者の性行為に対する社会の抑圧的な締め付けが行なわれた。歴史家のドミニク・ジェーンズが述べるように、「警察は証拠を捏造し、証人を威嚇し、同性愛の男性を陥れ、キャリアや人間関係を確実に台無しにした」[5]。そして、同性愛の非犯罪化などが実現した一九六〇年代から七〇年代にかけてのゲイの人たちにとって比較的進歩的な時期を経て、一九八〇年代にはＨＩＶ／エイズの出現によって、人びとの態度は後退した。イギリス社会意識調査の報告者らによれば、この時期、「ＨＩＶの感染経路について頻繁に（そしてしばしば間違った）パニックが広まり、［……］『無実の』犠牲者（たとえば輸血によってＨＩＶに感染した者）と、ゲイ男性や静脈内麻薬使用者のように、自ら危険を冒すことを『選んだ』と見なされる人びとをさかんに区別するようになった」。同意識調査が記録しているように、同性どうしの関係は「つねに間違っている」という考えが、この時期に増加した。[6] また一九八〇年代には、保守党政権が地方自治法第二八条（一九八八年）を導入し、地方自治体は「意図的に同性愛を促進したり、同性愛を促進する意図で教材を出版したりしてはならない」、「公立学校で、家族関係を装った同性愛の容認を教えることを促進してはならない」と定めた。ゲイの大人や子ども、そしてその家族に対するこのような中傷は、間接的にストーンウォールの結成を促した。ストーンウォールは、ほかのゲイ権利団体とともに大胆かつ見事に地方自治法第二八条と闘い、二〇〇〇年代初頭に同条を正式に廃止させた。

最近のトランス運動の権化たるストーンウォールは、ジェンダーアイデンティティに有利な法改正を行なおうとする現在の試みと、一九八〇年代に地方自治法第二八条に反対して行なった歴史的なキャンペーンとの類似性を引き出そうとしている。ストーンウォールは現在、第二八条を「アイデンティティに関して学校で議論すること」を禁止する法律と位置づけている。[7] しかし第二八条は、現代的な意味での「アイデンティティ」、すなわち現実と一致していることも一致していないこともある自己の内面的な心理的表象とは何の関係もない規定だ。それは「ゲイのアイデンティティを持つ」人を肯定的に表現することの禁止ではなかった。そうではなく、ゲイである人びとを肯定的に表現することの禁止であった。そこでのゲイとは、自分と生物学的に同性の人に対する性的指向を持ち、それに基づいて行動するという意味であった。

しかし、かれらが試みたこの比較が示唆するように、第二八条のような歴史的出来事は、二一世紀の進歩的な考えを持つ人びとにとって試金石となった。それらの出来事は、異性愛者という多数派が同性愛者という少数派に対する責任を果たせなかった時代として、恥ずべきことという思いをもって回想される。その感情は、同性愛者に対する暴力的な襲撃の記憶によってさらに高まる。たとえば、一九九九年にソーホーのゲイ・パブ「アドミラル・ダンカン」で三人が死亡し、七〇人が負傷した釘爆弾事件などだ。その事件を起こしたネオナチの犯人らは、その事件の前に黒人やバングラデシュ人のコミュニティを釘爆弾で襲撃していた。二〇一九年版のイギリス社会意識調査では、調査対象者の三分の二が同性どうしの性行為は「まったく問題ない」と回答し、「この質問が最初に行なわれた一九八三年以来、ほぼ五〇ポイント増加した」[8]。二一世紀において、イギリス国民がより理解があり共感的なスタンスへと歩んできたのは、一部の人びとにとっては、デイヴィッド・キャメロン前首相（保守党）が真摯な個人的変遷をとげたようにみえることに象徴される。二〇〇九年、キャメロン前首相は個人的に第二八条を支持していたことを公に謝罪し、二〇一三年にはキャメロン政権が彼のイニシアティブのもとで同性婚法案を提出した[9]。

ゲイの人たちのために正しいことをしようという関心と同時に、世間では、ゲイとトランスの関係について混乱が続いている。だがこれは目新しいことではない。多くのゲイは、性別不合な「性的役割」を指向している点で性別不適合に見えるだけでなく、性別と結びついた身体的・行動的ステレオタイプに合致していないという点で、実際に性別不適合でもある。レズビアンの多くは、同世代の平均値や規範に照らすと、男らしく見えたり、そう振る舞ったりするし、ゲイの男性の多くは女らしく見えたり、そう振る舞ったりする。いずれにせよ、ゲイであることによって何らかのかたちでその人の性別が変わるのかどうかについては、長い間混乱が続いている。古代ギリシャでは、男性どうしの性行為において受動的なパートナーは、しばしば「女性」または「女性的」と呼ばれていた。一九世紀には、カール・ハインリッヒ・ウルリヒスが「第三の性」理論を広めた。それによると、ゲイの男性とは「男性的身体に閉じ込められた女性的魂」である。[10]同じ頃、ゲイとは「性的倒錯者」であるという考え方が、ハヴロック・エリスなどの著述家によって広められた。リチャード・フォン・クラフト゠エビングは、レズビアニズムを「生物学的女性の胸に抱かれた男らしい魂」と表現した。[11]女性の「倒錯」を描いたラドクリフ・ホールの悪名高い小説『孤独の井戸』（一九二八年）では、主人公の女性スティーブンは「男性不在の性愛（sex）の国」を占拠していると表現されている。また、人工知能と暗号解読に計り知れない貢献をしたゲイの数学者アラン・チューリングは、一九五二年に重大なわいせつ行為で有罪判決を受けた後、強制的に女性ホルモンを投与された。

こうしてみると、ゲイであることとトランスであることの正確な関係について、世間に混乱が残っているのも当然かもしれない。おそらく、外野席から懸命に共感的になろうとしている異性愛者の観客にとってはとくにそうだろう。混乱をさらに大きくしているのは、ゲイ文化のなかで長い歴史のあるドラァグクイーン、ドラァグキング、そのほかの異性装であり、ゲイ男性がドラァグクイーンを「彼女」と呼ぶような慣習である。前述の議論から分かるように、同性に魅かれる、あるいは性別不適合であるという事実だけでは、性別と一致しないジェンダーアイデンティティやトランスであることを立証するには十分とは言えない。一方で、多くのトランスは異性愛者であり、異性に安定的に魅かれている。それにもかかわらず、歴史の流れに（再び）逆行することを恐れる公人や団体のほとんどは、ストーンウォールやそのほかの著名な同性愛者権利擁護団体が「LGB」に「T」を付け始めたとき、喜んでそれに従ったのである。

さらに最近では、とりわけトランプ大統領の時代にあっては、政治情勢がますます二極化しつつあることが、トランスジェンダーにとくに同情的でありたいという願望を強く後押ししている。アメリカとイギリス両国の左派メディアや批評家の社会的な相互交流の強さを考えると、アメリカで生じている懸念はイギリスでの懸念にも影響を与えるだろう。複雑な問題が単純な「善か悪か」として扱われるようになるにつれ、民主党支持の有権者の多くがトランプに対して感じた怒りと絶望は、政治的言説の平板化を生じさせた。そこにはトランスの問題も含まれていた。アメリカでは、トランスの権利に関する状況はイギリスよりもずっと複雑であり、合理的かつ当然の保護がまったく欠如している場合もある。イギリスの「平等法」とは異なり、連邦レベルではジェンダー再適合が（それどころか性的指向すら）法的に保護される特性になっていない。また、国民保健サービスもない。イギリスのトランスの人びとは、ほかの人たちと同じように、医療を必要とするときに同サービスを利用する権利があり、そのおかげで通常、多額の請求がくる可能性を免れている。[12] 二〇二〇年、トランプ政権は、二〇一六年から実施されていた妊婦やゲイ、トランスの人びとに対する医療保護を撤廃した。その前年には、トランスジェンダーが軍務に就くことを禁止した。[13] イギリスとは状況が違うとはいえ、このようなトランスに対する正真正銘の差別的な措置は、イギリスの進歩的な人びとの意識に反動をもたらし、漠然とでも正反対のアプローチに見えるものなら何でも支持する傾向を生み出した。またイギリスのトランス活動家やトランスに同情的なジャーナリストは、背景となる状況がどのように異なるかを明確に考慮することなく、これらの差別的事例を、イギリスを含めてトランスジェンダーの状況が全般的に悪化していることの証拠として利用した。

しかし、性別不適合な人びとに対する世間の同情心を利用することだけが、トランス活動家の組織が影響力を行使してきた唯一の方法ではない。もう一つの関連する要因は、プロパガンダの利用である。三つの顕著な例を見てみよう。

トランス活動家のプロパガンダとその効果

例1　トランスジェンダー追悼デー

アメリカの団体GLAADの言葉を借りれば、「トランスジェンダー追悼デーは、一九九八年に殺されたトランスジェンダーの女性、リタ・ヘスターの追悼集会として、翌年トランスジェンダーの擁護者グウェンドリン・アン・スミスによって始められた。この追悼集会は、リタ・ヘスターの死後、暴力によって亡くなったすべてのトランスジェンダーを追悼するもので、重要な伝統の始まりとなった」。暴力的で無意味な行為に対する自発的な草の根の記念行事としてアメリカで始まったこの活動は、近年、イギリスの多くの機関で恒例行事として定着している。毎年一一月二〇日には、企業、公共機関、大学などでトランスジェンダー追悼の式典が開催され、たいてい上級管理職が出席する。これらの式典の多くでは、キャンドルが灯され、前年に殺害されたすべてのトランスジェンダーの名前が一人ずつ読み上げられる。ジョン・ルーシー・ミューアがストーンウォールのウェブサイトに次のような文章を寄せている。「毎年、私たちはトランスフォビアのせいで殺害されたり、自ら命を絶ったりした人たちを偲んで祈りを捧げる。時には友人と集まり、礼拝に出席して、憎悪と偏見によって亡くなった人びとを思い起こす。私たちは、亡くなった人たちの名前と恐ろしい死因の詳細を読み上げる。『死因、喉を切られた』、『死因、至近距離から撃たれた』、『死因、鈍器による外傷と火をつけられたこと』など。毎年、そのリストは延々と続く[14]」。

各年度の名簿は専用のウェブサイトに保存され、式典で読み上げることができるように印刷可能になっている[15]。ストーンウォールは、多様性推進プログラムのメンバーに、トランスジェンダー追悼デーに参加することを強く推奨しており、さまざまな団体のなかでも、デ・モントフォート大学の参加が模範的であると述べている。ストーンウォールは、その「インクルーシブなサービスを伝える」という文書のなかで、デ・モントフォート大学の取り組みをこう称賛している。「トランスジェンダー追悼デーのような重要な日を中心に、虹色の旗を掲げてメッセージを発信している〔……〕。デ・モントフォート大学副学長の顕著な献身は〔……〕この分野での成功への鍵だ[16]」。知名度の高いイギリスの政治家も、一一月二〇日にトランス・コミュニティとの連帯を示すことに熱心で、当日の支援ツイートや、二〇一七年に労働党のジェレミー・コービン党首が行なったような公式声明を発表している。二〇一九年のトランスジェンダー追悼デーには、労働党の影の女性・平等大臣ドーン・バトラーがLGBT専門誌『ピンクニュース』で感情に訴える公的声明を発表すると同時に、トランスの人びととの連帯を表明し、労働党がジェンダー承認法の改正に取り組むことを約束した[17]。概してトランスジェンダー追悼デーは、イギリスのLGBT団体が描くトランスフォビックな暴力やトランスに対する憎悪犯罪の一般的イメージの重要な参照点にされており、トランスの女性が女性専用の更衣室やトイレなどのスペースを使用できるようにすべきだという主張の裏付けとして使われたりもしている（そうすれば、トランスフォビックな男性による暴力から守られるので、明らかに「トランス女性」にとってより安全だという暗黙の了解がある[18]。

だが、イギリスでこれほど政治的に重要な役割を担っているリストでありながら、それを検証してみると奇妙なことがわかる。名前のほとんどが、圧倒的にアメリカ大陸の人たちなのだ。世界中のトランス殺人事件を監視している「トランス殺人モニタリング・プロジェクト」によると、二〇一九年、トランスや「多様なジェンダー」の人びとの殺人事件は世界全体で三三一件あり、そのうち一六〇件（四八パーセント）がブラジルで、六三件（一九パーセント）がメキシコ、三一件（九パーセント）がアメリカ、一四件がコロンビア、一三件がアルゼンチンで起きている。ヨーロッパ全体では九件発生し、そのうちたった一件がイギリスだった[19]。一方、二〇一八年は、三六九件の殺人事件のうち一六七件（四五パーセント）がブラジルで、七一件（一九パーセント）がメキシコ、二八件がアメリカで、二一件がコロンビア、九件がアルゼンチンと記録されている。ヨーロッパ全体では一六件が記録され、イギリスはやはり一件であった[20]。

状況を少し整理してみよう。二〇一七年のブラジルの殺人件数は六万三八八〇件で、二〇一八年には、まだ驚異的に多いが五万一〇〇〇件に減った[21]。二〇二〇年の世界人口レビューでは、ブラジルは世界で七番目に殺人が多い国に分類され、人口一〇万人当たりの平均殺人件数は三〇・五件であった[22]。メキシコは一六位で、一九・二七件であった[23]。もう一つ注目すべき事実は、トランス殺人モニタリング・プロジェクトによると、二〇一九年に殺害されたトランスの六一パーセントが性産業に従事していたことである。二〇一八年は六二パーセントであった。多くのトランスの人たちが性産業に参入することは、不平等の間接的な結果、つまりトランスであることを理由にキャリアの選択肢が差別的に制限されていることの結果であろう。性産業従事者に対する暴力に関するある報告書は、多くの移民労働者にとって、トランスであればなおさら、「性産業を選択することは、限られた生活の選択肢と限られた経済的資源の反映である」と詳述している。[24] それでも、トランス研究者のタリア・メイ・ベッチャーはこう指摘する。「トランスの人に対する暴力行為のすべてが、トランスフォビックな性質であるとは限らない。『トランス女性』が標的にされるのは、トランスであるからではなく、単にセックスワーカーとして見られたからという可能性もある」。[25] 売春をすると、顧客や同僚、警察などから暴力を受けるリスクが異常に高くなることは、とくにラテンアメリカでは十分に立証されている。[26] また、ある研究の指摘によれば、アメリカでは全体としてトランスの人びとが殺されるリスクは平均より高くないが、「有色人種の若いトランス女性はほぼ確実に」高い殺害リスクにさらされているということも、関係しているだろう。それもまた、アフリカ系やラテン系の「トランス女性」がアメリカの性産業で大きな比重を占めていることと、潜在的につながっている部分があると思われる。[27]

このような複雑な背景は、トランスジェンダー追悼デーの記念事業をイギリスの組織で推進している人たちからは伝わってこない。それどころか、殺人事件はたった一つの原因から生じているとして紹介される――「トランスフォビア」だ。誤解しないでほしいのだが、性産業に従事する人びとが死や暴力（そして貧困や薬物乱用）にさらされやすくなることは恐ろしい事実であり、どの社会も緊急にわがこととして注意を払うべきである。しかし、イギリスで政治的主張をするために、海外で売春に従事するトランスの殺人を利用することこそ、まさに全体像に目を向けない思いやり方だ。そこでは、すべての殺人が形のない空虚なレトリックに押し込められ、すべてトランスフォビアの結果であると曖昧に説明され、同じものとして扱われている。これらの殺人の犠牲者は、単純化された政治的主張のために都合よく利用されるよりも、もっと正当な扱いを受ける権利がある。

イギリスにおける一〇年間のトランスジェンダーの殺害率を見ると、絶対値としては年平均一件程度であることがわかる。ここ二年間、イギリスでトランスの人が殺害されたことはない。一般に、イギリスでは年平均およそ一〇万人に一人が殺害されている。[28] 本書の「序章」で示したように、ストーンウォールによれば、イギリスにトランスが何人いるかという「最良の推定値」は、「イギリスにいるトランスおよびノンバイナリーの人びとは、六〇〇〇万人以上の人口のうち、約六〇万人」だそうだ。[29] もしそれが正しければ、トランスの殺害率は一般人口全体よりもずっと低いということになる。言うまでもないが、これはイギリスのトランスジェンダー追悼デーのイベントに参加しても、決して得られないメッセージである。

例2　自殺統計のごまかし

次に紹介するのは、「一九九五年以来、多様なジェンダーを持つ子どもたち、若者たち、そしてその家族を支援する」という使命を持つと自認するイギリスの団体、マーメイドの例である。本書の執筆時点では、ストーンウォールはマーメイドを始めとするトランス活動家の数団体と提携し、全国宝くじコミュニティ基金から資金提供を受け、「トランスの人びとの医療と司法制度へのアクセスを改善する」ための五年間のプロジェクトに取り組んでいる。[30] マーメイドの数年来の目的の一つは、ジェンダーアイデンティティが性別と一致していない子どもたちのために、思春期ブロッカーや異性ホルモン剤に早期からもっと多くアクセスできるようにするために、そしてジェンダー承認証明書が与えられる年齢が引き下げられるようにするために働きかけることであった。

これらの目的を追求するために、マーメイドはトランスの子どもたちの自殺の可能性を引き合いに出すことを常套手段にしている。しかし、イギリスの運動団体サマリタンズは、二〇一三年に発表した「自殺報道のメディアガイドライン」のなかで、自殺の原因が一つの出来事だけであるかのように示唆することは、「ミスリーディングであり、自殺の複雑さを正確に反映したものとは言えない」と警告している。またこうも記している。「自殺で亡くなる人の約九〇パーセントは、死亡時に診断済みの、または未診断のメンタルヘルス問題を抱えている」、「若者はとくに『模倣』自殺に陥りやすい。若者たちはメディアの影響を最も受けやすいグループであるという調査結果もある」[31]。そうした懸念もおかまいなしに、マーメイドは二〇一九年の世界自殺予防デーに、トランスジェンダーの子どもたちの自殺を引き合いに出して、子どもたちにジェンダー承認証明書の取得を認める法改正を求める「公開書簡」を発表した。

　この書簡の書き出しは強烈なものだ（強調は原文）。

> **トランスジェンダーの子どもたちを自殺から救うために、今すぐ行動を起こさなければならない。**
> [……]私たちは、子どもや若者を自殺で失うことほど悲惨なことはないと知っている。私たちのサービス利用者のなかに、ひどい心理的トラウマに苦しんでいる人がいるのを目の当たりにしている。その理由は、そういう若者を理解し受け入れることができない、あるいはそうするつもりがないようにみえる社会で生活しているからだ。全体として、イギリスにおける自殺者数は二〇一七年から二〇一八年にかけて減少したが、その期間に自ら命を絶つ一九歳未満の数は一五パーセント増加した。[……]一方、運動団体ストーンウォールの調査によると、若いトランスの約半数が自殺未遂を経験している。

そして書簡はこう続ける。

私たちは、トランスの子どもや若者の支援を怠れば、自殺で失うことを知っている。［……］現在の制度によって、賢く、才能があり、創造的で、やる気があり、親切で、愛されている若者たちが、自分の人生の終わりを考えるよう仕向けられている。これは国家的スキャンダルというほかない。二〇〇四年に制定されたジェンダー承認法が改正され、あらゆる年齢のトランスジェンダーにセルフＩＤが可能になった。私たちは、現代における最大の人権課題の一つの最前線にいる。若いトランスジェンダーが命を落としている。私たちの社会は、かれらの期待を裏切るのをやめなければならない。[32]

もっと注意深くみてみると、この誇張が施された書簡のなかでマーメイドが最初に引用した統計は、一九歳以下のすべてのイギリス人に関する一般的な数字である。したがって当然ながらトランスの人びとについてとくに何かを示すことはできない。書簡には、二〇一七年から一八年にかけて、この年齢層の自殺者が一五パーセント増加したと書かれている。脚注に示された出典は、二〇一七年の国家統計局の資料で、それは実際にはとくにこの年齢層についてはまったく何も記していないのだが、一〇歳から二四歳の年齢層の自殺率が減少していると記している。[33] 最大限寛大に解釈するなら、マーメイドはおそらく本当は二〇一八年の国家統計局のデータを参照するつもりだったのだろう。というのは、そのデータは実際にこの年齢層の自殺が約三六パーセントの増加傾向にあると記しているからである。これは、もう一度言うがトランスかどうかとは何の関係もないとはいえ、由々しきことに思える。しかし、二〇一八年の自殺率が全般的にすべての年齢層で一一・八パーセント増加していることにも注意する必要がある。このデータに添えられた国家統計局の解釈はこう警告している。「自殺率は年単位でバラツキが生じる傾向がある。よって今回の増加が最近の傾向の変化を表すかどうかについて述べるのは時期尚早である」。また、二〇一八年の半ばに自殺の証明基準が正式に緩和されたことが、結果に影響を与えた可能性があるとも指摘している。

マーメイドの次の主張、「運動団体ストーンウォールの調査によると、若いトランスの約半数が自殺未遂を経験している」を検証するため、ストーンウォールが参照した二〇一七年の出版物にあたってみた。確かにそこには、「トランスジェンダーの若者の五人に二人以上（四五パーセント）が、ある時点で自らの命を絶とうとしたことがある」と書かれてある。さらに詳しくみてみると、この調査結果は、一一歳から一九歳の子ども三七一三人を対象にしたオンライン・アンケートから得られたもので、そのうち一六パーセント（およそ五九四人）がトランスであると回答している。[34] つまりこの調査では、非確率抽出法が使われている。[35] この方法はサンプルが無作為ではないため、母集団全体にサンプルから得られた結果を当てはめるには不適切な方法であることが、統計学者の間では広く合意されている。

実際の自殺の統計に目を向けると、ジェンダーアイデンティティ発達サービス（ＧＩＤＳ）自体が患者の「自殺はきわめてまれである」と報告している。[36] オックスフォード大学の社会学者マイケル・ビッグス博士は、二〇一六年から二〇一八年の間に、ジェンダーアイデンティティ発達サービスの患者一人が自殺し、二人が自殺未遂を起こしたことを情報公開請求によって発見した。「それに加えて」とビッグスは書いている。「待機中の患者二人が（二〇一六年と二〇一七年に）自殺し、二人が自殺未遂を起こした。これで二年半の間に合計三人が自殺したことになる」。ビッグスは比較のために、「拒食症は、自殺リスクを一八倍または三一倍（推定方法により異なる）に増やし、うつ病は二〇倍に増やす」とも書いている。[37] 第4章で見たように、ジェンダーアイデンティティ発達サービスの患者には「高レベル」のうつ病患者が存在することを、そこで働く心理科の責任者が記録している。個々の脱移行者の話によると、性別と一致しないジェンダーアイデンティティを持つ前から拒食症だったり、それを持った後に拒食症になったりしたことが報告されている。[38]

要するに、マーメイドの公開書簡における感情に訴えるレトリックの正当性を示す確かな証拠はほとんどない。ましてや関連要因としてジェンダー承認法が改正されないこと、あるいはそれ以外に医療介入を早期に受けられないことと、トランスの若者の自殺との間には因果関係も存在しない。[39] トランスジェンダーの子どもたちが自殺する危険性がとくに高いというこの主張は、スージー・グリーンが自分の組織の目的を訴えるために何度も繰り返し訴えてきたものである。サマリタンズのメディアガイドラインに照らし合わせると、これは非常に無責任なことだ。グリーンは二〇一四年に『デイリーメール』紙で以下のように語っている。「十代のトランスジェンダーの自傷行為や自殺率はきわめて高いので、思春期ブロッカーを提供することで命が救われる。とてもシンプルなことなのだ」。グリーンは二〇一五年、『デイリーミラー』紙にこう語っている。「両親のサポートがないと感じている人は、自殺未遂をする可能性が非常に高い」。グリーンは同じ二〇一五年、『ガーディアン』紙にこう語っている。「自分の体が自分の意思に反して変化していると感じると、そのときかれらのなかには強い自殺願望が生まれるのだ」。[40] グリーンは繰り返し何度も歪曲や、場合によってはまったくの虚偽に基づくプロパガンダを利用して、未成年者の人生を変えてしまう薬や手術へのアクセスを早めるためのロビー活動を行なってきた。誤った表現は徐々に公共部門にも広まり、真実として受け取られるようになった。たとえば、権威ある美術団体テイト〔イギリス政府の持つ美術コレクションを所蔵・管理する組織〕の「学校および教員のチーム」が教師向けに制作した二〇一七年の教材集は、ほかの証拠に言及することなく、次のように記した。「学校に通うトランスジェンダーの子どもたちの自殺率は、きわめて高い[41]」。

例3　ヘイトクライム

プロパガンダの最後の例は、ヘイトクライムに関するレトリックの使用である。二〇一九年一〇月、『テレグラフ』紙は、「ヘイトクライムが六年間で倍増、トランスフォビアに基づく虐待が最大の増加を記録、警察の数字が示す」という一見するとショッキングな記事を掲載した[42]。同じ結論を導く記事が『ガーディアン』紙にも掲載された[43]。ストーンウォールの広報担当者は、トランスの権利と女性の権利の関係をめぐる公的な議論と、トランスフォビアに基づく暴力の増加との関連性を引き出したくてたまらないらしく、『ガーディアン』紙にこう語っている。「私たちは、LGBT包括教育やトランスの平等に関するメディアやオンライン、街頭での議論が、私たちのコミュニティに与える影響について長い間懸念してきた。トランスに対するヘイトクライムが大幅に増えたのは、トランスフォビアが社会のいたるところに存在することの影響を示している」。

しかし、これらの記事で決定的に説明不足なのは、掲載されたヘイトクライムのデータは有罪判決を受けた犯罪を指しているのではなく、現場で警察官が記録した、あるいは後でほかの事件担当の警察官が記録した「ヘイトクライム事件」のみを指すということである。検察庁が用いる「ヘイトクライム事件」の定義は、「トランスジェンダーである、あるいはトランスジェンダーと思われる人物に対する敵意や偏見に動機づけられていると、被害者やそのほかの人物が認識したあらゆる事件または犯罪」である。つまり、ヘイトクライム事件とは、立証された犯罪のことをいうのではなく、「犯罪と認識されたもの」のことをいうのだ。カレッジ・オブ・ポリシング〔イングランドとウェールズの警察で働くすべての人のための専門機関〕のガイドラインでは、次のように明言されている。「被害者は、通報のために自分の認識を正当化したり、証拠を提出したりする必要はなく、警察官や職員は、被害者の認識に対して直接異議を唱えるべきではない」[44]。警察組織に「登録された」という意味では、事件は「記録」されるが、検察庁自体が指摘しているように、「登録は主観的な問題である。〔……〕裁判で有罪判決が加重量刑を得るためには、警察は加害者の敵意の要素を証明する十分な証拠を提供する必要があるが、登録のためにはこれは必要ない」[45]。

　要するに、これらの報道や、それに便乗するストーンウォールの対応は、完全にミスリーディングなのである。また、本書ですでにみたように、多くの警察組織や検察庁を含む多様性推進プログラムのメンバー団体全体に広まっているストーンウォールの「トランスフォビア」の定義には、ある人のジェンダーアイデンティティを「否定すること」あるいはそれを「受け入れることの拒否」が含まれていることにも注目すべきだろう。ストーンウォールの路線がそういうものであり、かれらの社会的影響力を考えれば、二〇一九年に記録された「ヘイトクライム事件」が大幅に増加したことは驚くべきことではないだろう。だがそれは、実際のヘイトクライムの発生レベルについては何も示していない。実際、二〇一九年に「通報されたヘイトクライム」のうち、実際に起訴されたのは一〇件に一件にも満たなかったと報道されている。これは多くの場合、起訴に踏み切るだけの十分な証拠がなかったことを示唆している[46]。

誤解のないように言っておくが、トランスフォビアに基づく暴力はイギリスで実際に起きている。検察庁によると、二〇一八年から一九年にかけて、「ホモフォビアやトランスフォビアによる犯罪」に対する有罪判決は一四七五件記録されている。これに対し、同じ年に人種差別による犯罪は八四一六件の有罪判決を記録している。[47] 裁判所がストーンウォールのトランスフォビアの定義に影響されていないと仮定すると（おそらく影響されているが）、これはトランスの人びとに対する攻撃という真の社会問題を示している（ただし、少なくとも犯罪の絶対数という点では、人種差別の方がはるかに大きな問題であることも示している）。犯罪の有罪判決に関する情報に限らず、トランスの人びとに対する暴力がイギリスでどの程度の規模の社会問題であるかを正確に把握するために本当に必要なのは、トランス運動団体がロビー活動を目的に作ったデータではない。私たちには、知識生産のための（最も）標準的な学術的規範に適合したデータが必要なのである。ほとんどの大学がストーンウォールの多様性推進プログラムのメンバー団体である状況のなかで、これを得られるかどうかはまた別の問題であるが。

トランス運動団体によるこのようなプロパガンダの事例は、トランスでない人とトランスの人の両方に対して、トランスの人びとは、殺されたり、襲撃されたり、自殺したりする傾向が極端に高いのだと考えるように仕向ける。このプロパガンダは、とくにトランスでない人びとに向けられたもので、活動家の思惑に従わせるためのものだ。暴力と犠牲に関する感情的で説得力のある物語は、読んでいる最中も読んだ後も、容易かつ鮮明にイメージすることができ、その物語を額面どおりに受け取る人の多くが、正義の名のもとにトランスジェンダーに関するフィクションに身を投じやすくなるのは疑いない。それはまた、知的矛盾に対して人びとが心構えとして持っている「認識論的な警戒心」（と哲学者なら言うだろう）を薄れさせることにもなると思われる。なにしろ、トランスの人たちの危険がこれほど大きいのであれば、私たちはトランスの人たちを助け、支援するために全力を尽くすべきだ、ということになるからだ。さらには、私たちが抱いているような疑念、つまり、これらの主張は本当に事実に合っているのか、あるいはだれがその影響を受けるのかといった強い疑念を無視することにもつながっている。

客体化と「トランス女性は女性である」の関係

現在の情勢を説明する際に、世論が受けている別の影響として考慮に入れなければならないと思われることがある。それは、西洋文化において、とくに女性が性的に、ないしその他のかたちで客体化(objectification)されていることだ。この文化のあり方を考えると、多くの人びと(多くの女性自身を含む)が、意識的にせよ無意識的にせよ、女性であることを何か外見的なものの集合として捉えていることは驚くにあたらない。この考えは、ジェンダーアイデンティティ理論とは整合しない(それは何といっても、外見的身体ではなく、内面生活に関係しているからだ)が、少なくとも、ジェンダーアイデンティティ理論の政治的結論に対して肯定的な態度を取るための土台をかなりの程度準備するものだと私は考えている。なぜならそれは、ある種の男性は(性的に客体化された女性のように見えるという理由で)「女性」になりうるという考えを育む可能性があるからだ。

客体化とは何か。シモーヌ・ド・ボーヴォワールからマーサ・ヌスバウム、キャサリン・マッキノンに至るまで、フェミニスト哲学者たちは長い間、この概念の分析に関心を持ってきた。大雑把に言えば、女性を客体化するということは、女性を部分的にあるいは全体的に人間性や精神性を奪われた客体物(object)として扱ったり表現したりすることである。[48] その方法にはさまざまなものがある。ファッションや広告には、視覚的に女性を客体化するいくつかのパターンがある。高級ファッションの多くの広告キャンペーンのように、女性は虚ろな表情と生気のない瞳をした、性的に犯されるための受動的な客体物として表現されている。これを推し進めて、たとえば、女性の個人的な自律性を低めたり取り除いたりして（たとえば縛る、猿ぐつわをするなど）、性的に支配される存在として表現することもできる。毛皮やレザー、ヒョウ柄の服を着せて、女性を野性的で非常に性化された動物として表現することもできる（長年ファッション業界が、とくに黒人女性に対して好んで行なってきたことだ）。女性に特定の服を着せたりポーズを取らせたりして、さまざまなステレオタイプとして提示することもできる——有能な主婦（家庭的な雰囲気、着心地のよい服装、寛容で哀れっぽい笑顔）、頭脳明晰な科学者（白衣、厳しい表情、鼻先のメガネ）、小さな女の子（ニーソックス、おさげ髪、風船ガムをかむ）、セクシーなギャル（胸の谷間、舌なめずり、ウィンク）などだ。また、同じような体型の、同じような格好をした女ばかりそろえて、容姿や服装の共通点を視覚的に強調することで、一人ひとりの個性が削ぎ落とされ、一人の女性がほかのどの女性とも交換可能に見えるようになる。カメラを体の一部に集中させ、さらに頭や顔を省くことで、女性をただの脚や胸や尻にすることができる。これらのすべての場合において、描写のなかの女性の思考する精神、人格、自律性、特定の個性は、多かれ少なかれ軽視され、縮小され、無視されている。女性は、完全に個性的な人間というよりもモノのように扱われているという意味で「客体化」されている（理性的でなく、個性的でなく、存在感がなく、その女性の実像は重要でないとされる）。極端な場合には、女性は生物ではなく物体として使われたり、描かれたりすることさえある——男性の足を乗せる「テーブル」として、あるいは食べ物を乗せる「皿」として（飲食店で女性の裸体を寿司を乗せる器として使う日本の「女体盛り」のように）（実際には日本の飲食店で「女体盛り」が出されることはない。買春文化での限られた行為やポルノの定番にすぎない」。

さまざまな文化圏で、同じような現象が見られる。女性は、個性のない観念化された外面的形態で表現され、その精神的な営みは切り縮められているか無関係とされている。あるいは、女性の身体は典型的な物語、象徴、理念を伝えるために使われる。女性が完全で固有の個別性において表現されることはめったにない。女性のヌードが西洋の視覚文化を支配しており、女性の身体は他人の楽しみのために研究され、好色に詮索され、展示される客体として扱われる。学者のリンダ・ニードが言うように、「美術史のなかで、女性のヌードは単にたくさんある主題のなかの一つ、たくさんある形態のなかの一つにすぎないのではない。それこそが主題そのものであり、形態そのものなのである」[49]。

西洋の視覚文化において女性が習慣的に客体化されるのは、アート業界に男性が多く、女性が相対的に少ないことが関係しているだろう。とりわけ美術業界に女性画家がほとんどいないことは、女性の自画像が圧倒的に少ないことを意味している。だが、絵画における自画像は、伝統的に個人の心理や個性を綿密に研究するための媒体なのである。もっと一般的に言えば、数という観点だけからしても、視覚的な女性表象が制作のあらゆる段階で男性によってコントロールされており、したがってそれは当然女性に対する男性の関心や感情を反映する。一九八〇年代にフェミニスト芸術活動家グループのゲリラガールズが指摘したように、メトロポリタン美術館では「モダンアート部門のアーティストのうち女性は五パーセント未満だが、ヌードの八五パーセントは女性である」[50]。国立美術館では、常設の二三〇〇点のコレクションのうち、女性による油絵は現在「一〇点前後」である[51]。現代の美術市場で女性の絵画は売り上げの約二パーセントにすぎない[52]。ファッションと広告に話を戻すと、同じように気が滅入る数字がある。二〇一七年、アメリカのファッション誌の表紙のうち、女性カメラマンが撮影したのはわずか一三・七パーセントで、女性誌のなかには表紙撮影に女性カメラマンをまったく起用しないものもあった。[53] 広告業界では、スタッフの二九パーセントが女性で、クリエイティブ・ディレクターには女性が一二パーセントしかいない。[54]

これらのすべてが、ある一つの世界を作り出す一因となっている。そこでは、性化され、人格を剝奪され、人間性を否定され、個性を奪われた女性というイメージに、幼い頃から男の子も女の子も、直面させられる——新聞販売店の棚で、タブロイド紙やテレビで、ギャラリーで、インターネットで。視覚的な理想としての女性は、つねに表層的な外見の集合として表現され、同じような外見を集めた別の女性と交換可能であり、その内面生活には無視できるほどの重要性しか与えられていない。そのため、女性は文化的な環境に身を置いても、心理的に発展する可能性の場が狭められる。女性自身も自分を客体物として見るようになるのだ。つまり自信や幸福感、さらには注意力にまで明確な悪影響を及ぼす方法で「自己客体化」するようになる。[55] 美術評論家のジョン・バージャーが『視覚の方法』〔伊藤俊治訳『イメージ——視覚とメディア』ちくま学芸文庫、二〇一三年〕のなかで、その数十年前にシモーヌ・ド・ボーヴォワールが指摘したことを彷彿とさせる有名な文章を書いている。「男性が行動し、女性が現れる。男性が女性を見る。女性は見られている自分自身を見つめる。このことは、男女間のほとんどの関係を決定するだけでなく、女性と自分自身との関係をも決定づける。女性のなかにあって自分を観察する者は男性であり、観察される者は女性である。こうして女性は、自分自身を視覚の対象に転化する。つまり女性は光景になる」。[56]

そのことを証明するのに、インスタグラムに勝るものはないだろう。[57] 女性の自撮り写真が男性の自撮り写真を大幅に上回っていることが判明しているからだ。二〇一五年の調査では、一六歳から二五歳の女性は平均で自撮りに週五時間以上費やしていることがわかっている。女性のインスタグラムの自撮り写真の大部分は、非常に厳格な視覚的な「ルール」に従っており、ある研究の言葉を借りれば、「マスメディアを通して普及した規範的な女らしさの基準を再現している」[58]。自信のない初心者のために、インフルエンサーは「完璧な自撮り」の方法を説明する。同じ研究ではそれは次のように報告されている。「ユーチューバーのフーダ・ビューティは［……］『ティラノサウルスの手』と呼ぶ自撮りテクニックを推奨している。これは、手を曲げて髪やあご、額に添えるというものだ。ビューティはまた、『視線を下にした微笑み』と呼ばれるポーズや、唇を微妙に尖らせるポーズも実演している」。

近頃では、女性の文化的表現のもう一つの重要な側面として、オンライン・ポルノがある。最近のある研究ではこう言われている。「インターネット・ポルノの利用は一般的な現象である。［……］さまざまな報告によれば、インターネット・ポルノは、全帯域幅と全トラフィックの両方で、電子メディアの最大の単一カテゴリーである。［……］要するに、インターネット・ポルノの消費は、世界中の多くの大人と青少年にとって一般的な活動である」[59]。露骨で暴力的なポルノはポルノサイトの支配的部分を占め、女性や少女は、操られ、犯され、支配され、辱められ、傷つけられる対象として執拗に描かれている。その支配的なテーマは、受動性、苦痛、屈辱である。ポルノにおける性行為の最中に女性の心のなかで起こっていることは、視聴者を興奮させるかぎりでしか、カメラマンや監督にとって重要ではないのだ。

このような文化が心の発達にどのような影響を与えるのか、そして、それと接するすべての人びとが結果として女性をどのようにイメージし、どのような関係を持つようになるのかを探究することは、何年もかけて行なうべき仕事だろう。このような文化と、私たちが「トランス女性」を女性との関係で無意識にどのように捉えているかということとの間にも何らかの関係がある、と仮定するのは妥当だと思う。とりわけ「トランス女性」が自分たちの一般的なイメージを構築する際に、時に、著しく性化された客体化された女性像のステレオタイプを利用する以上、なおさらそうだ。無意識のうちに女性を非人間的なモノとして、あるいは単に性化された外見の集合として捉えている人（男性であれ女性であれ）は、おそらく、しかるべく性化された外見を持つ「トランス女性」が広く社会から女性と分類されたとしても、あまり気にすることはないだろう。私は以前、ある「トランス女性」に個人的にこう断言されたことがある――「男性が私とセックスしたがる」から自分は本当に女性なのだと。

客体化とオートガイネフィリア

女性を客体化する文化的イメージはまた、現在の状況において、認識されていないことが多い別の背景的役割を果たしているように思われる。つまり、そもそも一部の男性が自己の生物学的性別と一致しないジェンダーアイデンティティを抱くようになる状況がこの文化的イメージによって助長されている、と考えられる妥当な理由が存在することである。男性が女性の服を着たり、女性の身体を持ったりすることに性的妄想を抱く現象は、学術的にも事例的にも十分に立証されている。「トランスヴェスタイト」や「クロスドレッサー」と呼ばれる存在――性的快楽のためにプライベートでも公の場でも女装をする男性――は、二〇世紀にはほとんどの人になじみのある概念だった。だが最近では、「トランスアンブレラ」と呼ばれるものに包含され、あまり聞かれなくなった。ストーンウォールが発表した「トランスジェンダー」の定義には、「クロスドレッサー」がその一形態として含まれるようになった。

一九八九年に性科学者のレイ・ブランチャードによって、女性の服装をしたり、女性になったりすることに性的妄想を抱く男性の症状が「オートガイネフィリア」と命名された。オートガイネフィリアを持つ人は、そのことを否定する傾向のあることが実証されている。おそらく、それについてまわる（私の見解では）不当な社会的汚名のせいだろう。[60] オートガイネフィリアを研究したブランチャードを含む専門のセラピストや学者は、研究したこと自体を理由にトランス活動家から激しい反発を受けている。[61] それにもかかわらず、オートガイネフィリアが性心理的現象として存在することは、とりわけ一部の「トランス女性」自身の自己報告からも、確かなようである。自称オートガイネフィリアの「トランス女性」で学者のアン・ローレンスは、ブランチャードに倣って、それを「自分が女性であるという考えやイメージによって性的興奮を覚える性癖」と表現している。ノースウェスタン大学の心理学者J・マイケル・ベイリーは、議論を呼んだ二〇〇三年の著書『女王になろうとした男』のなかで、多くの男性が十代から密かに女装し、鏡に映る自分を見て自慰行為をしているという事実を、同情的に紹介している。妄想は胸や膣を持つことにまで発展することもある。多くの場合、オートガイネフィリアには強い罪悪感と羞恥心がつきまとい、当事者は女装の「エロティックな要素」を激しく否定する傾向があることが実証されている。[62] ベイリーもアン・ローレンスも、オートガイネフィリアが、生物学的性別と一致しないジェンダーアイデンティティを引き起こし、それがジェンダー移行につながる可能性があると指摘している。オートガイネフィリアを持つ男性たちは、「自分が女性であると想像することで性的興奮を覚えるだけでなく、女性であることを理想化し、オートガイネフィリックな妄想や行為から安心感や心地よさを得ており、通常、女らしさのアイデンティティを永続的な方法で（つまり性別適合手術によって）具現化したいと考える」とローレンスは書いている。[63]

ブランチャード、ベイリー、ローレンスは、すべての「トランス女性」がオートガイネフィリアであるわけではなく、その多くはそうではないと強調している。オートガイネフィリアは異性愛者や両性愛者に最も多く存在し、別の理由でジェンダー移行する同性愛の男性はオートガイネフィリアではない[64]。この三人の臨床家たちはまた、この症状を持つ人びとを受け入れ、理解を促進することにも熱心に取り組んでいる。それでも、この分野でのかれらの仕事に対しては膨大かつ激しい論争が起きている。論争は、歴史家のアリス・ドレガーが著書『ガリレオの中指』〔鈴木光太郎訳『ガリレオの中指』みすず書房、二〇二三年〕を執筆した際、ベイリーの著書が受けた反発について取り上げていたことで再燃した。

オートガイネフィリアが重要な、あるいは興味深い現象として存在するという仮説に対する、よく言われがちだがかなり奇妙な反発として、「それは女性にもある」というものがある。この主張者には、とりわけジュリア・セラーノ、トランス学者のアンドレア・ロング・チュウ〔チュウは概念を限界まで試すことをためらわず、さらに踏み込んでオートガイネフィリアを「すべての人間のセクシュアリティの基本構造」とさえ呼んでいる〕[65]、そして性科学者のチャールズ・モーザーがいる。モーザーは、男性のオートガイネフィリアを特定するために使われたブランチャードのオリジナルの質問票を応用した自分のバージョンの質問票に回答した女性の九三パーセントが「オートガイネフィリアに分類されるだろう」とする研究を発表した[66]。しかし、奇妙なことにモーザーは、「あなたは自分の裸体を女性の裸体であると想像して性的興奮を覚えたことがありますか」という質問に「はい」と答えた男性と、「裸の自分を想像することでエロティックに興奮したことがある」という見解に「はい」と答えた女性が、同じ種類の性的嗜好、つまりオートガイネフィリアを持っていると立証できると推定しているようだ。しかしこれは、それぞれの心理状態に存在するいくつかの決定的な差異を無視している。オートガイネフィリアの男性には、

（a）自分は生物学的に女性ではなく男性であるという根底的な信念と、（b）生物学的に女性であることに対する肯定的な妄想があり、妄想を侵犯するというスリルを支えるうえで、その両方がどうやらきわめて重要なもののように思える。対照的に、女性には自分が生物学的に女性ではなく男性であるという根底的信念はない（したがって、そこに侵犯はない）。また女性には自分が生物学的に女性であることに対する肯定的な意識が、自分の性的な妄想や欲望の内容の重要な一部として特徴づけられる必然性もない。単に女性が「自分自身」を考えて興奮するという事実から必然的に、自分が生物学的に女性であるという考えに女性が興奮するという結論が引き出されるわけでは決してない[67]。ある女性がブロンドだったとして、その女性が「自分自身」に興奮するからといって、必ずしもブロンドに夢中だということにはならない。

それに対して、正しいと思われるのは、多くの女性があからさまな客体化、受動性、屈辱に性的興奮を覚えるということである。女性読者の間で官能小説『フィフティ・シェイズ・オブ・グレイ』〔池田真紀子訳、早川書房、二〇一五年。女子大学生とサディストの大富豪の男性が主従関係を結ぶという内容のベストセラー小説〕が人気を博していることは、このことを疑いの余地なく立証している。私はそのような性的欲望は、女性を客体化する文化によって受け継がれ、形成されると推測している。そのかぎりで、そうした女性は屈辱に対する性的嗜好を一部の男性たちと共有している。つまり、「強制的女性化」と「シシフィケーション（女体化）」を好むオートガイネフィリアの男性たちとである。二〇一六年の『ヴァイス』誌の記事がこのことを鮮明に伝えている。「ＢＤＳＭのコミュニティでは『シシー』とは女装する男性のことで、女装の目的はしばしば性的快楽のためである。そういう男性の多くは『シシフィケーション』や『強制的な女性化』にふけっており、そこでは女王様によって男性服従者のジェンダー役割が入れ替えられる。[……]通常、共通にみられることは、男性服従者が女装を強制されることであり、その衣装にはランジェリーからイブニングガウンまで何でもある」。[68]アンドレア・ロング・チュウは、その著書『女』で「シシーポルノ」とその「中心的な妄想」について次のように述べている。「描かれている女性たち（シスもいればトランスもいる）は、実際には女性化された元男性で、強制的に化粧され、ランジェリーを身につけさせられ、性的服従行為を強いられることによって女性化されている」。チュウは続けて、シシフィケーションのさらなる要素として、「ビンボフィケーション（ビンボは身持ちの悪いふしだらな女の意）」という「専門用語」について述べている。それは、「催眠、洗脳、ブレーンメルティング（首尾一貫した思考ができないほど何かに魅了された状態）、知能の低下、そのほかの知性を削り取るためのテクニック」だという。チュウは、シシーポルノにおいて、「体の動きが[……]ほとんどつねに、意思の放棄を表している」ことについて述べている。「すなわち精気を失っていく顔、震える脚、白目をむいた目」。チュウは、「開いたままの口、挿入を待つ肛門、無表情、虚ろな目」といったこの種の身体表現を、「女性であることのむき出しの本質を抽出するための[……]遠心分離機」だと捉えている。[69]女性性は、チュウとポルノ業者によって、精神の不在、辱められること、受動性として構築されているが、それは女性全体を客体化する視覚文化のお決まりのパターンを誇張したものである。

ほとんどの性的欲望（性的辱めを受けたいという欲望も含めて）は、同意のある大人どうしがプライベートで安全に追求するのであれば、汚名を着せられる理由はないと私は思う。たしかに、そのような欲望を実行に移すことが個人の最善の利益になるか、それはどの程度か、ということについては、つねに疑問を差し挟む余地がある。だが、多くの性的欲望が、おそらく発達の過程で特定の文化的環境から無意識に受け継がれるものであることを考えると、それに汚名を着せることには意味がないことがわかる。

男性が、辱めを受けたり、性行為を強制されたりすることに性的欲望を持つことは、女性がそれと同じ経験をすることに抱く性的欲望よりも「悪い」わけではない。私たちの文化が、男性のそうした性的欲望を忌み嫌い、女性のそれをより「自然」なものとして扱っているという事実は、そもそも私たちが女性を性的に従順なものとして解釈しがちな性差別にとらわれていることのさらなる証明にほかならない。以上のことが社会的に認識されるようになれば、おそらくオートガイネフィリアを持つ人たちは、自分の感情のエロティックな要素を猛烈に否定したり、それに代わる「生得的な」ジェンダーアイデンティティに関するストーリーを構築したりせず、そうした要素が自分自身にあることをもっと容易に認めることができるようになるだろう。

ラディカル・フェミニストの学者シーラ・ジェフリーズは、オートガイネフィリアとシシフィケーションが「女らしさ［……］に対するトランスジェンダーの見方」を理解する鍵を与えてくれると述べているが、この単純化しすぎた説明も私は否定する。[70] ジェフリーズがここで明らかに「トランス男性」を無視しているという事実は措くとして、これは間違った因果説明に焦点を当てているように見える。オートガイネフィリアを持つ人のなかにはジェンダー移行しない人もいるし、「トランス女性」の多くはオートガイネフィリアではない。オートガイネフィリアが理由でジェンダー移行をすることは、ジェンダーを移行する理由のなかで最も「悪い」わけではない。それは個人史の一部であり、個別のケースでは、本人が幸せな人生を送るために必要なことかもしれない。むしろ、オートガイネフィリアとそれに関連するシシフィケーションの実践が私たちに与えてくれるのは、私たちの文化が女性を非道にも客体化し、非人間化する一般的な方法についてのもう一つの洞察の源であると言いたい（女性の客体化と非人間化は、そのなかで育つ女の子と男の子の両方の性的発達に不慮の結果をもたらすものである）。

過去一〇年間、オートガイネフィリアとトランスの関連性を過度に強調し、汚名を着せてきた多くのラディカル・フェミニストは、このような考えに憤慨することだろう。しかし、これらの指摘は、私が好むエビデンスに基づいたフェミニズムに完全に適合するものだと考えている。次の最終章では、私のフェミニズムの路線を敷衍し、今度は現代の運動のあり方と、とくにフェミニズム自体のある傾向について問題を提起する。

第8章　今後のよりよい運動に向けて

本書において、私はジェンダーアイデンティティ理論を否定した。なぜなら現在のトランス運動がジェンダーアイデンティティ理論を熱心に受け入れているため、一般のトランスの人たちが現在のトランス運動から恩恵を受けられなくなっていると思えるからだ。トランスの人たちはトランスの人たちである〔そういう独自の存在であるという意味〕。私たちはそれを受け入れなければならない。トランスの人たちには安全への権利があり、恥や汚名を着せられることなく社会のどこにでも目に見えるかたちで存在する権利があり、トランスでない人びとと生活の機会において完全に同等な権利を持つ。トランスであることは、これらの点に関して何の違いも生まない。しかし、トランスの人たちは、無意味な哲学用語で公然と誤って表現されるべきではない。また、ほとんどの人が頼んでもいないのに、日々の苦闘を政治的運動の名のもとに道具として利用されるべきではないし、そうすることで、ほかの集団が苦労して勝ち取った権利を執拗に侵害し、それらの人びとを疎外するような事態を招くべきでもない。またトランスの人びとは、活動家のプロパガンダによって脅かされ、自分たちが実際よりも暴力にさらされやすいと思い込まされるべきでもない。

現在のトランス運動には、別のビジョンとアジェンダが必要である。同時に、最近の主流派フェミニズムも一般の女性たちにとっては十分には役立たないものになっていると私は思う。この章では、本書の締めくくりとして、今後のよりよい運動に向けて、四つの独自の指針を概略的に述べたい。

もっと非二元的であれ

私たちは、ネット上の憤怒と非合理主義の高まりの時代を生きており、その組み合わせは、公共の議論にとって幸せなものではなかった。一般に、ネット弁慶の多くは、浅はかな感情を原動力にしているようだ。かれらは価値ある目標に向けた長く困難な道ゆきを可能にする本物の怒りをゆっくりと燃焼させるのではなく、うっぷん晴らしのパフォーマンス的な怒りに駆られ、ネットフリックスに切り替える前にコンピューターの画面に激しい悪口を打ち込むことを主な表現手段とする。このような熱狂的な雰囲気があるなかで、しかもほとんどのやり取りがバーチャルな聴衆の前で行なわれるため、議論に「勝つ」ことにますます重きが置かれるようになった。「勝つ」といっても、正しい理解に達するという意味ではなく、相手をやり込め、屈辱を味わわせるという意味でのそれだ。人はしばしば、ある問題に対する自分の立場を、別の立場に対する反応において定義する。その際、この別の立場は、何がなんでも拒絶する（あるいは拒絶したようにみえる）ことが重要な敵対者として、心情的には扱われる。そういう場合、多くの人は、「対極」にいると想定された人びとと共通の大義を持つことが心理的に不可能になるようだ。その一つの理由は、第三者に敗北や屈服と解釈されるかもしれないと感じるからである。勝利する（勝利したと見られる）ことへの意志が高まるにつれ、批判的思考は後退していくようにみえる。

こうした状況は、トランスの人びとと女性の相互利益のために社会をどう調整するかという議論においても変わらない。その議論の一方にいるのがトランス活動家だ。その見解は本書を通じて論じてきた。もう一方にはフェミニストのグループがいる。その一部はラディカルと呼ばれており、「ジェンダークリティカル」として知られるものもある。どちらにもトランスの人と非トランスの人が含まれている。

本書は、大まかに言って、少なくとも部分的にはフェミニズムの本である。さまざまな点で、とりわけ女性の利益を強く訴えてきたつもりだ。だがこれまでのところ、トランス運動に反対しているフェミニストの見解については、あまり詳しく触れてこなかった。以下、これについて手短に説明しよう。

ラディカル・フェミニズムは、およそ一九六〇年代以降に生まれた第二波フェミニズムに根ざしている。大まかに言えば、ラディカル・フェミニストは、女性差別（セクシズム）と女性憎悪（ミソジニー）、つまり女性に対する根深い軽蔑がすべての社会と組織に構造化されていると考えており、それゆえ女性の「解放」のためには最終的に社会の根本的（ラディカル）な再構築が必要であると考える。女性や少女の抑圧の根拠は、「家父長制」と呼ばれるもの、つまり女性を男性より不利な立場に置き、それを固定化し、（多くの場面で）再生産労働のために女性を利用しようとする系統的な社会関係の集合にあると考えられている。家父長制は、公的領域（職場、法律、経済、政治）だけでなく、私的領域（家族、家庭、性的関係、恋愛）でも作用している。それは学問、文化、そして言語そのものにさえ浸透している。それが顕著に現れているのが、性的暴行の統計、売買春や性的人身取引、グローバル・サウスの途上国における代理出産ツーリズム、ポルノグラフィ、ドメスティックバイオレンス、フェミサイド、性的客体化、ストーキングなど、とりわけ女性に悪影響を与える社会問題である。法や広く社会は、ほとんどの場合、解決する能力を欠いており、時に無関心にすらみえる。家父長制は、女性の成長過程で女性自身が内面化していく結果、女性の思考にも作用している。それは、女の子は何になることや何をすることが許されるのかについての一連の抑圧的なステレオタイプとして女性自身に作用する。あるいは、女性や少女が自らを、世界の中心的存在である男性より「劣る」者、男性とは「違う」者であると自然に感じさせるように作用する。

ラディカル・フェミニストにしてみれば、トランス活動家団体が女性の法的権利を変え、女性の公共スペースや社会的資源、そして言葉まで変えようとする動きは、実際には男性のものをほとんど手つかずにしたままであるがゆえに、家父長制がいつものように作用しているにすぎない。厳密に言えば、性別と一致しないジェンダーアイデンティティを持つ女性が、いまや多くの機関の方針によって男性用のトイレや更衣室、スポーツチームやクラブに入ることを明確に認められ、男性の社会的資源にアクセスできるようになったが、その事実は、実際上、男性にとってほとんど何の違いも生んでいない。異性のスペースや社会的資源に入ることを執拗に求めているのは、いまだにほとんどが「トランス女性」なのである。第3章で述べた男女間の平均的な生物学上の相違を考えると、「トランス女性」たちの勝利によって悪影響を受けるのは、やはりほとんどが女性である。ラディカル・フェミニストにとって、これは偶然の一致ではない。また、たとえば、最近の法律や政策の変更によって女性専用の施設や女性だけのスポーツは取り上げられてしまったが、その一方で貴族の長男（「トランス女性」であろうとなかろうと）の血統や相続に関する法律が維持されたままであることも、偶然の一致とはいえない。最近、秘密友愛（フラターナル）結社〔フラターナルには「兄弟の」という意味もある〕フリーメイソンが、今後「トランス女性」と「トランス男性」を会員として受け入れるが、「シス」女性は引き続き排除すると発表したが、これはラディカル・フェミニストたちにとってほぼ予測どおりのことであっただろう。(1)

ラディカル・フェミニストと並んで、トランス活動家の要求と闘っているのがジェンダークリティカル・フェミニストである。このフェミニストは、制限的な社会的ステレオタイプの集合として理解される「ジェンダー」（第1章の〈ジェンダー2〉）に焦点を当てて批判する傾向がある。ジェンダークリティカル・フェミニストはラディカル・フェミニストとこの関心を共有しているが、ラディカル・フェミニストと異なるのは包括的な説明要因として家父長制に焦点を当てない点や、一部のラディカル・フェミニストが熱心な分離主義〔男性支配的な組織から離れ女性だけの組織を運営することで家父長制に抵抗する考え〕にはあまり魅力を感じない傾向がある点である。ジェンダークリティカル・フェミニストの多くはブランクスレート型フェミニストでもあり、人の行動や心理の平均的な違いは、すべて発達の過程で後天的に獲得されるものであり、胎内や思春期に脳の性差が構造化されることはないと考える。彼女らのユートピアは「ジェンダーフリー」の世界と表現されることもある。しかし、ジェンダークリティカルであるためには、これほど極端な立場が必要なわけではない。単に、男性と女性の行動や心理の違いの多くは後天的に発達したもので、有害なものだが、別なあり方もありえた（あるいはあるべき）と考えていればいい。ジェンダークリティカル・フェミニストたちはとくに、ジェンダーアイデンティティ理論に暗黙のうちに含まれている、人を女性または男性にするものは「感覚」であるという考えに反発している。彼女らに言わせれば、この感覚は、本心では、性別にまつわる制限的で有害なステレオタイプが自分自身に当てはまるということでしかないのではないかと思えるのだ。ある男の子が自分を女の子のように感じる（実際には、化粧やバービー人形、縫い物が好きで、スポーツや戦争ゲームが好きではないということにすぎないのだが）と言っているので、その男の子を「女の子」と呼ぶとしたら、それはすなわち、そういったことは本質的に女性の活動や好みであるという社会の制限的な期待に屈服することになる。

しかし、すべてのフェミニストがトランス運動やジェンダーアイデンティティ理論に反対しているわけではない。多くの「第三波」フェミニストは賛成している。第三波フェミニズムは、主に第二波フェミニズムに対する反発のなかで形成された。第三波フェミニズムが支持する理論的立場は本書のさまざまな箇所で論じられている。自覚しているか否かにかかわらず、第三波フェミニズムは、ポストモダニズムとポスト構造主義の影響を強く受けている。[2] それゆえ、たとえば第2章で取り上げたジュディス・バトラーやトマス・ラカーのように、第三波フェミニストの多くは、生物学的性別を社会的構築物であると考えていると思われる。かれらが政治的な焦点にするのは、一種のパフォーマンスとして理解される独特の「ジェンダー」であり、自然な生物学的性別という架空の概念に縛られないものだとされている。また、第三波フェミニストたちは、第5章で述べたように、「生物学的女性（female）」も「女性（woman）」も政治的に首尾一貫したカテゴリーとしては機能しないと考え、フェミニズムはその政治的対象を再調整する必要があると結論づけることが多い（これについては次節で触れる）。そしてリベラルの系譜に基づいて、多くが「選択」や「アイデンティティ」といった概念に強固に焦点を当てている。というのも、生物学が死んだのなら、あるいは、より正確に言えば最初から存在していなかったのなら、女性としてどうあるべきかは自分しだいだと考えられるからだ。本書の随所で触れてきたように、第三波フェミニズムでは「インクルージョン」が何より重視されている。学者のR・クレア・スナイダーが言うように、第三波フェミニストたちは「自分たちのフェミニズムのバージョンを第二波よりもインクルーシブで人種的に多様なものとして描いて」おり、第三波フェミニズムを「インクルーシブであることの一形態」と定義するまでに至っている。[3] ラディカル・フェミニストやジェンダークリティカル・フェミニストは、第三波フェミニストから「排除的」だと批判されることが多い。白人中産階級の視点を推進することに過度に集中し、その視点を共有しない女性（「トランス女性」を含む）を排除している、というわけだ。

そして、この二つの凝り固まった「陣営」が、「トランス女性は女性」なのか、それは何を意味するのかをめぐって公の場で激しく議論している。一方には、トランス活動家と第三波フェミニストがおり、他方にはラディカル・フェミニストとジェンダークリティカル・フェミニストがいる。「勝つ」(勝っているように見せる)ための競争では、理想的とは言えない論争戦略が数多く採用される。一貫しているのは、どのグループが「本当」のフェミニストなのかという議論である。実質的な論点について実際に議論するよりも、だれがフェミニストとしての情熱の真の保持者であるかというフェミニストの派閥間の議論に戦略的にエネルギーが振り向けられ、ほかの政治運動の論理が反映されたりする(たとえばどちらが「本当」に左派か右派かというような)。事実上、それぞれが自分が好む教義を主張しているのである。純粋に好奇心から探究するという精神で論争が行なわれる場合には、これは運動を活性化させ、自己批判的であり続けるのに役立つ活動になる。だが、何らかの実質的な結論についてほかの活動家と同意できない場合に、その者を黙らせるための戦略として行なわれる場合には、まったく異なる現象になる。

勝っているように見せるために、藁人形論法に訴えることも頻繁に行なわれる。つまり、相手が実際に抱えている複雑で微妙な立場に批判的に関わろうとせず(これをしたら攻撃を成功させるのがより難しい)、まじめな論敵ではない者による薄っぺらな論点を、騒々しく攻撃するのである。この攻撃は、「トランス女性は女性」なのか、女性専用スペースは女性のジェンダーアイデンティティを持つあらゆる人に開放すべきなのかといった論争であらわになる。そこではトランス活動家たちが、「すべての女性に子宮があるわけではない」、「髭のある女性もいる」、「レズビアンのなかにも暴力的な人はいる」、そして驚くほど平然と「そうでなくても女性は更衣室でレイプされている」といった皮相な指摘をして、「論破」

したつもりになっている。以上の指摘は、合理的な知識を持つ人ならだれもそれに異を唱えないだろうが、だとしても、かれらが信用を失墜させようとしている、よりまともなバージョンの議論には何の役にも立たない。

三つ目の破壊的な論法は、ご多分に漏れず個人攻撃である。つまり、相手の議論の信用を落とすために、その人物の性格、属性、動機などに特徴的と思われる点に露骨に言及するのである。一定の限られた状況では、これらの要素は議論の成否に関係すると思うが、そうであればなおさら、その関連性は注意深く（犯罪捜査並みに）立証されなければならない。それらの要素の関連性は自動的に存在するものではないし、きわめて薄弱な証拠に基づいて選別的に取り上げて、特定の人びとにだけ言葉の棍棒として使用し、自分と同じ属性の人びとに対しては使われない場合には、関連性はまずない。この現象はしばしば、フェミニストどうしの争いでとりわけ顕著に見られる。その一例が、第三波フェミニストたち（多くの場合、自分たちも白人で、中産階級で、「シス」である）が、反対論者は白人で中産階級でシスだから、その議論がまともであるはずがないと難癖をつけるやり方である。「特権」という概念もまた、あらゆる立場の人びとによって武器化され、真剣な分析の道具としてではなく、子どもの喧嘩レベルの悪口として使われ、あるグループの人びとが、同じ経歴、学歴、経済力を持つ別のグループの人びとを、「特権」を理由にして非難するという笑える光景をしばしば生み出している。同時に、「トランスフォビア！」や「ミソジニスト！」という非難が自由に飛び交っている。

トランス活動家だけでなく一部の第三波フェミニストも、頻繁にいわゆる「ターフ」の動機、性格、容姿を侮辱的に誹謗しているが、これは性差別的、年齢差別的なお決まりのストーリーそのものだ。一部のフェミニストは、女性に対する制限的な女らしさのステレオタイプ一般に反対すると公言しながら、対立する女性たちに対して（だが、なぜか男性たちには言わない）「親切で」ないとすかさず指摘しても変だと思わないらしい。これは、自分たちに都合のいいときには喜んで女性を制約する母性的ステレオタイプを持ち出すという、かれらの矛盾を露呈している。いわゆる親切でインクルーシブな立場に反対することを公の場であえて主張する人びとは、悪意があると非難され、極右に犬笛を吹いているとさえ言われる――まるでそういう人たちは、主流の多数派に対して、合理的な目的のために、善意で真っ向から意見を言うことなどしてはいけないかのようである。

とはいえ、ラディカル・フェミニストやジェンダークリティカル・フェミニストにも責任の一端がある。こちらはこちらで、「トランス女性」の人格をさりげなく否定したり、「トランス女性」のジェンダー移行の理由が悪意である可能性が高いと、根拠もなく示唆したりすることが頻繁にある。オートガイネフィリアという現象が強調され、誇張され、汚名を着せられ、MtF移行に考えられるほかの動機は無視される。ジェンダーアイデンティティ理論の批判者の多くは、自分たちの主張が、すべてあるいはほとんどの「トランス女性」が潜在的に捕食者であるという考えを前提にしているわけではないと強調している（私も本書でそうしてきた）。だが、ラディカル・フェミニストのなかには、そういう挑発的で確証のない仮定に基づいて明確に行動している者もいるようだ。一部の者は、「トランス女性」を嫌悪するあまり、いまのトランス運動には反対している「トランス女性」や、ジェンダーアイデンティティ理論やその帰結にも反対している「トランス女性」にすら暴言を浴びせることがある。たとえば、ラディカル・フェミニストの学者であるジュリア・ロングは、ジェンダーアイデンティティ理論に批判的な「トランス女性」を次のように侮辱している。そういう「トランス女性」は『女性』という社会集団のなかでの正当かつ通常の居場所を主張すると同時に、自分が生物学的男性であることを認めるという言語的な操作」によって、ジェンダー承認法に関する公開の集会で「受け入れられるように取り入った」と。こうも書いている。「この組み合わせによる言語操作は、集会の参加者を完全に惑わせ、批判的な能力を失わせ、代わりに熱狂的な拍手と承認的な［……］コメントでこの男たちの発言を支持させたようだ[4]」。たしかにこれは深刻な二極対立（polarisation）である。集会参加者の反応を過剰に見下さないで考えるなら次のように言えるだろう。つまり、参加者たちは、互いに有益な共通の大義が目の前にあってもそれと認識することができないほど、生物学的男性に対する反感で盲目になっているわけではない、と。

また、ラディカル・フェミニズムやジェンダークリティカル・フェミニズムのなかにはもう一つ残念な傾向がある。過去に医療介入を受けた「トランス男性」や脱移行者の女性のことを、「台無しにされた」とか「障害者になった」、「人生が破壊された」などと語ることがあるのだ。これらのフェミニストが将来、若い世代、とりわけ増え続ける女性の脱移行者に手を差し伸べたいと本気で考えているのなら、政治的目標を達成するための道具として、こうした人たちのことを非人間的でぞんざいな言い方で語るのは、やめるべきである。

ラディカル・フェミニストのなかには、強情なほど字面にこだわり、言葉の選択に関して厳格すぎるアプローチをとる者もいる。再びロングによれば、「トランスセクシュアル」や「トランス女性」という言葉は、だれもいっさい使うべきではないという。なぜならこれらの言葉は性別変更が可能であることを暗示しているが、実際には不可能だからだ。ロングは、私のような人びとに関して、「性別変更が不可能だと正しく主張している」にもかかわらず、「あたかも性別変更が可能で、そのような人が存在するかのように、『トランスセクシュアル』や『トランス女性』という言葉を無造作に使い続ける」と書いている。[5] だとすると、おそらくロングは「健康な食べ物」という言葉を使わず〔食べ物が文字どおり健康であることはありえないから〕、「オーバートンの窓」について語らず〔結局、文字どおり窓ではないから〕〔「オーバートンの窓」とはアメリカの研究者オーバートンが唱えた概念で、多数派の人びとに受け入れられる政治的な考え方の範囲のこと〕、「スローワーム」は存在しないと言い張るのだろう〔実際には幼虫(ワーム)ではないから〕〔スローワームとは蛇に似た脚のない爬虫類〕。ロングやほかのラディカル・フェミニストたちのこのような路線は、トランス活動家たちが主張している、自分たちに対する批判者は「トランスの人びとが存在しないことを望んでいる」という、本来であれば何の根拠もない言い分に説得力を与えている。実は、まったく未知の言葉の表層的な意味は、不注意な人びとに誤解を与える可能性があるが、その意味に関する優れたコミュニケーションは、長引く誤解を取り除き、表層的な意味を実質的に無意味なものにすることができる。本書で説明したように、トランスセクシュアルや「トランス女性」が文字どおり性別変更をしているわけではないことが明確に理解されているかぎり、「トランスセクシュアル」や「トランス女性」という言葉がそれ以外の意味を持つことはないのだ。

このような二極対立にもかかわらず、共通の大義を見出すことができる分野もある。とくに、トランス活動家の多くは、ラディカル・フェミニストやジェンダークリティカル・フェミニストと同じように、性別不適合であることに対する文化的スティグマを減退させたいと強く願っている。たしかに、これを達成するための最良の手段は何かについては強固な意見の相違があり、使用される用語や背景となる信条も異なる。しかし、大まかな点では、どの立場もそれぞれの方法で性別と結びついた抑圧的なステレオタイプを打破したいと考えている。少なくとも、それは良い出発点だ。とくに「ノンバイナリー」や「アジェンダー」〔どのジェンダーでもないこと〕の人たちは、もしかしたらジェンダークリティカル・フエミニストと団結することで、（どちらのグループも自分たちには当てはまらないと考えることの多い）男らしさや女らしさに関する多くのステレオタイプの支配を緩める試みができるかもしれない。

総じて言えば、私はどの陣営ももっと一種の「ノンバイナリー（非二元論者）」であるべきだと思う。つまり、それぞれが、「敵か味方か」というストーリーから離れ、妥協点があればそれを探すべきだ。その一つの例を第6章で展開した。その章で私は、性別変更に関するフィクションにおいて、個人的な没入が果たす役割は限られていると語った。事実上、トランスの人びとは、自分の生物学的性別に決して言及すべきではないというトランス活動家と、つねに言及すべきだというフェミニストとの間で立ち往生している。第6章の論点は、もし人びとが意識的で思慮深いのであれば、選択次第で、少なくとも一定期間はフィクションに没入するという中間的な立場を見出すことができる、というものだ。そうしないのであれば、少なくとも、それが重要でない場合には対人関係において生物学的性別に言及しないようにすればいい。また、「トランス女性」を指すのに「男性」以外の言葉を使うなと（ジュリア・ロングのように）主張するのは、役に立たないし、概念的にも不十分である。より広いカテゴリーに属する人びとからなる明解かつ興味深いグループのようなものを指すには、完全に総称的な「男性」に加えて、よりきめ細かい記述的概念が明らかに必要である。「トランス女性」にも「トランス男性」にも、それぞれの特別な経験を明確にし、その特別なニーズを政治的・法的な議論に反映させることのできる、挑発的でない語彙が必要なのである。

もっとノンバイナリーであるべきだということの最後の例は、トイレ、更衣室、ホステルの大部屋などの男女別スペースに関する、現在明らかに難航している論争である。最近まで、これらは女性を保護するための社会的規範として男女別になっており、ほとんどの場合、利用者どうしの日常的な目視によって維持されてきた。女性用スペースに男性のように見える人がいる場合は、そこにいる女性たちから自信を持って異議が唱えられた。男性用スペースに女性のように見える人がいる場合は、緊急性は高くないが、男性利用者が望めば、そこでも自信を持って異議を唱えることができた。第3章で述べたように、これらの規範は、女性専用スペースにいる男性のように見える女性にとって問題を引き起こす。しかし、何といっても女性はこれらのスペースで服を脱いだり寝たりしており、第2章で論じた事実を踏まえるとほかの場所よりも男性からの性的暴行、覗き見、露出行為の被害に遭いやすいのだから、それはほとんどの女性にとって貴重な保護手段でもある。

最近、ストーンウォールのようなトランス運動団体は、全国にある多くの組織の女性専用施設に関する社会規範を変え、ジェンダーアイデンティティという内的感覚だけに基づいて、男性が女性専用施設を利用できるように働きかけている。つまりいまや、多くの組織の現在の方針に示された明確な条件では、女性専用スペースにいる女性は、そこにいる男性のように見える人に対して正当に異議を唱えることができない。なぜなら、もしかしたら、男性のように見える人はそこにいることを認められているかもしれないからだ（「その人のアイデンティティを尊重せよ」、「気にせず一日をすごしなさい」）。

これは直接的には、〝パス度が高い〟「トランス女性」が女性専用スペースに入ることに関する問題ではない。なぜなら、そういう「トランス女性」たちはまさしく「パス」しているのであり、それを統制することが事実上不可能であるだけでなく、女性専用スペースにいることを気づかれないため、社会規範を覆すことは何もないからである（この意味で、トランス活動家が時々言うように、『トランス女性』は何年も問題なく女性専用スペースを利用してきた」というのは事実である。かれらはパス度の高い「トランス女性」のことを言っており、その意味では正しい）。しかし、異性のジェンダーアイデンティティを持っていることを理由に、パス度の低い「トランス女性」を（さらに、可能性として、外見に何の実際上の変更も加えていない「トランス女性」さえも）女子更衣室に入れるよう促すのは、まったく別問題である。それは一般的な社会規範を大きく乱すことになる。それは事実上、すべての男性に――「トランス女性」であろうとなかろうと、異性のジェンダーアイデンティティを持っていようといまいと――女子更衣室に入ることを認めることになる。なぜなら、トランスであることの基準は内面的で目に見えない感覚であり、肉眼では検出できないため、ほかの利用者が異議を唱えることは不可能だからである。

しかし、それとまったく同じ意味で、女性専用のトイレや更衣室にパス度の高い「トランス男性」（つまり定義上、男性と見分けがつかない女性）がいることが許可された場合、それもまた社会規範を破壊することになるだろう。なぜなら、その規範に基づけば、男性に見える人に女性が異議申し立てするのは当然だからである。また、パス度の高い「トランス男性」に、そんな誤解が生じかねないスペースに足を踏み入れる心理的ストレスを背負わせることを期待するのも無理があるだろう。よって、ラディカル・フェミニストやジェンダークリティカル・フェミニストは、女性の利益に関心を持っているのだから、「トランス男性」の政治的利益にも関心を持つべきなのであり、そのかぎりで両陣営がすべきことは、「第三」のスペースを求めるロビー活動を行なうことである。すなわち、本人が属している生物学的性別に属しているようには見えない（あるいはそれに違和感を持つ）女性および男性がより快適に利用できる施設の設置を求めることである。事実上、世間の議論は、「トランスの人たちはつねに自分が属する生物学的性別スペースを使うべきだ」と「トランスの人たちはつねに自分が属するのとは異なる生物学的性別スペースを使うべきだ」（あるいはさらに極端な「すべてのスペースをジェンダーニュートラルにすべき」）の間で二極化しているが、選択肢はこれだけではない。もしストーンウォールがその多大な資金力と影響力を、フェミニストと協力してさまざまな施設のなかに第三のスペースを作るためのロビー活動に注いでいたなら、膨大な反感と非難は避けられただろう。

運動の主題を変えるな

最近の主流派フェミニストとゲイ運動の顕著な特徴は、それぞれが当初の活動範囲を大幅に拡大していることである。第三波フェミニズムは、いまや「トランス女性を含むすべての女性」のためのものだと一般に考えられている。時には、単にそれら二つの集団だけのためではなく、「みんなのためのもの」と表現されることさえある。これは、性差別のない世界が女性にとっても男性にとってもよいという合理的な考え方を意味しているのではない。政治的プロジェクトとしてのフェミニズムは、もはや性差別についてだけのものであってはならないという考え方である。ウェブサイト「エブリデイ・フェミニズム」が言うように、「フェミニズムは、性別、性的指向、人種、階級、そのほかの違いによる差別、搾取、抑圧をなくすように努力し、人びとが自ら自由に自己の人生を決定できるよう支援する[6]」。つまり、フェミニズムはいまや、みんなのお母さんであるべきなのだ。

一方、ゲイ運動は比較的最近になって「ＬＧＢＴ」運動となり、トランス運動と融合した（そしてほぼ確実にトランス運動に乗っ取られた）。一部の文化圏では、これは「ＬＧＢＴＱＩＡ＋」活動へとさらに拡大した。その意味は、「レズビアン、ゲイ、バイセクシュアル、トランスセクシュアル、クィア、インターセックス、アセクシュアル」の略称および「プラス」、つまりそれらの略称では明確にカバーされていない性的アイデンティティを「プラス」したものである。たとえば、ポリアモニーや「アロマンティック」(恋愛関係への欲望を持たない)などだ。いずれにせよ、LGBT運動は、異性愛者のトランスの人びとを、新たな政治的焦点として二重にカウントしている。一つ目はトランスとして、二つ目はジェンダーアイデンティティの観点から理解された「ゲイ」や「レズビアン」として(第3章参照)。

主流派フェミニズムとゲイ運動のそれぞれがその活動範囲を拡大した背景は異なるが、全体的な影響は同じである。政治的焦点の希薄化、何が目標なのかがますます曖昧になること、そして多様で新しい(時には競合する)利益を互いに均衡させなければならない(むしろ競わせなければならない)ことによる対立である。とりわけ、「トランス女性」がフェミニズムとLGBT運動の両方の活動に参加するようになったが、男性として生まれ育ったことによる習慣はほとんど変わらず残っているようだ。いまや「トランス女性」がフェミニズムとLGBT運動それぞれの最前線に立つケースが多くなり、異論を唱える女性は無視されるか、後方に追いやられている。

主流派フェミニズムの場合、その影響の一つは、精力的な行動を起こすべきところで弱腰になり、麻痺に陥っていることだ。LGBT活動家が一丸となって、生物学的性別に基づく諸権利、スペース、社会的資源に対して何重もの侵害を推進してきたのに、それに対する断固とした抵抗にエネルギーが注がれるのではなく、対立を煽るおそれのある文脈で「女性」という言葉を注意深く避けることの方に力が注がれてきた。主流派のフェミニスト団体が、女性と少女を代表すると称しながら、こうした攻撃に効果的な抵抗を示すことができなかったことは明白である。たとえば、二〇一八年に行なわれた政府の公聴会では、「セルフID」をジェンダー承認証明書発行の唯一の基準として用いるべきかどうか、そして純粋に女性だけのサービスを可能にするために平等法の男女別免責規定を維持すべきかどうかが焦点だった。それに対する主要なフェミニスト団体(フォーセット協会、女性平等党、ウィメンズ・エイドなど)

の公式回答は、よく言っても、理解しがたいほどお人好しで臆病、悪く言えば無為無策だった。ジェンダー承認法の改悪案と闘うという困難な任務を引き受けたのは、個人や草の根のグループであった――ウィメンズ・スペースUK、フェアプレー・フォー・ウィメン、トランスジェンダー・トレンド、フォー・ウィメン・スコットランド、スコットランド・ウイメン、ウィメンアンドガールズ・スコットランド、ウィ・ニード・トゥ・トークなどだ。これらのグループは、会議を開き、ウェブサイトを作り、ブログ記事を書き、自分たちの少ないリソースを非常に効果的に結集させて、強力に組織されたストーンウォール、マーメイド、スコットランド・トランス・アライアンスのような団体に対抗した（これらの団体は各々毎年数十万から数百万ポンドの資金を得ており、なかには政府機関から援助を受けているところもある）。多くの主流派フェミニスト組織が頑なに目を背けている一方で、さんざん苦労してきた草の根グループの組織者や支援者は、繰り返し誹謗中傷を受けてきた。

同じように、同性に魅かれる人びとのために闘うとされているLGBT運動の団体は、同性に魅かれる人びとの利害と異性愛者のトランスの利害が衝突するところでは、事実上無力になってしまった。たとえば、ジェンダーアイデンティティ・クリニックには同性に魅かれる子どもや十代の若者たちが極端に多いという最近のレポートに対して、ストーンウォールはこれまで批判的なことはまったく言っていない。もっと悪いことに、ストーンウォールは、ジェンダーアイデンティティの「スティック・オブ・ロック（SOR）」モデルを子どもたちに広めているマーメイドと積極的に同盟を結んでいる。マーメイドは、先に述べたとおり、偽りの自殺統計を武器にして親を怖がらせ、子どもが社会的・医学的にジェンダー移行することを受け入れさせている可能性がある。ストーンウォールはまた、「転向療法の理解に関する覚書」を共同提案した。それは、イギリスの専門のセラピストに対して、相談者が同性に魅かれる未成年者だと判断される場合でもそうでない場合でも、性別と一致しないジェンダーアイデンティティを「肯定」する以外のことをしてはならないとしている。ここでも、ゲイの人びとの利益とトランスの人びとの利益が相反する場合にゲイの人たちの利益を擁護することが、LGBアライアンスのような草の根団体に委ねられている。

フェミニズムとLGBT運動の両方において、政治的焦点の拡大によってもたらされた活力の低下は、運動の参加者全体を「代弁する」中心的なアクターとして参加できるとみなされる人のタイプが拡大したことによっても、いっそう進んだ。「裸の王様」現象と私がみなす新たな現象が生じている。それは、「トランス女性」が、専門的な関連知識がほとんどないにもかかわらず、トランスであるというだけで、女性の利益のために、あるいは女性を代表して、運動への参加を求められることである。その結果、時に驚くほどシュールな組み合わせが生まれている。たとえば、二〇一八年に開催されたバンクーバー・ウィメンズマーチのスピーカーとして、「トランス女性」で、SMプレイの女王ヘイリー・ハートレスが登壇したことである。(7) ハートレスは動画を制作しており、そのなかには、ハートレスが「小さなターフ」を性的に辱めることを想像している内容のものがある。(8) また、イギリスの「トランス女性」でジャーナリストのジェーン・フェイは、五〇歳でジェンダー移行する前は、サディズム、獣姦、屍姦などの過激なポルノグラフィの法規制に反対する運動を幅広く行なっていたが、現在ではフェミニストを自称し、その肩書で『ガーディアン』紙に執筆している。フェミニズムに関する学術的なイベントでは、登壇者に少なくとも一人の「トランス女性」を含めることが一般的になっているが、時には関連する研究業績をまったく持っていないこともある。たとえば、二〇一六年にロンドン・スクール・オブ・エコノミクスで行なわれた「フェミニズムの未来」というイベントでは、当時フェミニズム関連の業績がなく、しかも前年にジェンダー移行したばかりという「トランス女性」の哲学教授が基調講演者として登壇した。[9] 二〇一七年には、まだ一九歳の「トランス女性」リリー・マディガンが、ロチェスター・アンド・ストルード選挙区の労働党女性役員に選出された。そして二〇一八年のイギリス映画協会では、「トランス女性」のマンロー・バーグドーフが、映画監督でもないのに、「映画を撮る女」（すでに著しく男性優位な映画業界で働く女性のためのサミットという建前の会議）に基調講演者として招待された。[10]

新しい人びとが運動に参入すれば、新たな利害関係も生じる。それは旧来のものと異なっていたり、場合によっては直接対立したりすることもある。終わりの見えない展開（ミッション・クリープ）（本来軍事用語で、任務を進めているうちに、当初の目的以上に活動が拡大してしまうこと）の好例は、ストーンウォールが「騙しによる性行為」（もともとは男性が酔った女性のボーイフレンドのふりをして暗闇で性行為に及ぶこと）に関する法律を改正するために行なったロビー活動に見られる。この法律のもとでは、トランスの人びとが自分の生物学的性別を相手に知らせずに性的関係を結ぶことは犯罪となる可能性がある。ストーンウォールは、二〇一五年の文書「変革のためのビジョン」のなかで、これをトランスの人びとの「プライバシー」の侵害だと表明した。[11]「騙しによる性行為」の法改正は、ウォーリック大学の法学者で「トランスの法的平等イニシアティブ」のメンバー、アレックス・シャープ教授のいくつかの学術論文でも取り上げられている。あるブログの記事でシャープは、自分の生物学的性別を積極的に誤解させるように仕向けたうえで性的関係を結んだとしても、相手は、それでも何ゆえかこちらの性別を「わかっている」はずだと言いたいようだ。シャープによれば、「無知は知の一形態」なのだそうだ。シャープの議論は、直接的にはゲイル・ニューランドの刑事事件、つまり（トランスでない）生物学的女性のニューランドが男性のふりをして女性と性行為を行なった罪で有罪判決を受けた事件について論じているのだが、これがトランスの人びとと潜在的に関係すると気づくのは難しいことではない（自称レズビアンであるシャープ自身にも関係するはずだ）。シャープは、詩的な表現でニューランドによる被害者の心のなかに入り込み、こう問いかける。「私たち」（つまりシャープ）は「恋人の顔を見るだろう？　ほかの方法で彼女を感じるだろう？　恋人の匂いを吸い込み、彼女の感触を感じ、彼女の体の輪郭を体験し、彼女の息遣いを肌で感じ、彼女の声色を感じるだろう？　そのような瞬間、目にはどのように映ろうと、私たちの本当の性別は見破られるのではなかろうか。そのような状況で、後になって失望したからといって、欲望を捨てることが正しいのだろうか」[12]。要するに、ニューランドは相手を騙した罪で有罪判決を受けたにもかかわらず、この法学教授は、ニューランドの被害者は最初からニューランドとの性行為を望んでいたに違いないと主張していると思われる。「トランス女性」に自称「レズビアン」が占める割合が比較的高いことを考えると、シャープが望む法改正が実現したら、あまり詩的とは言えない観点から、レズビアンが受けるおそれのある被害を見て取ることもまた難しいことではない。

　ＬＧＢＴ運動が拡大するとともに、突然、「インターセックス」と呼ばれる人びともトランスの人びとと並んで政治的な焦点にされ、自分たちも「ＬＧＢＴＱＩＡ＋」という拡大されたグループに入ると説明されるようになった。このことは、トランスの人びとが政治的な焦点として含まれることをさらに正当化するものと受け止められている。第４章で見たように、性分化疾患（ＤＳＤ）を持つことは性別と一致しないジェンダーアイデンティティを持っていることを意味せず、また何らかの標準的でない性的アイデンティティを持っていることを意味するわけでもない。つまり、ＤＳＤの人びとの存在は、ＬＧＢＴ運動団体によって、「性別はスペクトラムである」と（すでに見てきたように、間違って）主張するために利用されており、トランスの人びとに対する世間一般の認識を有利に導いてきた。というのは、それは、ほぼすべてのトランスの人びとが標準的な染色体構成と形態を持って生まれてくるという事実から目をそらさせる効果があるからである。ＤＳＤの人びとをそこに含めることは、かれらに特有の苦境を正しく認識していないように思える。ＤＳＤの人の多くは、消耗性の症状に苦しみ、トラウマになるような手術を受け、自分の状態と折り合いをつけるのに苦闘している。ＤＳＤの人びとには、自分たちのものではないストーリーに押し込められたり、本来の政治的ニーズを曖昧にされたりするのを拒む権利がある。

なぜ最近、フェミニズムやゲイ運動はこのような方向に進んでいるのだろうか。フェミニズムの場合、それには思想的な理由もある。それは、フェミニズム思想が女性の経験や社会的状況（直面する特別な課題や不利な状況、獲得した成果などの違い）は世界各地で異なるという正しく常識的な見解から、第5章で述べたような一九九〇年代以降の第三波フェミニズムで一般化した奇妙な結論へと進んだからである。女性は首尾一貫した政治的焦点の単位としてはまったく機能しないという結論だ。哲学者のエリザベス・スペルマンは、一九九〇年に出版された影響力のある著書『非本質的な女性――フェミニズム思想における排除の問題』においてこの路線をとっている。その際スペルマンは、抽象概念というものの存在と機能を忘れているようだ。もっと厳密に言えば、とくに一つの抽象概念、つまり〈女性〉の存在を忘れている。というのは奇妙なことに、スペルマンは同じ議論を〈男性〉や〈労働者階級〉、〈黒人〉や〈ゲイ〉などの概念に適用しないからだ。だがそれらについてもまったく同じ誤った議論ができるはずだ。たとえば法学者のキンバレー・クレンショー（クレンショーの議論については次の節で詳しく述べる）が指摘していることだが、ある人種に属する者の全員がその人種に対する差別によって同じように苦しんできたわけではないという明白な事実があるにもかかわらず、人種差別反対運動はフェミニズムが受け

みが問題含みではないのかを説明してきた。だからといって元か

たのと同じような影響は受けていないのである。クレンショーは次のように書いている。「特定の人種差別レジームのもとで、階級や年齢、障害などの付随要因によってより多くの被害を受ける人びとがその集団のなかに部分的にいるとしても、そのことは、人種に基づく集団が受ける被害という最初の枠組み自体に問題があることを示す証拠とはみなされないのが一般的である」⒀。

抽象的な概念は、ある特定の説明目的のために、物事の一般的な種類やグループを選び出すのに役立つものであり、特殊なレベルでの部分的な違いとは無関係である。たとえば、〈木〉という概念は、オーク、トネリコ、ナナカマド、アカマツなどを含むと同時に、特定のオーク、トネリコ、ナナカマド、アカマツなどが持っている違いも含んでいる。〈木〉という概念は、いくつかの重要な説明のために必要である。たとえば、ほかの植物とは対照的に、木はその相対的な背の高さによって雷に打たれやすい。これまでみてきたように、〈女性〉(生物学的な大人の女性と理解されている)も多くの重要な説明のなかで取り上げられている。たとえば、男性とは対照的に、女性は妊娠する可能性があり、特定の健康上の問題を抱えやすく、スポーツで異なるパフォーマンスレベルを示し、特定の社会的・経済的な課題に直面しやすく、性的暴行を受けやすい、などだ。木に関する比較の主張が、す、べ、て、の木が雷に打たれるという主張でなかったのと同じように、こうしたことがすべての女性に起こるという主張では決してない。女性が地域ごとの経験や社会的状況において大きく異なるという事実は、もちろん男性においても、労働者階級の人びと、黒人、トランスの人びと(など、どのような人間集団)においても同じである。そのことはただ、〈女性〉〈男性〉〈労働者階級〉〈黒人〉〈トランス〉などの概念だけでは、社会的状況のすべてを説明できないということを示しているにすぎない。本書でたびたび述べてきたように、重要な下位グループや多様性を包含するためには、より多くの概念が必要である。しかし、だからといって元か

らある概念が無価値になるわけではない。

「フェミニズムは女性のためのもの」から「フェミニズムはみんなのもの」への変化には、ゲイ運動の「LGB」が「LGBTQIA+」に変化したことと共通する、あまり知的でない起源もある。思うにその一つは、世間というものは新奇さや目新しさを欲しているということにある。もう一つは、そもそもフェミニズムやゲイ運動をその本来のかたちで追求することをそれほどまでに重要なことにした社会的な力に対する、ある種の無意識的な精神的屈服である。女性やゲイの人びとに対する根強い嫌悪感は、社会における重要な抑圧的な力としていまだに存在し、人びとが女性やゲイの利益を軽視したり、女性やゲイに敵対する行動を積極的にとったりする原因にすらなっている。もし、ある人の仕事の一つが、女性やゲイが直面する貶め、利益剝奪、嘲笑といった根強い風潮と、かなり絶望的な闘いを続けることだとしたら、最終的にその人が仕事内容を変えても無理はないだろう。

もう一つの要因は、少なくともフェミニズムやレズビアン運動にとっては、かなり皮肉なことだが、女性と少女に関しては母性に関連した資質が社会的に評価されがちであることだ。過度の優しさ、他者との関係で自分のニーズを後回しにする自己犠牲、確固たる境界線の欠如、物事を正す道徳的責任感の強さ、などである。このようなステレオタイプは、女性と少女自身の自己概念にしばしば影響を与えるため、「自分自身」ではなく他人のニーズを中心に考えるべきだと言われると、それにたやすく影響されてしまう。

さらにもう一つ、一般的に顕著な要因は、「多様性とインクルージョン」に対する現在の文化的熱狂である。それが実際に何を意味し、何をなすべきかを真剣に考えることなく、ある種の思考停止したお題目のように受け止められている。多様性とインクルージョンと言えば聞こえがいいが、なぜそれが価値をもたらすのかがより広範な説明のなかに位置づけられないかぎり、首尾一貫した目標とはならない。多様性とインクルージョンは、システムが公正に機能していることを示す間接的な指標と理解するのが最も適切である。つまりマイノリティ集団のメンバーが不利になることなく、あらゆるレベルの組織に自由にアクセスできることを示す指標である。多様性がありインクルーシブな組織とは、（流行らない言葉だが）機会均等が真に実現されている組織なのである。そのかぎりで私たちの機関や組織は、その健全性を間接的に示すものとして、多様でインクルーシブであるべきなのだ。しかし最近では、多様性とインクルージョンは、それ自体が曖昧な目標として追求され、時にはまったく不適切な領域で追求されることがある。たとえば、本書の冒頭で、概念そのものが「インクルーシブ」であるべきだというバトラー的な考え方を紹介した。〈女性〉は「トランス女性」を「含む」べきであり、〈レズビアン〉は女性に魅かれる「トランス女性」を「含む」べきであり、さもなければ、かれらを「疎外する」ことになるというのだ。しかし、第5章で論じたように、概念の核心は排他的であることにある。ただし、この場合の「排他的」というのは、倫理的に疑わしいという意味でのそれではない。私たちが何かを説明するのに重要な意味を持っている、この世界の独自の対象を見つけ出すのに役立つ実用的な認知ツールを提供するという合理的な意味なのである。現代文化では、政治運動は多様でインクルーシブであるべきだという考え方が定着している。だれが参加するかということだけでなく、その政治的プロジェクトにおいても同様であるとされる。しかし、それは政治運動の焦点を希薄化するものだ。多くのフェミニストが指摘しているように、それは「黒人の命をないがしろにするな（Black lives matter）」から「すべての命をないがしろにするな（All lives matter）」に移行するのと同じことだ。それは主題を大きく変えるものであり、本来の政治的焦点であった人びとに不利益をもたらすものである。しかも、この転換を正当化するような重大な状況の変化はないのだ。

フェミニズムは女性と少女のためだけのものである。それは女性と少女がその排他的な政治的プロジェクトの対象であるべきだという意味だ。ポスト構造主義や第三波フェミニズムの議論は、これを否定する説得力のある理由を提供していない。それと同様に、ゲイとバイセクシュアルの人びとが、ゲイ運動の排他的な政治的プロジェクトの対象であるべきであり、その際、レズビアンのための運動とゲイ男性のための運動は、利害が異なるところでは別々に行なわれるべきだ。トランスの人びとは、独立したトランス運動の排他的な政治的プロジェクトの対象であるべきである。時に、別々の運動が何らかの明確な目的のために自覚的に団結することによって利益が得られるのであれば、それはそれで一つの方法だ。だが、恒久的に一体化することはまったく別のことである。この単純な点が時に誤解され、フェミニストやゲイ活動家、トランス活動家は個人としてほかのグループに関心を持ったり、その利益のために運動したりすることはできないと主張していると言われることがある。もちろんそんなことはない。フェミニズムやゲイ運動、トランス運動についていま主張したことは、首尾一貫した政治的プロジェクトについての主張であって、それを引き受ける個々の人についての主張ではない。プッシーハット〔トランプ大統領の就任に抗議して二〇一七年一月にアメリカで行なわれた女性のデモ行進で参加者がかぶったニット帽〕をかぶったフェミニズム専門の活動家なら、その仕事は依然として女性のための主張をすることである。だが、自分の時間に何をするかはあなたの自由だ。女性であること、少女であることに特有の社会的課題がなくなれば、フェミニズムは必要なくなる。それまでは、フ、ェ、ミ、ニ、ズ、ム、の、名、の、も、と、で他人の闘争を引き受けずとも、やるべきことはたくさんある。それとまったく同じ意味で、同性愛専門の運動は、同性愛や両性愛の指向を持ち、それゆえ特有の課題に直面する人たちだけのためのものである（「ための」とは定義上、そこに直接向けられたという意味だ)。トランス運動は、トランスであるがゆえに特有の課題に直面しているトランスの人たちだけのためのものである。これらの集団の人びとを代表すると称する団体の責任者は、運動の主題を変えるのをやめる必要がある。

よりインターセクショナルに

しかし、同時に、それらの団体の人びとは、よりインターセクショナルである必要がある。インターセクショナリティ(交差性)の大義は、現在の主流派フェミニズムやトランス運動の側の専売特許だと考えている読者にとっては、この主張は驚きかもしれない。私がそう提案する理由は、現在の主流派フェミニズムとトランス運動がインターセクショナリティの貴重な教訓を誤って伝えているからだ。最近では次のように主張されることが多い。「トランス女性」は女性でなければならない、なぜならフェミニズムは「インターセクショナル」であるべきで、よって(過去の歴史で女性として考慮されてこなかった種類の女性も含めて)「すべての女性」のためのものでなければならないからだ、と。「かつて黒人女性は女性ではないと考えられていた」とその主張は続く。「したがってトランス女性も女性でなければならない」。

実はこの議論はインターセクショナリティとは何の関係もない。「インターセクショナリティ」という言葉をそこから取り除いても、基本的な論理構造は変わらない。それは、「過去に、ある特定のグループがあるカテゴリーから不当に排除されたことがあり、現在まったく別のグループがその同じカテゴリーから排除されている場合、この排除も不当であるに違いない」という論理構造である。しかし、過去に、あるカテゴリーのメンバーについて不当な推論がなされたからといって、そのカテゴリーについて現在なされている類似の論理構造の推論がすべて不当であると言えないのは明らかだ。かつてクジラは哺乳類ではないと考えられていた。だからといって、いまサバが哺乳類だということにはならない。この思考方法が一部の人にとって多少なりとも魅力的に思えたのは、おそらくそれがバトラー的な概念の見方、つまり支配とヒエラルキーの「排他的」武器としての概念という見方に暗黙のうちに依拠しているからであり、私が第5章で主張した認知ツールとしての概念という見方に立っていないからであろう。つまり、世界およびそのなかの恣意的でない共通利益に対応して、参照したり、説明したり、予測したりするために用いられる認知ツールとしての概念である。

最近、インターセクショナリティを批判している別の著名な人物が、ダグラス・マレーである。マレーは人気の著作『大衆の狂気——ジェンダー・人種・アイデンティティ』〔山田美明訳、徳間書店、二〇二二年〕のなかで、現在の多くの病弊をインターセクショナリティのせいにし、それを次のように記述している。「自分自身と他人が持っているアイデンティティや脆弱性の主張を一つ一つ解明することに、残りの人生を費やすことへの誘いであり、次に私たちが暴いた、絶え間なく変化するヒエラルキーから生まれる正義のシステムのどれかに沿って組織化することへの誘いである」[14]。

マレーは、分析ツールとしてのインターセクショナリティと、より広く一般に流布しているアイデンティティ・ポリティクスに包摂されたものとしてのインターセクショナリティとを混同しているのだと思う。一般に流布しているアイデンティティ・ポリティクスに反対することはできるが（私も反対だ）、それでもなお、もともと提示されたインターセクショナリティの概念を、差別のシステムを分析するための有用なツールとして考えることはできる。インターセクショナリティとは、適切に理解するなら、一九七七年に黒人フェミニスト集団のカンバヒー・リバー・コレクティブが表現したように、「主要な抑圧システムは互いに連動している」ということである。したがってたとえば、「人種的であり、かつ性的でもある抑圧というものが存在し、それは単に人種的なものでも、単に性的なものでもない」ということだ。[15] あるいは、この用語を作り出し、この概念の普及に最も貢献した前述の法学者、キンバリー・クレンショーのように、こうも言える。「黒人女性は、白人女性や黒人男性が経験する差別と似ているようでいながら異なる方法で差別を経験する。黒人女性は、時に白人女性の体験と似たような差別を経験することもあれば、時に黒人男性と非常に似た体験を共有することもある。しかし、しばしば二重の差別、つまり人種による差別と性別による差別が組み合わさって作用するという経験をする。そして時には、黒人女性として差別を経験することもある。人種差別と性差別の総和ではなく、黒人女性として受ける差別である」。[16]

マレーが描いた図式とは違って、黒人女性として抑圧されていることが、黒人女性としてのその人にとって最も重要なことであるという自動的な含意はここにはない。また、マレーが暗示するのとは違って、その人のほかの任意の特徴を差別の根拠として提示することも同じように重要な関心事だという含意もない。他人を差別する伝統的な根拠——人種、社会的・経済的な階級、性別、性的指向など——が「絶え間なく変化する」ものであったらよかったのだが、私から言わせれば、たとえ現在の文化が無視しようと努めても、それらは気が滅入るほど変化しないように見える。

クレンショーの論稿には、法制度や雇用の文脈のなかで、交差する差別が実際にどのように機能しているのかについての、具体的で根気強く証明された例が豊富に書かれている。黒人女性はしばしば、フェミニズムの観点からは白人女性と同じように扱われ、反人種差別の観点からは黒人男性と同じように扱われる。どちらの場合にも、黒人女性はまったく同じ形態の差別を受ける対象として扱われがちであり、また黒人女性の問題はほかと同じ救済措置の対象であることが想定されている。だがこれは、どちらの状況とも重要な違いがあることを不当に無視している。その理由の一つは、一度に二つの形態の差別を受けることで、それぞれが屈折した形態をとっていることである。[17] また、同時に二つの大きな差別を受けると、現在の法制度を利用して個別のケースでどちらかの差別が存在することを立証しようとしても、それが難しい。これは、差別論のモデルが一度に一つの形態の差別の因果関係を認識するように設定されているためである。[18] これもまた差別的な効果をもたらす。

クレンショーが論稿で示していることのなかには、フェミニズムが女性と少女の名において政治的アクションを組み立てる際に、「女性であること、少女であること」を唯一の妥当な基準とすることはできないということが含まれている。フェミニズムは同時に、女性や少女であることが、特定の社会的・文化的文脈において、差別のさまざまなパターンにどのような因果関係を生じさせるのかについて、具体的な情報を得る必要がある。これは文脈ごとに異なるだろう。アフガニスタンでアフガン人女性であることは、アメリカでアフリカ系アメリカ人女性であることと異なるだろうし、そのどちらもイギリスで白人女性であることと異なるだろう。さらに、イギリスの白人女性どうしの間では、(たとえば) 地域ごとで階級や社会的・経済的な違いがあるだろう。

私にとって、これこそインターセクショナルであることが、本来求めているものである。つまり、ある人が不当に強いられている苦境に系統的に関与している複数の背景要因を綿密に根気強く調べ、それらがどのように相互作用し合っているかを検証するということだ。フェミニズムは、このような部分的な差異に、必要に応じて対応する必要がある。また、女性や少女が必要とするもの、望んでいることという特定の観念に基づく利益に偏っていないか、ほかの人には適用できないような、正統性を欠く狭い視点に基づいていないか、その実践をつねに監視する必要がある。それゆえ、たとえば第二波の白人フェミニストたちが、一九七〇年代から八〇年代にかけて、家庭内の無報酬の家事労働がすべての女性を抑圧する制約の根源であると主張したとき、黒人ラディカル・フェミニストの学者、ベル・フックスは次のように指摘した。白人女性とはおそらく異なり、家庭にいることは黒人女性にとって安全と承認の源泉である、と。「歴史的に、黒人女性は家族という文脈における仕事を、人間味のある労働、愛情と思いやり（白人至上主義イデオロギーによって黒人は表現できないと主張されていた人間性の振る舞いそのもの）を示す人間としての、女性としてのアイデンティティを確認する仕事とみなしてきた。家庭のなかでの思いやりのある環境で行なわれる労働とは対照的に、家庭の外での労働は、ストレスに満ち、品位を汚され、人間性を否定されるものとみなされることがほとんどだった[19]」。

イギリスの主流フェミニスト団体は、ジェンダーアイデンティティ理論の結論を熱烈に受け入れてきた。その過程で、ほぼすべての団体がインターセクショナリティの精神に口先では賛同していたが、女性と少女のためにその精神を適切に発揮することができなかった。それらの団体は、（トランス）女性の利益という狭すぎる視点を優先し、自分たちの政治的選択の結果が、二つ以上の弱者グループに同時に属する女性に不釣り合いに悪影響を与えることに気づかなかった。たとえば、「トランス女性」を女子刑務所に収容すべきだという要求に主流のフェミニスト団体は反対せず、それが女性の囚人にどのような影響を与えるかをおそらく検討さえしなかったが、この要求を例に取ってみよう。イギリス全体の人口に、黒人やアジア人そのほかの人種的・民族的マイノリティが占める割合は一一・九パーセントなのに対して、女子刑務所人口にそうしたマイノリティが占める割合は二〇パーセントである。二〇一八年、女子刑務所に入所した女性七七四五人のうち三二六二人が、入所時に住居不定と記録されている。刑務所に収監されている女性の一〇人に七人が過去にDVの被害を受けたと報告し、三一パーセントが子どものときに自治体の保護下で過ごしたことがある。また、五三パーセントが幼少期に精神的、身体的、性的虐待を受けたことがあると報告している。刑務所に入る女性の半数は、薬物の問題で支援が必要であり、八〇パーセントは暴力的でない犯罪で服役している。[20] しかし二〇一五年、エスタブリッシュメントの主流派フェミニストたちは、暴力で有罪判決を受けた「トランス女性」（なかには医療介入もジェンダー承認証明書もない者もいる）が、こうしたきわめて脆弱な立場にある女性たちと一緒に女子刑務所に収容されることに目をつぶったのである。そしていまでも見て見ぬふりをし続けている。

二〇一八年に二人の女性受刑者が、「トランス女性」のカレン・ホワイトに性的暴行を加えられた。ホワイトは、傷害罪とレイプ罪で女子刑務所に再拘留中の小児性愛者だった。この事件は、特別に脆弱な社会集団に属する女性が、「インクルーシブであること」の美名のためにないがしろにされたことの実例である。もう一つの示唆に富む例は、トランスジェンダーのニーズに対応するために一般向けの社会的スペースが再編成された際に、社会的・経済的地位が相対的に低い女性と少女がほとんど完全に無視されてきたことである。過去一〇年のデータに基づいた一九九九年のある研究では、「女性の平均所得水準が高い地域は、レイプの発生率が低い傾向にある」と示唆されている。続けて次のように書かれている。「所得の高い地域に住むことで、女性はより安全で安心な生活環境を手に入れることができるようだ。つまり、より快適な、より犯罪の少ない地域に住み、公共交通機関よりも自家用車を利用できるようになる」[21]。さらにこう言うことができるだろう。所得の高い地域に住めば、公営施設よりも民間施設を利用することが可能になる、と。たとえば市営スポーツセンター、公営プールや幼児向けの遊び場ではなく、民間のスポーツクラブやヘルス・スパなどである。二〇一八年の『タイムズ』紙によれば、その前年、公営スポーツセンターと公営プールの更衣室で性犯罪に関する苦情が一三四件あり、そのうち「一二〇件が男女共用の更衣室で起きた事件、一四件が男女別の更衣室で起きた事件」だった。[22] これらの重要な事実は、地方自治体を含む各種団体が、その所有施設内の女性専用スペースに入るための正式な手段としてセルフIDを導入しようと急いでいるがために、無視されているようである。また、各種団体がそうするのは正しいと主張する、たいていは裕福で高学歴の人びとによっても無視されているようだ。

裕福でない女性や服役中の女性——もちろんこれらの女性たちは交差している——は、ジェンダーアイデンティティ理論の結論を熱烈に受け入れているエスタブリッシュメントの主流派フェミニストから最近見捨てられた唯一の女性グループではない。主流派フェミニストが同様に無関心だったのは、ジェンダー承認法のいわゆる「配偶者拒否権」の撤廃が「トランスウィドー」に及ぼす潜在的な（スコットランドでは現実的な）影響についてである。「トランスウィドー」とは、人生の比較的遅い時期になって、夫やパートナーから突然トランスであることを告げられた非常に多くの女性たちのことだ。状況によるが、配偶者拒否権が撤廃されると、離婚費用をまかなえずに望まない結婚生活を続けたり、離婚請求を禁止している宗教コミュニティに取り残されたりするという影響が出るだろう。[23] それに関連して、主流派のフェミニストたちは、女性のジェンダーアイデンティティを持つ人びとに女性専用スペースを開放する政策が、厳格な信仰生活を送る人びと（正統派ユダヤ教徒やイスラム教徒など）に不釣り合いに大きな影響を与えることにも無関心なようである。というのは、これらの宗派の人びとにとっては、社会的な場所が完全に性別で分離されていることがとくに重要だからである。恐怖の「Wワード」〔woman〕や

「Fワード」〔female〕を避けるために、「月経のある人」のような不明瞭な用語を採用することを急ぐあまり、英語が第二言語である女性たちや、大学に行ったことがなくジェンダー研究の専門知識にあまり精通していない人たちを事実上、見捨ててしまっている。トイレを「ジェンダーニュートラル」（ユニセックス）にする学校の方針に異議を唱えなかった点で、主流派のフェミニストたちが、過酷な状況の学校に通う女子生徒のことをほとんど考えていないことがはっきりした。そういう女子生徒は、男子によるいじめやセクハラから逃れるために、男女別のスペースを希望していたのだ。そしておそらく主流派のフェミニストにとって最も困ることは、国際的にみて、ある文化圏の人口の半分が、なぜ特定の経験に不釣り合いに多くさらされるのかを、適切に説明できないままでいることである――レイプ、性奴隷、女性器切除、名誉殺人、女児殺し、月経小屋への隔離、代理出産ツーリズム、姦通行為による石打ち刑といった経験だ。ヒント。女性のジェンダーアイデンティティを持っていることが理由ではない。

主流派のフェミニズムは、「トランス男性」も見捨てている。「トランス女性」の文化的パラダイムは、最近「ガールディック（女根）」という文化的語彙が登場したことに示されるように、恒久的な身体改造からますます遠ざかっているが、それとは対照的に、「トランス男性」やノンバイナリー女性のパラダイムは、どうやら手術と身体改造へと向かっているようだ。[24] ある研究によると、「トランス男性」が「ジェンダー肯定手術」と称するものを受けたと自己申告する割合は「トランス女性」よりもはるかに高く、「トランス女性」の二八パーセントに対して、「トランス男性」は四二～五四パーセントである。この手術の大部分は、「トップ手術」として知られる完全な乳房切除術であるが、性器手術の普及率も「トランス男性」では二五～五〇パーセントであり、「トランス女性」ではわずか五～一〇パーセントと推定されている。[25] 主流派フェミニズムは、少なくとも一時期は女性と少女を対象とした政治プロジェクトと考えられていたのだが、この文化的違いの理由が何なのかについては、ほとんど語ってこなかった。その理由が、ダイエットや美容整形といった女性の身体改造の実践に広く見られるような、自己改善、純潔ストーリー、マゾヒズムなどのより一般的な文化と関連している可能性についても口をつぐんでいる。

ゲイとトランスの運動も、自分たちはインターセクショナルだと主張しているが、実際にはそうなっていない。「LGB」に「T」を加えて以来、ゲイ運動は明らかにレズビアンを政治的に代表することを放棄してきた。レズビアンの利害が、ゲイの男性や「トランス女性」の利害と異なったり、衝突したりするところではいつでもそうだ。

社会学者のマイケル・ビッグスは、主要なLGBT擁護団体の年次報告書における「レズビアン」という言葉の出現頻度を一五年にわたって追跡調査した。ストーンウォール、イクオリティ・ネットワーク、アメリカのヒューマンライツ・キャンペーンなどの団体だ。その結果わかったのは、最初から比較的少なかったが、近年はなおいっそう少なくなっており、特定の年の報告書には一切出てこないこともあるということだった。その一方で、「トランス」という言葉が使われる頻度は、とくにここ一〇年間で飛躍的に増えている。[26] LGBT団体のなかには、レズビアンのCEOを前面に出しているところもあるが、それは、団体の運営においてレズビアンの利益を平等かつ適切に代表していないという組織的失敗を埋め合わせるものではない。

第3章で述べたように、レズビアンは「トランス女性」を潜在的な性的パートナーと考えるべきだという執拗な要求が、時に著名な「トランス女性」からも出されているが、LGBT団体は頑なにそれを無視する一方で、そうした要求を批判する人たちを悪魔化している。草の根のレズビアン団体「ゲット・ザ・L・アウト」が二〇一八年のロンドン・プライドパレードで、「レズビアン＝生物学的女性の同性愛者（female homosexual）」や「トランス活動家がレズビアンを消去する」と書いた横断幕を持って抗議したとき、主流のLGBT団体から激しい攻撃を受けた。[27] 自身もレズビアンであるストーンウォールの最高責任者ルース・ハントは、ただちに「ロンドン・プライドにおけるトランスフォビア」と題したプレスリリースを発表して、ゲット・ザ・L・アウトが「トランスの人びとに対する憎悪」を示したと非難し、この平和的で短時間の抗議行動を「妨げられることなく」行なわせたロンドン・プライドの主催者を非難した。[28]

さらに追い討ちをかけるように、二〇一八年、『サンデータイムズ』紙が明らかにしたところによると、近年ストーンウォールは「イングランドのトランス指導者と組織をエンパワーする」プログラムの一環として、カナダ人の「トランス女性」モーガン・ペイジに資金援助していたという。[29] ペイジが二〇一二年、家族計画連盟のために「コットン・シーリングを乗り越えよう――クィアなトランス女性のための性的障壁の打破」と題するワークショップを開催したことは、すでに知られていた。ワークショップの説明によれば、参加者は「クィアなトランス女性がより広いクィア女性のコミュニティのなかで直面する性的障壁を探求」し、「協力して障壁を特定し［そして］それを克服する戦略を練る」[30] のだという。わかりやすく言い換えれば、同性に魅かれるレズビアンを異性と寝るように仕向けるための戦略を練るワークショップである。かつては、ゲイ運動団体は、レズビアンの性的境界を侵害しようとする男たちを批判していたものだ。まして資金を提供することなどなかった。

LGBT運動は、トランスの人びと自身にとってのインターセクショナリティをも無視している。「トランス男性」と「トランス女性」それぞれの政治的・社会的状況が多少なりとも異なっていることを認めようとせず、ロビー活動を行なう目的上、両者を同じものとして扱うことに固執している。トランス運動に関するかぎりは、次の二人の状況の間に重要な違いはないようだ――トランスアイデンティティを持ち、ほかの女性に魅かれ、クラウドファンディングで「トップ手術」の資金を募っており、時おり自傷行為をする一四歳の少女の置かれた状況と、年配になってジェンダー移行したが妻と離婚するつもりはないオートガイネフィリアで異性愛者の四一歳の男性の状況との間に。また、トランス運動は、トランス・コミュニティに比較的多く含まれる自閉症スペクトラム障害者の特別なニーズ（それは神経学的機能が正常な者とは確実に異なる）に配慮しているようにも見えない。前章でみたように、トランス運動はまた、有色人種の「トランス女性」と性産業に従事する「トランス女性」が不釣り合いに多く暴力被害を受けていることについて、両者の違いを真剣に調査することを怠ってきた。トランスへのあらゆる侵害行為を、漠然とした「トランスフォビア」の結果であるとみなし、ほかの因果的要因を認識したり調査したりしてこなかったのだ。

最後に、現代のLGBT運動は、医学的に移行したトランスという意味でのトランスセクシュアルの特殊な利益も無視している。多くのトランスセクシュアルは、名目的に自分たちの名においてなされる政治的要求に反対しており、とりわけジェンダーアイデンティティという考え方にも反対している。トランスセクシュアルには、ジェンダーアイデンティティが自分をトランスにするものだとは認めない人が多いからだ。その代わりに、トランスセクシュアルは身体違和の経験と、それを克服するために歩んできた、しばしば辛く、肉体的に過酷な個人的な道のりを強調する。また、かれらの多くが自分の生物学的性別の存在を認めることにそれほど抵抗がない。つまるところ、自分の生物学的性別がなければトランスにはなっていないのだから。トランスセクシュアルの「トランス男性」であるバック・エンジェルはこう言う。「私は生物学的には女性として生まれた。テストステロンを使って男性化し、より自分らしく感じるようになった。私は合法的に性別変更し、いまは男性として生活している。すべて男性の代名詞を使っている。私はトランスセクシュアルだが、生物学的に男性になることは決してない。それでも男性として生活している」[31]。しかし、草の根のトランス運動では、エンジェルのような意見を持つトランスセクシュアルは、しばしば「トランスカム」と揶揄される。自分を「本当」のトランスだと考える「スカム〔クズ〕」と。公式レベルでは、かれらの意見は無視されたり、否定されたりしている。

アカデミックな（高踏）理論をより少なく、アカデミックなデータをより多く

哲学者としては意外かもしれないが、私の最後の提案は、「理論をより少なく、データをより多く」に集約される。前節のメッセージは、フェミニズムとＬＧＢＴ運動が今後、効果的かつ公正に機能したいのなら、自分たちが代弁し支える人間集団のなかの特定のグループの部分的な経験にも適切な注意を払う必要があるというものだった。フェミニズムとＬＧＢＴ運動はそれらが直面しているこれらの利害や課題に目を向ける必要があるが、それはより広範なグループにおける利害や課題とは大きく異なるかもしれない。そういう活動をするためには、運動団体は信頼できる正確なデータを必要としている。トランスの経験という分野では、学者たちはほとんどこれを提供できていない。

トランスの人びとの名において、政治的な要求がトランス活動家によって行なわれていることを考えると、いささか驚くべきことだが、私たちがまだ十分に知らない基本的な事柄が多くあり、そのいくつかをここで紹介したい。

- イギリスに「トランス女性」、「トランス男性」、「ノンバイナリー」は何人いるのか、各カテゴリーの信頼できる数字は存在するのか。現時点では、政府平等局が認めているように、「イギリスのトランス人口に関する信頼できるデータは存在しない」。政府は、「イギリスにはおよそ二〇万〜五〇万人のトランスの人がいると暫定的に推定する」[32]。本書を書いている時点で、国家統計局は、イングランドとウェールズで二〇二一年に調査するために、任意の「ジェンダーアイデンティティ」質問票を準備している。それは、「あなたのジェンダーは出生時に登録された性別と同じですか」と尋ね、本人が望めば自分のジェンダーアイデンティティを記入するよう求めている。だが本書の執筆時点では、国家統計局は「あなたの性別は？『女性』または『男性』のどちらかを選択してください」という別の質問に、実際の性別ではなく「法的な性別」で答えられるようにすることで、ジェンダー承認証明書を持つトランスジェンダーが自分自身を異性として申告できるようにすることを考えているようだ[33]。一方、スコットランドと北アイルランドの国勢調査当局は、ジェンダー承認証明書がなくてもジェンダーアイデンティティの観点から回答することができると、回答者に説明する予定のようだ。これは実際には、ジェンダーアイデンティティに関する情報を含むほかの情報源と、性別に関する情報を相互参照するための、完全で確実な方法を作らないことを意味する。
- 女性のジェンダーアイデンティティを持っているという人に女性専用スペースを使用できるようにすることが、女性に与える物理的・心理的影響、とくに性的暴行の被害者である女性に与える影響。事例報告によれば、女性は公衆トイレや更衣室の利用を減らし、いくつかの施設の利用を減らし、不安の高まりを経験している。これらは、トランスの人びとの利益になるように「ジェンダーニュートラル」なスペースや「トランス女性」が利用できる女性専用スペースを増やすことに賛成する目的で持ち出されている一部の状況とまったく同じものであるため、データによって裏付けられれば、この情報は間違いなく公的な議論に値するものになるだろう。

- トランスの人びとは、一般の人びとと比較して実際にどの程度、暴行や暴力にさらされやすいのか。このデータは、標準的な学術的規範に従って専門家による精査を受ける必要があり、ロビー活動を目的としたトランス運動団体によって作成されるものであってはならない。
- イギリスのトランスジェンダーのなかで医学的移行を行なう人の割合。手術の種類（顔、胸、生殖器）ごとの情報と、ホルモン療法の情報が別個に必要である。
- 現在、国民保健サービスのジェンダーアイデンティティ発達サービスのケアを受けていない、イギリスのトランスアイデンティティを持つ子どもの数。
- 思春期ブロッカーを投与された子どもたちの長期的な経過と結果はいかなるものか。二〇一一年以来、国民保健サービスのタヴィストック・ジェンダーアイデンティティ発達サービスが思春期の子どもたちにこの薬物を使用していたにもかかわらず、長期的な経過と結果が不明であることが最近明らかになった[34]。セラピストのリサ・マルチアーノが書いているように、一般的に言って、「トランスジェンダーである子どもたちの経過と結果を調べた研究はほとんどない[35]」。
- 脱移行者の実際の数と、その経過と結果。既存の研究が全体像を示していないと考えることには根拠がある。ある研究はトランスセクシュアルにのみ焦点を当て、またある研究は非常に奇妙なことに、まだトランスジェンダーを自認している人にのみ焦点を当てている[36]。ジェンダーアイデンティティ・サービスは、プログラムから脱落した人の追跡調査を行なっていない。

- 年配になってジェンダー移行した「トランス女性」の「トランスウィドー」の経験が実際にどのようなものなのか、そしてその人たち自身の政治的ニーズは何なのか。
- 幅広い層のトランスの人びとは実際に自分たちのニーズや政治的利益についてどのように考えているのか。それは、トランス運動団体がトランスの人びとのために提示するニーズや政治的利益とどのような関係にあるのか。
- ジェンダーアイデンティティ理論の政治的成功が、年配のトランスセクシュアルに、物質的・心理的にどのような影響を与えたか（年配のトランスセクシュアルは、ジェンダーアイデンティティという概念とほとんど何の関わりも持ってこなかったから）。
- イギリスの人びとが一般的に「トランス」「トランス女性」「トランス男性」「ノンバイナリー」「ジェンダー」「ジェンダーアイデンティティ」という用語をどのように理解しているのか。一般の人びとの間では、これらの用語の解釈は依然として多様であり、公共のコミュニケーションに悪影響を及ぼす可能性があると思われる。
- 「トランス女性は女性」「トランス男性は男性」と信じている人の割合はイギリスではどの程度か、またその意味するところは具体的にはどのようなことか。第5章で一つの調査を引用したが、ほかにもあるとなおよい。

運動界隈や一般社会での議論は、さまざまな分野で、中立的で専門的に精査されたデータの不足に悩まされている。その一方で、フェミニズム理論、クィア理論、トランス研究の学者を通じて運動に流れ込む「高踏」理論の氾濫にも悩まされている。高踏理論は抽象的で、包括的で、その結論は魅惑的なまでに劇的であり、直接観察可能な経験的帰結から相対的に隔離されており、そのため、もちろんそれを覆すのはより難しくなる。その影響の一端を、第2章でジュディス・バトラーの議論に則して検討した。バトラーはジェンダーに関する仕事全体において、比較的少ない経験的観察しかしていないが、それにもかかわらず、生物学的性別は存在しないと多くの人びとを説得することに成功した。比喩的に言えば、バトラーは、聳え立つ高みから論じているのだ。概念、言語、現実、そして思考全般に関する壮大な主張から論じているのであり、性別についての具体的なデータから論じることはほとんどない。バトラーの主張とその帰結は、「エビデンス」や「経験主義的な正当性」といったありふれた概念を超えると考えられている。なぜなら、まさにバトラーは、そのような概念に疑問を投げかけているからである。先ほど、また第5章でも論じたこの影響力ある見解によると、女性は、ありとあらゆる人間集団のなかで、どういうわけか特殊な存在であり、政治的な運動に適さないし、首尾一貫した主体ではない。バトラーの場合と同じように、この結論は、複雑怪奇な一連の理論的操作によって導き出されたものであり、高踏的ではない経験的観察とはほとんど、あるいはまったく関係がない。

このような例に基づいて、私は活動家のための経験則を提案する。提供されるデータが少なければ少ないほど、また学者の新しくきらびやかな見解が複雑で抽象的であればあるほど、それを受け入れる前に注意を払う必要がある。これは、理論はつねに悪いものであるという大胆な結論ではない。実際、私たちは理論なしではやっていけない。なぜなら、観察とはほとんどの場合、前提条件によって左右されるものだからだ。私たちが見るものは、私たちがそこに何があると考えるかによって、部分的に影響を受ける。私が言いたいのはむしろ、新説の結論が劇的で斬新であればあるほど（たとえば、「生物学的性別は存在しない！」や「女性は存在しない！」）、より慎重であるべきだということだ。同様に、理論を提示する言葉が道徳的であればあるほど、読者はまずはその理論をより疑うべきだろう。というのは、理論にける道徳的な言葉は、たとえ誤りであっても、批評家にとって拒否することが心理的に難しくなるからだ。

最後に、学問の世界もほかの世界と同様に、つねに新奇な話題作りが求められていることを忘れてはならない。学者には自分の仕事を公にして「影響」を与えねばならないという強いプレッシャーがあるが、これは実際には、その研究に価値があるかどうかとは関係なく、話題集めという意味であることが多い。専門雑誌に掲載されたり、評判になったりするためには、ほかの人が述べた正しく興味深い点を繰り返すだけでは不十分で、何か新しく独創的なことを主張しなければ（主張しているように見えなければ）ならないのだが、それが究極的にやる価値があるかどうかとは無関係なことがよくある。

また、多くの学者自身が、より広範な社会的潮流や、広く共有されているイデオロギーへの同調傾向にさらされていることも忘れてはならない。とくにフェミニズム理論やクィア理論、トランス研究のように、その学問分野がある種の固有の準倫理的な目的を帯びている場合には、なおさらである。トランスの学者であるエメット・ハーシン・ドレイガーは、トランス研究に携わる者として驚くほど率直にこう述べている。「トランスジェンダー運動は現在、子どもたちを焦点にしている。トランス研究の学者が、『実はトランスの子どもにはホルモン剤を与えるべきではないのかもしれない』などと言うのではないかと思うなら、それはまったくありえないことだ。この分野では、そのような意見の相違は許されない。すべてが『ジェンダー肯定的』（その意味が何であれ）でなければならない」[37]。

まとめよう。政治的な運動が指向する（あるいは指向すべき）社会問題、つまり人びとの生活に重大な影響を与える問題は、単に学者が話題を呼ぶ新しい論文を書いて、これまで人びとが理解していたような女性やゲイやトランスの人びとが存在しないと言ったからといって、消えるものではない。あるいは、私たちがこれまで問題だと思っていたことが本当は解決策だったり、私たちがかつて解決策として考えていたことが本当は問題だったりしたからといって、消えるものでもない。賢く見える逆張りにはつねに気をつけなくてはならない。むしろ、社会問題は昔ながらの方法で解決されるだろう。それは、具体的なエビデンスとすべての関係者の声に耳を傾け、何が問題なのかを正確に把握し、何がその問題の原因なのか、何が現実的な解決策になるのかを正確に把握するということだ。そして、それを実行するのだ。

謝辞

本書の執筆を後押しし、本書が誕生した後も本書のために闘ってくれた私の代理人キャロライン・ハードマン、そして本書の意義を信じてくれたフリート社の編集者と広報担当のアーシュラ・ドイルとゾーイ・フッドに多大なる感謝を捧げたい。

私の最初の、そして最も素晴らしい読者は、最愛の妻ローラ・ギボンである。性別とジェンダーアイデンティティについて数えきれないほど私と会話し、さまざまな場面で私を励まし、再び立ち上がらせてくれたことにも感謝している。二人目の素晴らしい読者は、私の父であるガイ・ストックである。そのほか、さまざまな場所の寛大な読者に感謝する。ヘザー・ブルンスケル＝エヴァンス、アレックス・バーン、キャシー・デバイン、エマ・ヒルトン、ホリー・ローフォード＝スミス、フィオナ・リーチ、トニー・リチョラット、リサ・マルチアーノ、スーザン・マシューズ、ジョン・パイク、セリーナ・トッド、ニコラ・ウィリアムズ、そして重要な会話をしてくれたアン・フェルディとブライアン・マゴーワンにも。残された間違いはすべて私自身に責任がある。

本書のための議論を展開することは、時に心理的な苦痛を伴うものであり、私を励まし、支え、勇気を持って鼓舞してくれた素晴らしい人びとを、既知・未知を問わずすべて列挙することは不可能である。しかし、ソフィー・アレン、エリザベス・フィネロン・バーンズ、ホリー・ローフォード＝スミス、メアリー・レン、レベッカ・レイリー＝クーパー、そして私のフェミニストの女王、ジュリー・ビンデルに特別な感謝を捧げたい。

解説

千田有紀

まずは、皆さんがこの解説を読んでくださっていることを、心から喜びたいと思う。なぜなら日本でもここ数年、翻訳書、とくにトランスジェンダーに触れている翻訳書をめぐる状況は、危機的になっているからである。少なくとも無事に出版されて、皆さんの手元に届いた、ということだ。大げさに感じるかもしれない。しかし、けっしてそうではないのだ。

まずはヘレン・ルイスの『むずかしい女性が変えてきた――新しいフェミニズム史』(田中恵理香訳、みすず書房、二〇二二年)は、副題からもわかるようにトランスジェンダーについて書かれた本ではないにもかかわらず、出版に対する批判がたかまった。著者が「トランスヘイター」であるという理由からである。そして、こうした社会や思想状況に焦点をあてた『「社会正義」はいつも正しい――人種、ジェンダー、アイデンティティにまつわる捏造のすべて』(山形浩生訳、早川書房、二〇二二年)については、訳者の山形浩生氏が発売に先駆けてネットで公開した解説のなかでトランスジェンダーに触れられていることがわかると、批判ののち削除された。

つぎはアビゲイル・シュライアーによる思春期の女の子たちのトランスのありかたについてのルポルタージュ『トランスジェンダーになりたい少女たち――SNS・学校・医療が煽る流行の悲劇』(産経新聞出版、岩波明監修、村山美雪・高橋知子・寺尾まち子訳、二〇二四年)である。この本は、KADOKAWAですでに予約受付が始まっていたにもかかわらず、KADOKAWAの社屋前で抗議活動をするという予告がだされ、あっという間に発売停止に追い込まれた。産経新聞出版から現タイトルに変えて改めて刊行されることになった(発売中止にした理由の一つが、『あの子もトランスジェンダーになった――SNSで伝染する性転換ブームの悲劇』というタイトルが不適切であったということだったため、タイトルを変更せざるをえなかったのだろう)。ところが今度は、出版社や書店に書店への放火を予告する脅迫メールが届き、多くの書店が取り扱いを中止した。そのようななかで、「慎重に読むことが期待される」という手製の帯をつけて販売した書店すら存在したのである。

日本でのこの状況の延長線上に、『マテリアル・ガールズ』の翻訳書は置かれている。それだけではない。著者のキャスリン・ストック教授自身が、本書を出版したことを一つの契機として、イギリスのサセックス大学を追われている。学内の政治抗争があったようだが、学生たちから猛抗議を受け、殺害予告も受けていた。ボディガードなしでは出校できず、大学への地下道は、ストック教授の解雇を要求するビラで埋め尽くされていたという。このような文脈で、もしも本書の出版を「キャンセル」する動きがあったならば、何重にも学問の自由の危機だということである。それだけはなされてはならない。そして、本書が本当に差別本なのか、著者のストック教授が差別主義者なのかを、ぜひ実際に読んで判断していただきたい。

本書の第一章「ジェンダーアイデンティティの簡潔な歴史」でストック教授は、「ジェンダーアイデンティティ」の理論の歴史を叙述している。そこで取り上げられるのは、ボーヴォワール、マネーとストーラー、ファウスト＝スターリング、バトラーといったジェンダー論の講義をするならば避けては通れない、まさに基本という理論家たちである。こうしたジェンダーの理論家がジェンダーアイデンティティの理論の下支えをどのように作ったのかが書かれている。

続いて、セラーノがシスとトランスをどのように理論化したのか、ジョグジャガルタ原則という、ある意味での「錦の御旗」がいかにジェンダーアイデンティティの絶対性を確立したのか、そして「ターフ」(トランス排除的ラディカルフェミニスト)という概念がどうやってジェンダーアイデンティティの批判者への攻撃を可能にしたのか、その背後に「スタンドポイント認識論」があることが指摘され、アイデンティティが爆発的に増殖するまでの過程が描き切られている。

以上のように、これまでのジェンダー理論家たちの主張が、紛れもなく「ジェンダーアイデンティティ理論」を形成したという視点から再構成されている。この部分を読んだだけでも、ストック教授の切れ味に、只者ではないと感じるだろう。もしかしたら、ジェンダー理論の基礎的な考え方を知っていなければなかなか息切れするところかもしれない。また私のようにこれまでジェンダー理論を大学で教えてきた者にとっては、ジェンダー概念を、「女」という概念を含めて構築主義的視点から教授してきたことが、いかに「ジェンダーアイデンティティ理論」に繋がってきたのかという理論の「組み換え」に目を見張らされることになるかもしれない。

それは第2章の「性別とは何か」において、ラカーやバトラーがいかに生物学的な性差を「構築」してきたかという批判的な検討についても同様である。ここでは、「身体」とは何であるかについて、欲を出せばもう少し踏み込んでもよかったと思わなくもないが、そもそもストック教授は分析哲学を専門とし、フェミニズムやジェンダーの専門家ではない。こうした分析が、なぜフェミニズムやジェンダー論の内部から出てこなかったのか私たちは真剣に受け止める必要があるだろう。

第3章「なぜ性別が重要なのか」では、医療、スポーツ、性的指向、異性愛の社会的影響の側面から、ジェンダーアイデンティティ理論を全面的に支持した場合、なにが起こるかを検討している。医療において生物学的性別が重要なのは当然であるように、性別は私たちの身体に大きな影響を及ぼしている。しかし性別を前提とした生物学は「非人間的」であるという理由で、女性の身体を「前立腺のない人」「子宮頸部のある人」「月経のある人」と呼び、膣を「フロントホール」と呼んだりする。しかし男性に関しては同様のことがおこなわれない。「女性」という言葉を使わないことによって、英語に苦労している社会的・経済的地位、教育水準の低い女性たちの利益が阻害されているのである。J・K・ローリングがなぜ「月経のある人」という表現を問題視したのかがわかるだろう。J・K・ローリングはトランス差別をおこなったと批判され、日本国内からでさえもバッシングを受けていた。

しかし何といっても重要なのは、自身もレズビアンである（という立場に還元することが必ずしも適切ではないと、わかっているが）、ストック教授の性的指向についての考察である。性別をジェンダーアイデンティティであるとした場合に、「同性愛者」の意味は大きく変わってしまう。「たんなる性的指向の問題」が「トランス差別」へと読み替えられてしまうからだ。

またジェンダーアイデンティティの問題の当事者は、トランスジェンダーのみだと考えられがちである。しかし、「誰でも自分のジェンダーアイデンティティに沿った施設、スペース、グループにアクセスできるようにすべき」と運動団体のストーンウォールが、多様性推進プログラムに登録している組織にアドバイスしており、西イングランド大学ではトイレに、「間違ったトイレを使っている人」に対して、「とがめ」たりせず、「その人のアイデンティティを尊重」して「気にせず一日をお過ごしください」とポスターが貼られるような事態になっている。そうなれば、女性の安全にとって有害な結果が起きることは自明であり、ストック教授は、性別とジェンダーアイデンティティを競わせてはならないと明言している。これらは日本では、「デマ」だと問題をなかったことにされるか、あるいは女性という「マジョリティ」の人権には関係ないのだと言われるいま、実に学者として誠実な意見であるように思われる。

第4章「ジェンダーアイデンティティとは何か」では、ジェンダーアイデンティティの生得的なモデル、医療モデル、クィア理論モデルに加えて、ストック教授はスチュアート・ホールに倣いながら、同一化（アイデンティフィケーション）モデルを提示している。ここはぜひ、直接ストック教授の文章を読んでもらいたい。個人的には、アイデンティティを表現する機会の文脈で、自閉症スペクトラムや「幼児期の心理的破局と混乱の経験」について触れられている点に興味をひかれた。シュライヤー『トランスジェンダーになりたい少女たち』とも重なるが、これらを「見守る」ことが「転向療法」として禁止され、ジェンダー肯定のみが求められることは、当事者の若者の苦悩を逆に深めている可能性すらあるのである。ストック教授が本書を執筆した動機の一つに、ジェンダー肯定医療に対する疑問があることもよく見える箇所である。

第5章「何が人を女性にするのか」では、「女性」という概念とジェンダーアイデンティティとしての「女性」を比較したあと、ストック教授はこう結論付ける。性別の代わりにジェンダーアイデンティティを参照して「女性」「男性」といった概念を変更するのではなく、そのもとの概念を維持したうえで、同時にある性別のジェンダーアイデンティティを持つ大人という別の語彙を、共通の語彙に加えるべきだと。おそらくこれは、トランス活動家の人には受け入れがたい結論だろうと思われる。しかしながら、ストック教授は、女性を社会的役割として検討したあともなお、この結論を翻さないのである。

第6章「フィクションへの没入」は、ジェンダーを変更することをフィクションとして捉え、法律での変更を「法的フィクション」として検討し、また個人や制度のレベルでそれに「没入」することについて語っている。フィクションを専門とするストック教授の面目躍如というところである。ストック教授は、トランスジェンダーの代名詞の問題を「礼儀」の問題としてとらえ、「権利」——制裁を条件として強制的に要求できるもの——ではないと結論付ける。しかし同時に、自身は、ほとんどの場合でトランスジェンダーの人々の性別変更のフィクションに没入し、個々のトランスジェンダーの好む代名詞を使用する、と述べている。

第7章「なぜこんな事態にまで至ったのか」では、イギリスで同性婚が法制化されてゲイの権利の目標が達成された後、ストーンウォールが新たな使命と収入限として、「ジェンダーアイデンティティ」という問題が発見されたことから話が始められている。性別に不適合な人びとへの偏見の歴史、トランス活動家のプロパガンダとその効果、客体化と「トランス女性は女性である」の関係の三つについて検討されている。とくにイギリスにおけるトランスジェンダーの殺害は年間約一件程度であるということ、トランスジェンダーの支援をしないと子どもたちが自殺すると、自殺を引き合いに出す運動団体「マーメイド」がその根拠とするデータを見れば、そのデータからは容易には結論付けられないこと、ストーンウォールのヘイトクライムの件数は犯罪数を示しているのではなく、たんに被害者が認識して通告したものであることを指摘している。学問的には非常に正しい態度であるが、運動体に、特に運動を推進するためのスローガンとしているものの根拠について異議を唱えることは、近年の状況に鑑みるに、なかなか勇気がいることであろう。また自分自身が女性の服装をしたり、女性になったりすることに性的な妄想を抱くオートガイネフィリアも、ある意味でトランスジェンダー問題におけるタブーである。ストック教授はこうしたタブーにも、学者として切り込んでいくのである。

第8章「今後のよりよい運動に向けて」は、フェミニストにとっても鋭い批判が向けられる章である。ストック教授は「もっと非二元的（ノンバイナリー）であれ」と提言する。そしてラディカル・フェミニスト、ジェンダークリティカル・フェミニストに第三波フェミニストを対置する。ポストモダニズムと構造主義の影響を受けている第三波は、自分たちを第二波よりも「インクルーシブ」で「人種的に多様」だと自認しており、ラディカル・フェミニスト、ジェンダークリティカル・フェミニストに対して「排除的」だと非難する。一方で、ラディカル・フェミニスト、ジェンダークリティカル・フェミニストは「トランス女性」そのものに、冷たく口撃したりもする、とストック教授はいう。そして「二つの凝り固まった『陣営』が『トランス女性』は女性なのか、それは何を意味するのか」をめぐって議論しているが、それはお互いに「勝つ」ための論争だというのである。どちらの陣営の過剰さにも突き放して描いている側面がある。個人的に興味深いのは、第三波フェミニストたちが、反対論者は白人で中産階級でシスジェンダーだから、その議論がまともであるはずがないと難癖をつけているが、自分自身もまた多くの場合、白人で中産階級でシスジェンダーである、という指摘である。ストック教授のシニカルかつ、どこまでも学者であろうとする姿勢を強く感じた（そしてちょっと意地悪に見れば、フェミニズムを批判することで「フェミニストだからトランスジェンダーに厳しいターフだ」といういわれのない批判を避けることができる）。しかし実際には、さまざまな政治のなかで、誠実に何とかバランスを取ろうとする姿勢なのであろう。

そしてフェミニズムは女性と少女のものだという運動の主題を変えるべきではなく、かつ、インターセクショナリティを批判的に検討したうえで、インターセクショナルであれ（フェミニズムはトランス男性についても考えるべきであるし、ＬＧＢＴ運動はトランスセクシュアルへの冷淡な態度をやめるべき）と主張し、アカデミックな高踏理論をより少なく、アカデミックなデータをより多く使うことを提案して、ストック教授はこの本を終えるのである。

本書全体を通じて感じたのは、意外なことであるが、本書がキャンセルされる理由を理解できる点であった。それはこの本がトランスヘイトであるからでも、差別的であるからでもない。むしろ逆だ。ストック教授は、トランスジェンダーが好む代名詞を使い、できるかぎりトランスジェンダーのフィクションに没入することをおこなうとし、トランスジェンダーに非常に心配りをしている。また批判されるべきは、トランスジェンダーのイデオロギー、ジェンダーアイデンティティ理論であり、個々のトランスジェンダーを攻撃したり差別したりすることを、何度も否定している。実にトランスジェンダーに配慮された本なのである。

さらに議論は、実証的な証拠に基づき進められ、たとえ運動団体の主張であろうとも、間違いは間違いであると批判している。理論にももちろん精通していて、緻密に組み立てられている。このような本が書かれてしまうと、「あいつはたんなるフェミニズムのイデオロギーに凝り固まった差別主義者のターフだ！」とか「〇〇の概念を否定したり、こんな差別的な記述をするなんて、典型的なトランスヘイターだ！」とイデオロギー的な立場に相手を還元して事足れりとすることができなくなってしまう。ジェンダーアイデンティティ理論に対する完成度の高い批判書が学術の世界に解き放たれた場合、気に入らない人は、その本ごとなかったことにしてしまう――キャンセルしてしまうしかない。ついでにいえば、同じような本が二度と書かれないように、ストック教授ごとキャンセルしてしまうしかなくなるのだろう。

これだけの本を書きながら、職場を追われ、酷い暴力にあってきたストック教授には同情を禁じえない。しかしだからこそ、また緻密で学術的な一冊を書いてくれることを心から期待したい。

訳者あとがき

本書は、Kathleen Stock, *Material Girls: Why Reality Matters for Feminism*, Fleet, 2021 の全訳である。著者のキャスリン・ストックは、二〇二一年に辞職するまで、イギリスのサセックス大学で哲学担当の教授を務めていた。ストックの哲学者としてのキャリアは、美学やイマジネーションの研究から出発し、二〇〇一年にフィクション映画とイマジネーションをめぐる博士論文で名門リーズ大学から博士号（Ph.D.）を取得した後、二〇〇三年にサセックス大学に講師として着任した。二〇〇七年に編著『音楽をめぐる哲学者たち——経験・意味・作品』（オクスフォード大学出版局、未翻訳）、二〇一七年に単著『オンリー・イマジン——フィクション・解釈・イマジネーション』（オクスフォード大学出版局、未翻訳）を出版している。

「ジェンダーアイデンティティ理論」（一四頁参照）を批判する本書は、二〇二一年五月に出版されるや、その確かな学識に裏打ちされた明晰な内容と真摯な筆致から多くの支持を集めると同時に、トランス活動家から「トランスフォビア」との激しい攻撃を受けることになった。ストックは、本書の元になる見解を発表し始めるまで、ジェンダー分野での研究業績はほとんどなかった（ほぼ唯一の例外は、「性的客体化」というフェミニズムの重要概念を分析した二〇一五年の論文）。そんなストックが、セルフＩＤに基づく性別変更を可能にするジェンダー承認法改正の動きが生じた二〇一八年頃から、トランスジェンダーに関する自己の見解をブログで発信し始めた。その結果トランス活動家から、「トランス差別者」として批判されるようになる。本書が出版されるや、ストックへの直接的な人身攻撃が始まった。ストックは身の安全を確保するため護衛をつけざるをえなくなるほどであった。しかし大学の組合がストックの権利や安全を守る側に回らずむしろ攻撃を擁護する側についたため、ストックは本書の出版からわずか五カ月後に辞職に追い込まれた。

本書はしかし、決して「トランスジェンダー差別本」などではない。トランスジェンダーをめぐる諸問題を冷静かつ学術的に論ずることを通じて、フェミニズムの分断・対立を乗り越えようとして書かれた、きわめて価値ある書物である。批判者が依拠する「差別の根拠」に対しては、学術的エビデンスと社会的事実に基づいて周到に論駁されている（生物学的性別の存在と重要性については第2章と第3章、セルフＩＤがもたらしうる社会的混乱と他者の権利侵害等についても第3章および第7章参照）。それでも、日本においても本書に対しては「トランス差別」との批判が巻き起こるだろう。一つだけ確実に言えるのは、本書のように根拠と事実に基づく誠実な研究成果に対して「トランス差別」などの名誉毀損的レッテル貼り、「ノーディベート（差別者とは議論しない）」や「キャンセル（排斥）」などがジェンダー研究の世界でも生じるとしたら（あるいは生じたときにそれを学界が黙認するとしたら）、それは学問研究としてのジェンダー研究の自己否定であり、自殺だということだ。本書の意義についてさらに詳しくは、千田有紀さんによる「解説」をご覧いただきたい（ただし本書の興味深い仮説、第6章「フィクションへの没入」に対するありうる批判についてのみ一言述べておきたい。それは、同章の記述に基づき、本書が「トランスの人の性自認をフィクションへの没入と判定する」もので「越権行為」だとする批判である。だがこれは誤解である。ストックは「性自認」と「性別変更」を「分離可能」としたうえで、性別変更のみをフィクションと指摘しているからだ［二一四頁］。文字どおりの性別変更など医学的にできない以上この規定はむしろ当然だろう。そのうえで、性別変更を「真実だと信じている人」には「フィクションは関係ない」ことも認めている［二一五頁］。ストックの仮説は「限定」的［二一四頁］であることが見落とされてはならない）。

ここで訳語について説明をしておきたい。まず本書のキーワードである「gender identity」は、今日その訳語として普及している「性自認」を採用せず、「ジェンダーアイデンティティ」とそのままカナ表記した。「自認」は、「identity」（通常「同一性」と訳される）の訳語よりも、「identify（自認する）」の名詞形「identification（自認すること＝自認）」の訳語にふさわしい。よって「性自認」は gender identity ではなく「gender self-identification（セルフＩＤ）」により適した訳語といえる。にもかかわらず、gender identityに「性自認」の訳語をあてるのは、日本におけるセルフＩＤへの道を均す効果を生じさせるおそれがある。

次に、「sex」と「gender」である。genderについては、幸いストック自身が第1章の終わりの方で（四四頁以下）それに四つの意味があることを指摘し、読者の混乱を避けるため、異なる意味ごとに言い換えている。翻訳では、その言い換えをそのまま訳した。genderに対するsexは、「生物学上の性別」を意味する。ジェンダーアイデンティティ理論が生物学上の性別を否定ないし軽視するのに対して、本書はその存在を擁護し重視するがゆえに、文脈によっては（過度に読みにくくならないことを前提に）単に「性別」ではなく「生物学的性別」と訳した。

本書でもう一つ重要なのが、「女性」を意味する「female/woman」と「男性」を意味する「male/man」の自覚的な区別である。もともと「female」と「male」は、日本語の女性と男性と同じように、それぞれ「生物学的意味および社会的意味での女性」、「生物学的意味および社会的意味での男性」を意味し、「woman」と「man」はそれぞれ「社会的意味での女性」と「社会的意味での男性」を意味するところ、ストックは本書でfemaleとmaleをそれぞれもっぱら「生物学的意味での女性」と「生物学的意味での男性」に限定し、womanとmanと対比させて使用している。その理由は言うまでもなく、生物学上の性別を否定・軽視するジェンダーアイデンティティ理論に対する批判論を展開するために必要だからである。よってfemaleとmaleについては、文脈に応じて（ここでも過度に読みにくくならないよう配慮しつつ）、単に「女性」または「男性」ではなく「生物学的女性」または「生物学的男性」と訳した。

以下、重要タームについて採用した訳語を列挙する。「gender affirmative＝ジェンダー肯定的」、「gender dysphoria＝ジェンダー違和」、「gender (sex) nonconforming＝ジェンダーに（性別に）不適合な」、「gender reassignment＝ジェンダー再適合」、「misaligned gender identity＝性別と一致しないジェンダーアイデンティティ」。

本書の翻訳は、私が本書を読んで感銘を受けたことに始まった。本書を日本に紹介したいという思いは、本書を執筆したために著者が大学の職を追われたという事実を知り、いっそう強くなった。単独での作業には不安もあったが、幸い、研究上の同志である森田成也さんとキャロライン・ノーマさんから全面的なバックアップを得られることになり、翻訳に着手した。ノーマさんには英語ネイティブならではの指摘を、森田さんには訳を正確でシャープにするための指摘を、さらに校正者の中村孝子さんに自然で読みやすい日本語にするための指摘をそれぞれ数えきれないほどいただいた。これらの指摘がなかったら、はるかに読みづらく不正確な訳文になっていた。本書の翻訳は、これらの方々の惜しみない協力によって完成したことを記して、深く感謝を述べたい。そして千田有紀さんには、本書の意義について（そもそも本書が出版されること自体の意義についても）わかりやすく伝える、行き届いた解説を書いていただいた。厚く感謝を申し上げたい。最後になったが、本書の企画段階から完成まで伴走していただいた慶應義塾大学出版会の編集者、村上文さんに心からの感謝を捧げたい。

二〇二四年八月

中里見　博

著者

キャスリン・ストック（Kathleen Stock）

1972年生まれ。元イギリス・サセックス大学教授。専門は哲学。オクスフォード大学で哲学の学士号を、セント・アンドリュース大学で修士号、リーズ大学で博士号を取得。専門は、美学、フィクションの哲学。特にジェンダーと性別（セックス）に焦点を当てた研究が注目を集めている。ジェンダーと性別の複雑な問題に対する哲学的研究は、フェミニズムとジェンダー理論の分野で重要な貢献をしている。著書に、*Only Imagine: Fiction, Interpretation and Imagination*, OUP, 2017など。

訳者

中里見博（なかさとみ ひろし）

大阪電気通信大学教授。専門は憲法、ジェンダー法学。主要著作に、『ポルノグラフィと性暴力――新たな法規制を求めて』（明石書店、2007年）他。翻訳に、キャサリン・マッキノン、アンドレア・ドウォーキン『ポルノグラフィと性差別』（共訳、青木書店、2002年）、キャサリン・マッキノン『女の生、男の法』上下（共訳、岩波書店、2011年）。

解説

千田有紀（せんだ ゆき）

武蔵大学社会学部教授。専門はジェンダーの社会学、現代社会論、家族社会学、教育社会学。主要著作に、『日本型近代家族――どこから来てどこへ行くのか』（勁草書房、2011年）、『女性学／男性学』（岩波書店、2009年）、共著に、千田有紀・中西祐子・青山薫『ジェンダー論をつかむ』（有斐閣、2013年）、翻訳に、シーラ・ジェフリーズ『美とミソジニー』（共訳、慶應義塾大学出版会、2022年）他。

人名索引

ナ行

ハ行

マ行

ヤ行

ラ・ワ行

事項索引

ナ・ハ行

マ・ラ行

注

序　章

(1) Julian Norman, '"Shifting sands": Six legal views on the transgender debate', *Guardian*, 19 October 2018, https://www.theguardian.com/society/2018/oct/19/gender-recognition-act-reforms-six-legal-views-transgender-debate
(2) Equality Act Explanatory Notes, http://www.legislation.gov.uk/ukpga/2010/15/notes/division/3/2/1/4
(3) Stonewall, 'The truth about trans', https://www.stonewall.org.uk/truth-about-trans#trans-people-britain
(4) Government Equality Office, 'Trans people in UK', https://assets.publishing.service.gov.uk/government/uploads/system/uploads/attachment_data/file/721642/GEO-LGBT-factsheet.pdf
(5) Andrew Gilligan, 'Tavistock clinic reveals surge in girls switching gender', *Sunday Times*, 30 June 2019, https://www.thetimes.co.uk/article/surge-in-girls-switching-gender-pwqdtd5vk
(6) Michael Biggs (2019), 'The Tavistock's Experiment With Puberty Blockers', http://users.ox.ac.uk/~sfos0060/Biggs_ExperimentPubertyBlockers.pdf
(7) Health Research Authority, https://www.hra.nhs.uk/about-us/governance/feedback-raising-concerns/investigation-study-early-pubertal-suppression-carefully-selected-group-adolescents-gender-identity-disorders
(8) I. T. Nolan, C. J. Kuhner and G. W. Dy (2019), 'Demographic and temporal trends in transgender identities and gender confirming surgery', *Translational Andrology and Urology*, 8 (3), 184-90.
(9) Stonewall, 'Glossary of terms', https://www.stonewall.org.uk/help-advice/faqs-and-glossary/glossary-terms
(10) Woman's Place UK, 'Evidence of calls to remove single sex exemptions from Equality Act', https://womansplaceuk.org/references-to-removal-of-single-sex-exemptions/
(11) MBM Policy Analysis, 'International evidence and the risks of reframing the sex question in the Census', https://murrayblackburnmackenzie.org/2020/11/30/international-evidence-and-the-risks-of-reframing-the-sex-question-in-the-census/. 本書の執筆時点では、2021 年 1 月 24 日付の『サンデータイムズ』紙が報じたように、国勢調査当局（イギリス国家統計局）は、国勢調査において「性別」を「ジェンダーアイデンティティ」と公式に解釈する計画を中止し、代わりに「法的性別」と解釈する意向である。
(12) Police investigating bomb threat against Hastings meeting, Hastings Observer, 20 June 2018, https://www.hastingsobserver.co.uk/news/police-investigating-bomb-threat-against-hastings-meeting-1020623
(13) 'J. K. Rowling Writes about Her Reasons for Speaking Out on Sex and Gender Issues', https://www.jkrowling.com/opinions/j-k-rowling-writes-about-her-reasons-for-speaking-out-on-sex-and-gender-issues/
(14) '"Trans women are women": Daniel Radcliffe speaks out after JK Rowling tweets', *Guardian*, 9 June 2020, https://www.theguardian.com/film/2020/jun/08/daniel-radcliffe-jk-rowling-transgender-tweets
(15) 'JK Rowling and the publisher's staff revolt: Workers at publishing house Hachette threaten to down tools on her new children's book because of her "transphobic" views', *Daily Mail*, 16 June 2020, https://www.dailymail.co.uk/news/article-8424029/JK-Rowling-publishers-revolt-Workers-publishing-house-Hachette-threaten-tools.html

(16) Andrea Long Chu and Emmett Harsin Drager (2019), 'After Trans Studies', *Transgender Studies*, 6 (1), 103–16.

第1章　ジェンダーアイデンティティの簡潔な歴史

(1) Céline Leboeuf (2016), 'One is not born, but rather becomes, a woman: the sex-gender distinction and Simone de Beauvoir's account of woman', in K. Smits and S. Bruce (eds.), *Feminist Moments: Reading Feminist Texts*, Bloomsbury Academic. ルブーフはこのイメージをナンシー・バウアーの著作から借用している。

(2) Simone de Beauvoir (2011 [1949]), *The Second Sex*, trans. C. Borde and S. Malovany-Chevallier, Vintage, p. 217〔シモーヌ・ド・ボーヴォワール『決定版　第二の性Ⅰ　事実と神話』井上たか子・木村信子訳、新潮社、1997 年、267 頁〕.

(3) De Beauvoir, The Second Sex, p. 12〔同上、20 頁〕.

(4) Ann Oakley (2016 [1972]), *Sex, Gender, and Society*, Routledge, pp. 21–2.

(5) Monique Wittig (1993), 'One Is Not Born A Woman', in H. Abelove, M. Barale and D. Halperin (eds.), *The Lesbian and Gay Studies Reader*, Routledge, p. 104.

(6) Judith Butler (1986), 'Sex and Gender in Simone de Beauvoir's Second Sex', *Yale French Studies*, No. 72, p. 35.

(7) John Money (1994), 'The concept of gender identity disorder in childhood and adolescence after 39 years', *Journal of Sex & Marital Therapy*, 20 (3), 164–5.

(8) Money, 'The concept of gender identity disorder', p. 169.

(9) Ibid.

(10) Robert J. Stoller (1964), 'The hermaphroditic identity of hermaphrodites', *Journal of Nervous and Mental Disease*, 139, p. 456.

(11) M. Blackless et al. (2000), 'How sexually dimorphic are we? Review and synthesis', *American Journal of Human Biology: The official journal of the Human Biology Council*, 12 (2), 151–66.

(12) Anne Fausto-Sterling (1993), 'The Five Sexes: Why Male and Female are not Enough', *Science*, 33, 20–24.

(13) Anne Fausto-Sterling, 'Why Sex Is Not Binary', *New York Times*, 25 October 2018, https://www.nytimes.com/2018/10/25/opinion/sexbiology-binary.html

(14) Fausto-Sterling, 'The Five Sexes'.

(15) Susan Stryker (2006), '(De)Subjugated Knowledges: An Introduction to Transgender Studies', in S. Stryker and S. Whittle (eds.), *The Transgender Studies Reader*, Routledge, p. 4; Stephen Whittle (2006), Foreword in S. Stryker and S. Whittle (eds.), *The Transgender Studies Reader*, Routledge, p. xi.

(16) Julia Serano (2007), *Whipping Girl: Transsexual Woman on Sexism and the Scapegoating of Femininity*, Seal Press〔ジュリア・セラーノ『ウィッピング・ガール――トランスの女性はなぜ叩かれるのか』矢部文訳、サウザンブックス、2023 年〕.

(17) セラーノは主に「シスセクシュアル」と「トランスセクシュアル」について述べているが、これによって医学的移行やその欠如との特定の関係を示そうと思っているわけではないことを明らかにしている。

(18) Max Wolf Valerio (2006), *The Testosterone Files: My Hormonal and Social Transformation from Female to Male*, Seal Press.

(19) GLAAD, 'Transgender FAQ', https://www.glaad.org/transgender/transfaq

(20) Stonewall, 'The Truth about Trans', https://www.stonewall.org.uk/truth-about-trans#lesbian-trans-

womangay-trans-man

(21) Stonewall, 'Glossary', https://www.stonewall.org.uk/helpadvice/glossary-terms#h

(22) たとえば、ジョグジャカルタ原則を引用した欧州評議会の2009年版ポジションペーパー「人権とジェンダーアイデンティティ」は、「ジェンダーアイデンティティは人生の最も基本的な側面の一つである」という主張で始まっている。CommDH/IssuePaper (2009) 2, https://rm.coe.int/16806da753, https://yogyakartaprinciples.org/

(23) Heather Brunskell-Evans (2019), 'The Medico-Legal "Making" of "The Transgender Child"', *Medical Law Review*, 27, 4.

(24) https://publications.parliament.uk/pa/cm201516/cmselect/cmwomeq/390/39010.htm

(25) 'Call to end "spousal veto" on trans people being recognised as preferred gender', *Metro*, 15 September 2019, https://metro.co.uk/2019/09/15/call-end-spousal-veto-trans-peoplerecognised-preferred-gender-10745012/

(26) 'Our successful Spousal Veto removal – amendments 68, 70 & 72', Scottish Trans Website, https://www.scottishtrans.org/ourwork/completed-work/equal-marriage/spousal-veto-amendment/

(27) Memorandum of Understanding on Conversion Therapy in the UK, October 2017, https://www.psychotherapy.org.uk/wpcontent/uploads/2017/10/UKCP-Memorandum-of-Understanding-on-Conversion-Therapy-in-the-UK.pdf

(28) American Psychological Association, Guidelines for Psychological Practice With Transgender and Gender Nonconforming People, *American Psychological Association*, Vol. 70, No. 9, 832–64, https://www.apa.org/practice/guidelines/transgender.pdf

(29) Verso Books Blog, 'Judith Butler on gender and the trans experience: "One should be free to determine the course of one's gendered life"', https://www.versobooks.com/blogs/2009-judith-butler-on-gender-andthe-trans-experience-one-should-be-free-to-determine-the-course-ofone-sgendered-life

(30) Viv Smythe, 'I'm credited with having coined the word "Terf". Here's how it happened', *Guardian*, 28 November 2018, https://www.theguardian.com/commentisfree/2018/nov/29/imcredited-with-having-coined-the-acronym-terf-heres-how-it-happened

(31) Viv Smythe, 'An apology and a promise', *Finally, a Feminism 101 blog*, https://finallyfeminism101.wordpress.com/2008/08/19/anapology-and-a-promise/

(32) Myisha Cherry (2019), 'Rachel McKinnon on allies and ally culture', in M. Cherry, *Unmuted: Conversations on Prejudice, Oppression, and Social Justice*, Oxford University Press.

(33) Whittle, Foreword in Stryker and Whittle, p. xi.

(34) Sandy Stone (1992), 'The Empire Strikes Back: A Posttranssexual Manifesto', *Camera Obscura*, 10 (2 (29)).

(35) Stonewall, 'Glossary', https://www.stonewall.org.uk/helpadvice/glossary-terms#h

(36) 'Facebook's 71 gender options come to UK users', *Daily Telegraph*, 27 June 2014, https://www.telegraph.co.uk/technology/facebook/10930654/Facebooks-71-gender-options-come-to-UK-users.html

(37) University of Kent, 'Trans Policy and Student Support Procedures', https://www.kent.ac.uk/studentservices/files/Trans%20Student%20Support%20Policy%2020%20Feb%202018.pdf

(38) University of Essex, 'Working with Schools and Colleges: Trans Inclusion Guidance', https://www.essex.ac.uk/-/media/documents/study/outreach/transgender-guidance.pdf

(39) University of Roehampton, 'Trans, Non-Binary and Intersex Equality: Policy and Guidance', https://www.roehampton.ac.uk/globalassets/documents/corporateinformation/policies/transgender-non-

binary-and-intersex-equalitypolicy-and-guidance.pdf

(40) Stonewall, 'Creating an LGBT-inclusive primary curriculum', https://www.stonewall.org.uk/system/files/creating_an_lgbtinclusive_primary_curriculum.pdf

(41) Michael Paramo, 'Transphobia is a white supremacist legacy of colonialism', https://medium.com/@Michael_Paramo/transphobia-isa-white-supremacist-legacy-of-colonialism-e50f57240650

(42) 2019年のツイートで、アムネスティ・インターナショナルのレインボーネットワークは、ハトシェプストを「歴史上最も成功したファラオの一人。女性として生まれ、女性代名詞を使いながらも、王として自らを示した」と評した。https://twitter.com/amnestyuk_lgbti/status/1098514489065066497?s=21

(43) Hannah Barnes and Debora Cohen, 'Tavistock puberty blocker study published after nine years', BBC News website, https://www.bbc.co.uk/news/uk-55282113

(44) Michael Biggs, 'The Tavistock's Experiment with Puberty Blockers', http://users.ox.ac.uk/~sfos0060/Biggs_ExperimentPubertyBlockers.pdf

(45) Helen Joyce, 'The New Patriarchy: How trans radicalism hurts women, children and trans people themselves', *Quillette*, https://quillette.com/2018/12/04/the-new-patriarchy-how-transradicalism-hurts-women-children-and-trans-people-themselves/

(46) 'Jazz Jennings Says She Is "Super Happy With The Results" Of Her 3rd Gender Confirmation Surgery', *Woman's Health Magazine*, 5 February 2020, https://www.womenshealthmag.com/health/a23828566/jazz-jenningsgender-confirmation-surgery-complication/

(47) Emrys Travis, 'Choosing Top Surgery Was Choosing To Trust Myself To Know Who I Really Am', *Huffington Post*, 4 December 2018, https://www.huffingtonpost.co.uk/entry/non-binary-topsurgery_uk_5c06396ae4b0cd916faf5ade

(48) Whittle, Forword in Stryker and Whittle, p. xi.

(49) Allison Gallagher, 'What does it mean to be a woman? It is not just about femininity', *Guardian*, 2 January 2019, https://www.theguardian.com/commentisfree/2019/jan/02/what-doesit-mean-to-be-a-woman-it-is-not-just-about-femininity

(50) Bernice Hausman (1995), *Changing Sex: Transsexualism, Technology and the Idea of Gender*, Duke University Press, p. ix.

(51) Malhar Mali, 'Gender Trouble: Gender Feminism and the Blank Slate', *Areo Magazine*, 16 March 2017, https://areomagazine.com/2017/03/16/gender-trouble-genderfeminism-and-the-blank-slate/

第2章　性別とは何か

(1) Woman's Place UK, 'Evidence of calls to remove single sex exemptions from equality act', https://womansplaceuk.org/referencesto-removal-of-single-sex-exemptions/

(2) Alex Byrne, 'Is Sex Binary?', *Arc Digital*, 2 November 2018, https://arcdigital.media/is-sex-binary-16bec97d161e

(3) Richard Boyd (1991), 'Realism, Anti-Foundationalism and the Enthusiasm for Natural Kinds', *Philosophical Studies*, 61, 127–48.

(4) ボイドは「表現型」の特徴について述べているが、「表現型」には通常、生物の行動も含まれるため、ここでは説明を明確にするためにこの用語を避けている。

(5) Richard Boyd (1999), 'Homeostasis, Species, and Higher Taxa' in R. Wilson (ed.), *Species: New Interdisciplinary Essays*, pp. 141–86, MIT Press.

(6) つまり、初期の胎児では、アンドロゲンの影響がないため、ウォルフ管系ではなくミュラー

管系が促進される。

(7) Julia Serano (2007), *Whipping Girl: Transsexual Woman on Sexism and the Scapegoating of Femininity*, Seal Press〔セラーノ『ウィッピング・ガール』〕.

(8) Serano, *Whipping Girl*〔同上〕.

(9) Anne Fausto-Sterling (1993), 'The Five Sexes: Why Male and Female are not Enough', *Science*, 33, 20–4.

(10) M. Blackless et al. (2000), 'How sexually dimorphic are we? Review and synthesis', American Journal of Human Biology: *The official journal of the Human Biology Council*, 12 (2), 151–66.

(11) Leonard Sax (2002), 'How Common is Intersex? A Response to Anne Fausto-Sterling', *Journal of Sex Research*, 39 (3), 174–8.

(12) Sax, 'How Common is Intersex?'

(13) Blackless et al., 'How sexually dimorphic are we?', p. 161.

(14) Fausto-Sterling, 'The Five Sexes'.

(15) Sax, 'How Common is Intersex?'

(16) Peter Ludlow (2014), *Living Words*, Oxford University Press, pp. 41–6.

(17) Anne Fausto-Sterling, 'Why Sex Is Not Binary', *New York Times*, 25 October 2018, https://www.nytimes.com/2018/10/25/opinion/sexbiology-binary.html

(18) ここで重要なテクストは、*Gender Trouble*（1990）と *Bodies that Matter*（1993）である（どちらも Routledge 刊）。

(19) この点で、バトラーはフランスの哲学者ミシェル・フーコーに触発されているが、フーコーよりもはるかに過激な方向でこのアイデアを取り入れている。

(20) Judith Butler (1990), *Gender Trouble: Feminism and Subversion of Identity*, Routledge, p. 32〔ジュディス・バトラー『ジェンダー・トラブル——フェミニズムとアイデンティティの攪乱（新装版）』竹村和子訳、青土社、2018 年、71 頁〕.

(21) Judith Butler (1993), *Bodies that Matter: On the Discursive Limits of "sex"*, Routledge, p. 30〔ジュディス・バトラー『問題＝物質となる身体——「セックス」の言説的境界について』佐藤嘉幸監訳、竹村和子・越智博美ほか訳、以文社、2021 年、41 頁〕.

(22) たとえば以下を参照。Martha Nussbaum, 'The Professor of Parody', *New Republic*, 22 February 1999, https://newrepublic.com/article/150687/professorparody

(23) Ian Hacking (1999), *The Social Construction of What?*, Harvard University Press, p. 67〔イアン・ハッキング『何が社会的に構成されるのか』出口康夫・久米暁訳、岩波書店、2006年、153頁〕.

(24) Bruno Latour and Steve Woolgar (1986), *Laboratory Life: The Construction of Scientific Facts*, Princeton University Press, p. 180〔ブリュノ・ラトゥール、スティーヴ・ウールガー『ラボラトリー・ライフ——科学的事実の構築』立石裕二・森下翔監訳、金信行ほか訳、ナカニシヤ出版、2021 年、172 頁〕.

(25) f/Gender Critical, 'Before the Enlightenment the female skeleton didn't exist', https://www.reddit.com/r/GenderCritical/comments/b6qsmo/before_the_enlightenment_the_female_skeleton/

(26) Thomas Laqueur (1990), *Making Sex: Body and Gender from the Greeks to Freud*, Harvard University Press, p. 25〔トマス・ラカー『セックスの発明——性差の観念史と解剖学のアポリア』高井宏子・細谷等訳、工作舎、1998 年、44 頁〕.

(27) Laqueur, *Making Sex*, p. 169〔同上、227 頁〕.

(28) Laqueur, *Making Sex*, p. 21〔同上、38 頁〕.

(29) Laqueur, *Making Sex*, p. 22〔同上、38–39 頁〕.

(30) Laqueur, *Making Sex*, p. 153〔同上、208–209 頁〕.
(31) Laqueur, *Making Sex*, p. 150〔同上、204 頁〕.
(32) Laqueur, *Making Sex*, p. 11〔同上、24 頁〕.
(33) Laqueur, *Making Sex*, p. 17〔同上、32 頁〕.
(34) Laqueur, *Making Sex*, p. 22〔同上、39 頁〕.
(35) Laqueur, *Making Sex*, p. 167〔同上、225 頁〕.
(36) Laqueur, *Making Sex*, p. 96〔同上、134 頁〕.
(37) ラカーは、この見解で知られる哲学者 W. V. O. クワインの言葉を *Making Sex*, p. 68〔同上、104 頁〕で引用している。
(38) Laqueur, *Making Sex*, p. 96〔同上、134 頁〕.
(39) これについては以下を参照のこと。Alexander Bird (2000), *Thomas Kuhn*, Princeton University Press.
(40) Monique Wittig (1982), 'The Category of Sex', *Feminist Issues* 2, 63–8.
(41) Catharine MacKinnon (1983), 'Feminism, Marxism, Method, and the State: Toward Feminist Jurisprudence', *Signs*, 8 (4), 635–58.
(42) Wittig, 'The Category of Sex'.
(43) Donna Haraway (1991), *Simians, Cyborgs, and Women: The Reinvention of Women*, Free Association Books, p. 152〔ダナ・ハラウェイ『猿と女とサイボーグ――自然の再発明（新装版）』高橋さきの訳、青土社、2017 年、292 頁〕.
(44) J. Christel et al. (2018), 'Breast Development in Transwomen After 1 Year of Cross-Sex Hormone Therapy: Results of a Prospective Multicenter Study', *The Journal of Clinical Endocrinology & Metabolism*, 103 (2), pp. 532–8.
(45) M. Klaver et al. (2018), 'Changes in regional body fat, lean body mass and body shape in trans persons using cross-sex hormonal therapy: results from a multicenter prospective study', *European Journal of Endocrinology*, 178 (2), 163, 17.
(46) 以下を参照のこと。Gender Recognition Act note 78; Equality Act point 7; Equality Act note 41.

第３章　なぜ性別が重要なのか

(1) C. L. Martin and D. N. Ruble (2010), 'Patterns of Gender Development', *Annual Review of Psychology*, 61, 353-81; Katie Alcock, 'But HOW CAN YOU TELL?', https://medium.com/@katieja/but-how-can-you-tell-7901324d0919
(2) M. Strauss et al. (2012), 'The Development of Facial Gender Categorization in Individuals with and without Autism: The Impact of Typicality', *Journal of Autism and Developmental Disorders*, 42 (9), 1847-55.
(3) Office for National Statistics, 'Suicides in UK: 2018 registrations', https://www.ons.gov.uk/peoplepopulationandcommunity/birthsdeathsandmarriages/deaths/bulletins/suicidesintheunitedkingdom/2018registrations; 'One in five women have self-harmed, study reveals', *Guardian*, 4 June 2019, https://www.theguardian.com/society/2019/jun/04/one-in-5-young-women-have-self-harmed-study-reveals
(4) A. F. Ceylan-Isik et al. (2010), 'Sex difference in Alcoholism: Who is at a greater risk for development of alcoholic complication?', *Life Sciences*, 87 (5-6), 133-8.
(5) https://www.womenshealth.gov/mental-health/mental-healthconditions/eating-disorders
(6) 'The real reason girls are outperforming boys in school', *Daily Telegraph*, 5 November 2019, https://

www.telegraph.co.uk/news/2019/11/05/real-reasons-girls-outperforming-boys-school/; 'UK's university gender gap is a national scandal, says thinktank', *Guardian*, 12 May 2016, https://www.theguardian.com/education/2016/may/12/university-gender-gap-scandalthinktank-men; 'Women less inclined to self-promotion than men, even for a job', *Harvard Gazette*, 7 February 2020, https://news.harvard.edu/gazette/story/2020/02/men-better-than-women-at-self-promotion on-job-leading-to-inequities/

(7) Sport England, 'Gender', https://www.sportengland.org/know-your-audience/demographic-knowledge/gender; '2016 Yoga in America Study', https://www.yogajournal.com/page/yogainamericastudy

(8) 'Without women the novel would die: discuss', *Guardian*, 7 December 2019, https://www.theguardian.com/books/2019/dec/07/why-women-love-literature-read-fiction-helen-taylor

(9) Chloë Taylor (2009), 'Foucault, Feminism, and Sex Crimes', *Hypatia*, 24 (4), 1–25.

(10) C. Ober et al. (2008), 'Sex-specific Genetic Architecture of Human Disease', *Nature Reviews Genetics*, 9 (12), 911-22.

(11) L. C. Golden et al. (2017), 'The Importance of Studying Sex Differences in Disease: The example of multiple sclerosis', *Journal of Neuroscience Research*, 95 (1–2), 633–43.

(12) Choi et al. (2007), 'Why Men's Hearts Break: Cardiovascular effects of sex steroids', *Endocrinology & Metabolism Clinics of North America*, 36, 365–77.

(13) 'Why More Men Are Dying From COVID-19 Than Women – A Geneticist Explains', *Science Alert*, https://www.sciencealert.com/geneticist-explains-why-more-men-are-dying-from-covid-19-than-women

(14) R. B. Fillingim et al. (2009), 'Sex, Gender, and Pain: A review of recent clinical and experimental findings', *The Journal of Pain: Official Journal of the American Pain Society*, 10 (5), 447-85.

(15) H. Whitley et al. (2009), Sex-based Differences in Drug Activity', *American Family Physician*, 80 (11), 1254–8.

(16) Institute of Medicine (US) Forum on Neuroscience and Nervous System Disorders, 'Sex Differences and Implications for Translational Neuroscience Research: Workshop Summary', National Academies Press (US); 2011.2, 'Studying Sex Differences in Health and Disease', https://www.ncbi.nlm.nih.gov/books/NBK53393/ より入手可能。

(17) Caroline Criado Perez (2019), *Invisible Women: Exposing Data Bias in a World Designed for Men*, Chatto and Windus, Chapter 10〔キャロライン・クリアド＝ペレス『存在しない女たち――男性優位の世界にひそむ見せかけのファクトを暴く』神崎朗子訳、河出書房新社、2020 年、第 10 章〕.

(18) 'Anal Sex: What you need to know', *Teen Vogue*, https://www.teenvogue.com/story/anal-sex-what-you-need-to-know/amp

(19) 'Smear test campaign drops the word "woman"' to avoid transgender offence', *The Times*, 5 June 2018, https://www.thetimes.co.uk/article/smear-test-campaign-drops-the-word-woman-to-avoid-transgender-offence-263mj7f6s

(20) 家族計画運動のツイッターのフィード、https://twitter.com/ppact/status/771850195478908928?lang=en; 'The Guardian called women "menstruators" and these are only responses you need', *The Poke*, https://www.thepoke.co.uk/2018/10/25/guardian-called-women-menstruators-people-saw-red-favourite-responses.

(21) 'LGBTQIA Safe Sex Guide', *Healthline*, https://www.healthline.com/health/lgbtqia-safe-sex-guide

(22) 'Accessibility and gendered language at Clue', *Medium*, medium.com/clued-in/accessibility-and-gendered-language-atclue-4b79a1dfc033#.2nublwhqx

(23) アン・フュルディと筆者の対話より。

(24) 'Guidelines supporting single-sex sport policy development', Fair Play For Women, https://fairplayforwomen.com/sport_policy/

(25) A. Wiik et al. (2020), 'Muscle Strength, Size, and Composition Following 12 Months of Gender-affirming Treatment in Transgender Individuals', *Journal of Clinical Endocrinology and Metabolism*, 105 (3).

(26) D. L. Coleman and W. Shreve, 'Comparing Athletic Performances: The Best Elite Women to Boys and Men', https://web.law.duke.edu/sports/sex-sport/comparative-athleticperformance/

(27) Emma Hilton, 'Harder, better, faster, stronger: Why we must protect female sports', https://fondofbeetles.wordpress.com/2018/10/01/harder-better-faster-stronger-why-we-must-protect-female-sports/

(28) 'CIAC Transgender Policy', https://www.casciac.org/pdfs/Principal_Transgender_Discussion_Quick_Reference_Guide.pdf; 'The Challenges Ahead for Transgender Athletes and Title IX Under Trump', *Vice*, 28 July 2017, https://www.vice.com/en_us/article/59px8b/the-challenges-ahead-for-transgenderathletes-and-title-ix-under-trump

(29) 'ACLU response to lawsuit attacking transgender student athletes', https://www.aclu.org/press-releases/aclu-responds-lawsuit-attackingtransgender-student-athletes

(30) 'Durham University Trans and Intersex Inclusion Policy', https://www.dur.ac.uk/resources/equality.diversity/DurhamTransandIntersexInclusionPolicy.docx

(31) D. J. Handelsman et al. (2018), 'Circulating Testosterone as the Hormonal Basis of Sex Differences in Athletic Performance', *Endocrine Reviews*, 39, (5), 803–29.

(32) Dr Antonia Lee, 'Myonuclei - the male to female sporting advantage', https://medium.com/@Antonia_Lee/myonuclei-the-male-to-female-sporting advantage-ae205110d4b2

(33) Rachel McKinnon, 'I won a world championship. Some people aren't happy', *New York Times*, 5 December 2019, https://www.nytimes.com/2019/12/05/opinion/i-won-a-world-championship-some-people-arent-happy.html

(34) 'Transgender rugby player playing with "a smile on my face"', *BBCWebsite*, 22 August 2019, https://www.bbc.co.uk/sport/amp/rugby-union/49298550

(35) Julian Savalescu, 'Ten ethical flaws in Caster Semenya decision on intersex in sport', *The Conversation*, https://theconversation.com/ten-ethical-flaws-in-the-caster-semenyadecision-on-intersex-in-sport-116448

(36) Hannah Mouncey, 'AFL's trans participation policy sets a dangerous precedent for women', *Guardian*, 2 September 2018, https://www.theguardian.com/sport/2018/sep/03/afls-trans-participation-policy-sets-a-dangerous-precedent-for-women

(37) Jonathan Liew, 'Why the arguments against trans, intersex and DSD athletes are based on prejudice and ignorance', *Independent*, 22 February 2019, www.independent.co.uk/sport/general/athletics/caster-semenya-news-gender-martina-navratilova-trans-casjonathan-liew-column-a8792861.html

(38) 'Exclusive: Fallon Fox's latest opponent opens up to #WHOATV', *Violent Money*, 17 June 2014, https://whoatv.com/exclusive-fallon-foxs-latest-opponent-opens-up-to-whoatv/

(39) Kathleen Stock (2019), 'Sexual Orientation: What Is It?', *Proceedings of the Aristotelian Society*, 119, 3, 295–319.

(40) Judith Halberstam (1998), *Female Masculinity*, Duke University Press, p.52.

(41) Rictor Norton (1997), *The Myth of the Modern Homosexual: Queer History and The Search For Cultural Unity*, Cassell.

(42) A. J. Martos et al. (2015), 'Variations in Sexual Identity Milestones Among Lesbians, Gay Men, and Bisexuals', *Sexuality Research and Social Policy*, 12, 24–33.

(43) Edward Stein (1999), *The Mismeasure of Desire: The Science, Theory, and Ethics of Sexual Orientation*, Oxford University Press.

(44) K. W. Beard et al. (2015), Childhood and Adolescent Sexual Behaviors Predict Adult Sexual Orientations, *Cogent Psychology*, 2 (1), 1067568.

(45) K. L. Blair and R. A. Hoskin (2019), 'Transgender Exclusion from the World of Dating: Patterns of Acceptance and Rejection of Hypothetical Trans Dating Partners as a Function of Sexual and Gender Identity', *Journal of Social and Personal Relationships*, 36 (7), 2074–95.

(46) 'This Trans Woman Kept Her Beard And Couldn't Be Happier', *Buzzfeed*, 6 July 2015, https://www.buzzfeed.com/patrickstrudwick/this-transgender-woman-has-a-full-beard-and-she-couldnt-be-h

(47) 'It feels like conversion therapy for gay children, say clinicians', *The Times*, 8 April 2019, https://www.thetimes.co.uk/article/it-feels-like-conversion-therapy-for-gay-children-say-clinicians-pvsckdvq2

(48) 'Memorandum of understanding on conversion therapy in the UK', https://www.bacp.co.uk/events-and-resources/ethics-andstandards/mou/

(49) 'NHS gender clinic "should have challenged me more" over transition', *BBC News*, 1 March 2020, https://www.bbc.co.uk/news/health-51676020

(50) 'CTSG & CAPPE Conference | Gayness In Queer Times', http://arts.brighton.ac.uk/re/cappe/calendar/ctsg-and-cappeconference-gayness-in-queer-times

(51) Amia Srinivasan, 'Does anyone have the right to sex?', *London Review of Books*, 22 March 2018, https://www.lrb.co.uk/thepaper/v40/n06/amia-srinivasan/does-anyone-have-the-right-to-sex?referrer=https%3A%2F%2Fwww.google.com%2F

(52) A. Sharpe (2016), 'Expanding Liability for Sexual Fraud Through the Concept of "Active Deception": A Flawed Approach', *The Journal of Criminal Law*, 80 (1), 28–44.

(53) Stonewall, 'A Vision for Change', https://www.stonewall.org.uk/system/files/a_vision_for_change.pdf

(54) 'My Trans Youth Group Experience with Morgan Page', *4th Wave Now*, https://4thwavenow.com/2019/01/26/my-trans-youth-groupexperience-with-morgan-page/

(55) Office for National Statistics, 'Families and households in the UK: 2019', https://www.ons.gov.uk/peoplepopulationandcommunity/birthsdeathsandmarriages/families/bulletins/familiesandhouseholds/2019

(56) Fawcett Society, 'The Gender Pay Gap and Pay Discrimination – Explainer', https://www.fawcettsociety.org.uk/Handlers/Download.ashx?IDMF=7aed6cd4-5e2e-4542-ad7c-72dbbbe14ee3

(57) 'Gender Equality' Athena SWAN, http://www.ecu.ac.uk/wpcontent/uploads/2014/07/Gender-Equality-1.pdf

(58) Labour Party NEC, 'NEC Statement on All Women Shortlists, women's officers and minimum quotas for women', https://labour.org.uk/about/how-we-work/nec-statement-womenshortlists-womens-officers-minimum-quotas-women/

(59) '"Gender fluid" Credit Suisse director named on FT list of Top 100 Women in Business', *Evening Standard*, 22 September 2018, https://www.standard.co.uk/news/uk/gender-fluid-exec-named-on-listof-top-100-women-in-business-a3942896.html

(60) Office for National Statistics, 'Guidance for questions on sex, gender identity and sexual orientation for the 2019 Census Rehearsal for the 2021 Census', https://www.ons.gov.uk/census/censustransformationprogramme/questiondevelopment/genderidentity/guidanceforquestionsonsexgenderidentityandsexualorientationforthe2019censusrehearsalforthe2021census

(61) Professor Alice Sullivan, Letter to three Census authorities, https://www.parliament.scot/S5_European/General%20Documents/CTEEA_2019.12.18_Sullivan.pdf

(62) Office for National Statistics, 'Sexual offences in England and Wales: year ending March 2017', https://www.ons.gov.uk/peoplepopulationandcommunity/crimeandjustice/articles/sexualoffencesinenglandandwales/yearendingmarch2017

(63) Rape Crisis, 'About sexual violence', https://rapecrisis.org.uk/getinformed/about-sexual-violence/statistics-sexual-violence/

(64) Office for National Statistics, 'Domestic abuse in England and Wales: year ending March 2018', https://www.ons.gov.uk/peoplepopulationandcommunity/crimeandjustice/bulletins/domesticabuseinenglandandwales/yearendingmarch2018#prevalence-of-domestic-abuse

(65) Steve Stewart-Williams, 'Nurture alone can't explain male aggression', *Nautilus*, http://nautil.us/blog/nurture-alone-cant-explain-maleaggression

(66) Office for National Statistics, 'Sexual offences in England and Wales: year ending March 2017', https://www.ons.gov.uk/peoplepopulationandcommunity/crimeandjustice/articles/sexualoffencesinenglandandwales/yearendingmarch2017#which-groups-of-people-are-most-likely-to-be-victims-of-sexual-assault

(67) Stonewall, 'Trans Inclusive Policies and Benefits: How to ensure your policies and benefits are trans inclusive', https://www.stonewall.org.uk/resources/trans-inclusive-policies-andbenefits

(68) Prison Reform Trust, 'Information sheet for transgender people in prison', http://www.prisonreformtrust.org.uk/Portals/0/Documents/Prisoner%20Information%20Pages/Information%20sheet%20for%20transgender%20people%20in%20prison.pdf

(69) 'Cardiff University Trans Policy', https://www.cardiff.ac.uk/__data/assets/pdf_file/0004/966532/Trans-Policy-v2.1-English-Dec-2019.pdf

(70) 'University of Leeds Guidance to Support Trans Staff and Students', https://equality.leeds.ac.uk/support-and-resources/guidance-to-supporttrans-staff-and-students/

(71) 'UWE Bristol hits back at online trans toilet criticism', *BBC News*, 12 February 2019, https://www.bbc.co.uk/news/uk-england-bristol-47213433

(72) 'Written evidence submitted by British Association of Gender Identity Specialists to the Transgender Equality Inquiry', http://data.parliament.uk/writtenevidence/committeeevidence.svc/evidencedocument/women-and-equalities-committee/transgenderequality/written/19532.pdf

(73) 'Shelter forced women to shower with person who identified as a transgender woman and sexually harassed them, lawsuit says', *ABC30 Action News*, 24 May 2018, https://abc30.com/homeless-womenharassed-in-shower-lawsuit-says/3514544/

(74) 'Rights centre says trans activist Jessica Yaniv has filed new complaint against B.C. salon over waxing refusal', *National Post*, 7 January 2020, https://nationalpost.com/news/canada/rights-centre-says-transactivist-jessica-yaniv-has-filed-new-suit-against-b-c-salon-overwaxing-refusal

(75) 'Forced to share a room with transgender woman in Toronto shelter, sex abuse victim files human rights complaint', *National Post*, 2 August 2018, https://nationalpost.com/news/canada/kristi-hannahuman-rights-complaint-transgenderwoman-toronto-shelter

(76) 'Mum of supermarket toilet sex assault victim warns freed attacker could strike again', *Courier*, 1 February 2019, https://www.thecourier.co.uk/fp/news/local/fife/819644/mum-ofsupermarket-toilet-sex-assault-victim-warns-freed-attacker-couldstrike-again/

(77) 'Transgender sex offender housed in female-only Fife hostel sparking furious response from sickened residents', *Scottish Sun*, 26 February 2019, https://www.thescottishsun.co.uk/news/3928585/transgendersex-offender-female-only-fife-hostel-katie-dalatowski-furiousresidents/

(78) 'Karen White: how "manipulative" transgender inmate attacked again', *Guardian*, 11 February 2018, https://www.theguardian.com/society/2018/oct/11/karen-white-howmanipulative-and-controlling-offender-attacked-again-transgenderprison

(79) Halberstam, *Female Masculinity*, p. 19.

(80) Halberstam, *Female Masculinity*, p. 21.

第4章　ジェンダーアイデンティティとは何か

(1) California Legislative Information, SB-179 Gender identity: female, male, or nonbinary, https://leginfo.legislature.ca.gov/faces/billNavClient.xhtml? bill_id=201720180SB179

(2) Jan Morris (1974), *Conundrum*, Faber and Faber, p. 2.

(3) '9 questions about gender identity and being transgender you were too embarrassed to ask', *Vox*, 22 February 2017, https://www.vox.com/2015/4/24/8483561/transgender-gender-identityexpression

(4) Iris Marion Young (1980), 'Throwing Like a Girl: A Phenomenology of Feminine Body Comportment Motility and Spatiality', *Human Studies*, 3, 137–56.

(5) Simona Giordano (2013), *Children with Gender Identity Disorder: A Clinical, Ethical, and Legal Analysis*, Routledge, p. 48.

(6) D. Hoffman Fox (2017), 'You and Your Gender Identity: A Guide To Discovery', Seahorse.

(7) '9 questions about gender identity', *Vox*.

(8) http://www.getmariposa.com

(9) Stonewall, 'Gender identity', 'Glossary of Terms', https://www.stonewall.org.uk/help-advice/faqs-and-glossary/glossaryterms#g

(10) 'Growing up, girlhood and transitioning: an interview with Munroe Bergdorf', *gal-dem*, 22 October 2016, https://gal-dem.com/growingup-girlhood-and-transitioning-an-interview-with-munroe-bergdorf/

(11) Robert Winston (2017), 'Help Your Kids With Growing Up: A No-Nonsense Guide to Puberty and Adolescence', *Dorling Kindersley*, p. 24.

(12) Fox Fisher and Owl Fisher (2019), *Trans Teen Survival Guide*, Jessica Kingsley, p. 17.

(13) Stephanie Brill and Rachel Pepper (2008), *The Transgender Child: A Handbook for Families and Professionals*, Cleis Publishing, p. 16.

(14) Katie Kawa (2020), *What's Gender Identity?*, Kidhaven Publishing, p. 4.

(15) Brill and Pepper, *The Transgender Child*, p. 60.

(16) Baker Rogers (2020), *Trans Men in the South, Rowman and Littlefield*, p. 60.

(17) 'Transgender stories: "People think we wake up and decide to be trans"', *Guardian*, 10 July 2016, https://www.theguardian.com/society/2016/jul/10/transgender-storiespeople-think-wewake-up-and-decide-to-be-trans

(18) Morris, *Conundrum*, p. 21.

(19) Bao et al. (2011), 'Sexual differentiation of the human brain: Relation to gender identity, sexual

orientation and neuropsychiatric disorders', *Frontiers in Neuroendocrinology*, 32, 214–26.

(20) たとえば以下を参照のこと。Cordelia Fine and Daphna Joel (2018), 'Can We Finally Stop Talking About "Male" and "Female" Brains?', *New York Times*, 3 December 2018, https://www.nytimes.com/2018/12/03/opinion/malefemale-brains-mosaic.html; Xin et al. (2019), 'Brain Differences Between Men and Women: Evidence From Deep Learning', *Frontiers in Neuroscience*, 8 March 2019, https://www.frontiersin.org/articles/10.3389/fnins.2019.00185/full

(21) Jiska Ristori et al. (2020), 'Brain Sex Differences Related to Gender Identity Development: Genes or Hormones?', *International Journal of Molecular Science*, 21 (6), 2123.

(22) M. Lebow et al. (2016), 'Overshadowed by the amygdala: the bed nucleus of the stria terminalis emerges as key to psychiatric disorders', *Molecular Psychiatry*, 21, 450–63.

(23) Michelle Worth, 'Sex on the brain: The biology of sexual orientation', *Observer*, 8 April 2010, https://ndsmcobserver.com/2010/04/sex-onthe-brain-the-biology-of-sexual-orientation/

(24) 'The girls who are destined to grow up into tomboys', *The Times*, 6 June 2013, https://www.thetimes.co.uk/article/the-girls-who-aredestined-to-grow-up-into-tomboys-60pgv77cqxm

(25) Bao et al., 'Sexual differentiation of the human brain'.

(26) C. Rodda et al. (1987), 'Muscle strength in girls with congenital adrenal hyperplasia', *Acta paediatrica Scandinavica*, 76 (3), 495–9; V. Pasterski et al. (2007), 'Increased aggression and activity level in 3-to 11-year-old girls with congenital adrenal hyperplasia', *Hormones and Behaviour*, 52 (3), 368–74.

(27) Bao et al., 'Sexual differentiation of the human brain'.

(28) American Psychiatric Association (2013), *Diagnostic and Statistical Manual of Mental Disorders (DSM-5)*.

(29) Ayhan Alman, Gestalt Psychotherapy and Counselling, 'The Gender Identity/Gender Dysphoria Questionnaire', https://www.gestaltpsychotherapy.com/test/gidyq-aa-m/

(30) Eva Kosofsky Sedgwick (1991), 'How to Bring Your Kids up Gay', *Social Text*, (29), 18–27. 指摘をしてくれたスーザン・マシューズに感謝している。

(31) 'Hundreds of transgender youths who had gender reassignment surgery wish they hadn't and want to transition back, says trans rights champion', *Daily Mail*, 5 October 2019, https://www.dailymail.co.uk/news/article-7541679/Hundreds-youthsgender-surgery-wish-hadnt-says-head-advocacy-network.html. 同様の批判に対して、NHS タヴィストック＆ポートマン・ジェンダーアイデンティティ・サービスの広報担当者は、次のように述べた。「このサービスは安全であり、私たちが請け負うすべての業務は、厳格な指導のもとでイングランド NHS に委託され、規制されている。このサービスには高い満足度が寄せられているとの報告がある」（'David Bell: Tavistock gender clinic whistleblower faces the sack', *The Times*, 5 December 2020, https://www.thetimes.co.uk/article/david-bell-tavistock-gender-clinicwhistleblower-faces-the-sack-rtkl09907)。一方、グラスゴーに拠点を置くスコットランド若年者ジェンダーサービスが子どもたちに思春期ブロッカーを使用し続けているとの批判に対し、ニコラ・スタージョン首相は同クリニックについて次のように述べた。「若者は、臨床ガイドラインに従って、徹底的な心理学的および内分泌学的評価を受けてから初めて思春期ブロッカーの使用を検討することができ、思春期ブロッカーを開始した人はだれでも、定期的な心理学的レビューとサポートの予約を受け続けることになる」（'Nicola Sturgeon refuses to stop Scots children getting puberty blockers', *Glasgow Herald*, 10 December 2020, https://www.heraldscotland.com/news/18935834.nicolasturgeonrefuses-stop-scots-children-getting-puberty-blockers/).

(32) Judith Butler (2004), *Undoing Gender*, Routledge, p. 81.

(33) Butler, *Undoing Gender*, p. 80.

(34) Katie Herzog, 'They were transgender; until they weren't', *The Stranger*, 28 June 2017, https://www.thestranger.com/features/2017/06/28/25252342/thedetransitioners-they-were-transgender-until-they-werent

(35) University of Kent, 'Trans Policy and Student Support Procedures', https://www.kent.ac.uk/studentservices/files/Trans%20Student%20Support%20Policy%2020%20Feb%202018.pdf; University of Essex, 'Working with Schools and Colleges: Trans Inclusion Guidance', https://www.essex.ac.uk/-/media/documents/study/outreach/transgender-guidance.pdf

(36) Joy Ladin (2010), *Through the Door of Life. A Jewish Journey Between Genders*, University of Wisconsin Press, p. 47.

(37) Jay Prosser (1998), *Second Skins: Body Narratives of Transsexuality*, Columbia University Press, p. 32.

(38) Alex Iantaffi and Meg-John Barker (2017), *How to Understand Your Gender: A Practical Guide for Exploring Who You Are*, Jessica Kingsley, p. 46.

(39) Heinz Hartmann and Rudolph M. Loewenstein (1962), 'Notes on the Superego', *The Psychoanalytic Study of the Child*, 17 (1), 42–81, p. 49.

(40) D. D. Olds (2006), 'Identification: Psychoanalytic and Biological Perspectives', *Journal of the American Psychoanalytic Association*, 54 (1), 17–46.

(41) Stuart Hall (1996), 'Who Needs "Identity"?', in S. Hall and P. DuGay (eds.), *Questions of Cultural Identity*, Sage, p. 3.

(42) 以下からの引用。Susan Stryker (2008), *Transgender History: The Roots of Today's Revolution*, Seal Press, p.144.

(43) Morris, *Conundrum*, p. 39.

(44) Jack Halberstam (2018), *Trans*: A Quick and Quirky Account of Gender Variability*, University of California Press, p. 1.

(45) 'Growing up, girlhood and transitioning: an interview with Munroe Bergdorf'.

(46) Paris Lees, 'From bullied child to transgender woman: my coming of age', *Guardian*, 15 December 2013, https://www.theguardian.com/society/2013/dec/15/transgendercoming-of-age-paris-lees

(47) 'Laverne Cox Opens Up About Childhood Bullying, Suicide Attempt', *Huffington Post*, 19 August 2014, https://www.huffingtonpost.co.uk/entry/laverne-coxsuicide_n_5691515?ri18n=true

(48) Roi Jacobsen and Daphna Joel (2019), 'Self-Reported Gender Identity and Sexuality in an Online Sample of Cisgender, Transgender, and Gender-Diverse Individuals: An Exploratory Study', *The Journal of Sex Research*, 56 (2), 249–63.

(49) 'What It's Like to Be Trans and Live With Gender Dysphoria', *Teen Vogue*, 21 September 2018, https://www.teenvogue.com/story/whatits-like-to-be-trans-and-live-with-gender-dysphoria

(50) Dr Az Hakeem (2018), *Trans: Exploring Gender Identity and Gender Dysphoria*, Trigger Press, p.52.

(51) Leslie Feinberg (2003), *Stone Butch Blues*, Allyson, p. 11.

(52) *Diagnostic and Statistical Manual of Mental Disorders (DSM-5)*, p. 284.

(53) Stonewall, 'An Introduction to Supporting LGBT Children and Young People', https://www.stonewall.org.uk/system/files/an_intro_to_supporting_lgbt_young_people_2020.pdf

(54) Bernadette Wren (2019), 'Ethical issues arising in the provision of medical interventions for gender diverse children and adolescents', *Clinical Child Psychology and Psychiatry*, 24 (2), 203–22; H. Z. Gastgeb and M. Strauss (2012), 'Categorization in ASD: The Role of Typicality and Development', *Perspectives on Language Learning and Education*, 19 (2), 66–74.

(55) Hakeem, *Trans*, p. 55.

(56) Domenico Di Ceglie (1998), 'Management and therapeutic aims with children and adolescents with gender identity disorders and their families', in D. Di Ceglie and D. Freedman (eds.), *A Stranger in My Own Body: Atypical Gender Identity Development and Mental Health*, Karnac, p. 14.

(57) Hakeem, *Trans*, p. 54.

(58) 'Butterfly: Teen transgender drama "inflates suicide risk"', *Sunday Times*, 4 October 2018, https://www.thetimes.co.uk/article/teentransgender-drama-butterfly-inflates-suicide-risk-9ng3z22mv

(59) Helen Joyce, 'Speaking up for female eunuchs', *Standpoint*, February 2020, https://standpointmag.co.uk/issues/february-2020/speaking-upfor-female-eunuchs/

(60) Helen Joyce, 'Speaking up for female eunuchs', *Standpoint*, 30 January 2020, https://standpointmag.co.uk/speaking-up-for-femaleeunuchs/

(61) Bernice Hausman (1995), *Changing Sex: Transsexualism, Technology and the Idea of Gender*, Duke University Press, p. 3.

(62) 以下を参照。Finn Mackay (2019), 'No woman's land? Revisiting border zone denizens', *Journal of Lesbian Studies*, 23 (3), 397–409.

(63) Judith Halberstam (1998), *Female Masculinity*, Duke University Press, p. 71.

(64) Halberstam, *Female Masculinity*, p. 68.

(65) Equality Act 2010, Section 7, http://www.legislation.gov.uk/ukpga/2010/15/section/7

(66) 'Gender reassignment discrimination', EHRC website, https://www.equalityhumanrights.com/en/advice-and-guidance/genderreassignment-discrimination

(67) Stonewall Youth, 'Gender Identity', https://www.youngstonewall.org.uk/lgbtq-info/gender-identity

第5章　何が人を女性にするのか

(1) Jack Halberstam (2018), *Trans*: A Quick and Quirky Account of Gender Variability*, University of California Press, p. 5.

(2) John Dupré (1993), *The Disorder of Things: Metaphysical Foundations of the Disunity of Science*, Harvard University Press, p.19.

(3) この主張を、ある種のものはその存在を人間に依存しているという別の主張と混同してはならない。それは間違いなく面白いジョークには当てはまるし、おそらく毒にも当てはまるが、ここで述べるにはあまりにも論点のずれた前提に基づくものである。

(4) この場合哲学者としては、古い概念が別の概念によって完全に置き換えられるのか、それとも概念は同じだが、その一つのバージョンが別のバージョンに置き換えられるのかをめぐる問題がある。私は後者の立場を取ることにする。

(5) Angela Onwuachi-Willig, 'Race and Racial Identity Are Social Constructs', *New York Times*, 6 September 2016, https://www.nytimes.com/roomfordebate/2015/06/16/how-fluid-isracial-identity/race-and-racial-identity-are-social-constructs

(6) 'Race is a social construct, scientists argue', *Scientific American*, 5 February 2016, https://www.scientificamerican.com/article/race-is-asocial-construct-scientists-argue/

(7) アレックス・バーンは、2020年の論文でこの点を指摘している。Alex Byrne (2020), 'Are women adult human females?', *Philosophical Studies*, 177, 3783–803.

(8) Marilyn Frye (1983), *The Politics of Reality: Essays in Feminist Theory*, Crossing Press, p. 16.

(9) J. A. Collins and I. R. Olson (2014), 'Knowledge is Power: How conceptual knowledge transforms visual cognition', *Psychonomic Bulletin & Review*, 21, pp. 843–60.

(10) Philip J. Kelmann and Christine M. Massey (2013), 'Perceptual Learning, Cognition, and Expertise', *Psychology of Learning and Motivation*, Brian H. Ross (ed.), 58, pp. 117–65.

(11) Stonewall, 'Statement on the ruling against Freddy McConnell', 29 April 2020, https://www.stonewall.org.uk/about-us/news/statementruling-against-freddy-mcconnell

(12) Office for National Statistics, 'The nature of violent crime in England and Wales: year ending March 2017', https://www.ons.gov.uk/peoplepopulationandcommunity/crimeandjustice/articles/thenatureofviolentcrimeinenglandandwales/yearendingmarch2017

(13) IPSO, 'Guidance on researching and reporting stories involving transgender individuals', September 2016, https://www.ipso.co.uk/media/1275/guidance_transgenderreporting.pdf

(14) 後の版では、これは次のように変更されている。「トランスジェンダーの女（41 歳）[……]」。

(15) 'Police forces let rapists record their gender as female', *The Times*, 20 October 2019, https://www.thetimes.co.uk/article/police-forces-letrapists-record-their-gender-asfemale-d7qtb7953

(16) Simone de Beauvoir (2011 [1949]), *The Second Sex*, trans. C. Borde and S. Malovany-Chevallier, Vintage, p. 211, p. 3〔シモーヌ・ド・ボーヴォワール『第二の性 I　事実と神話（決定版）』井上たか子・木村信子監訳、新潮社、1997 年、7–8 頁〕。

(17) J. L. Austin (1962), *Sense and Sensibilia*, Oxford University Press, p. 70〔J. L. オースティン『知覚の言語――センスとセンシビリア（双書プロブレーマタ 4）』丹治信春・守屋唱進訳、勁草書房、1984 年、105–106 頁〕.

(18) C. Brezina (2005), *Sojourner Truth's 'Ain't I a Woman?' Speech: A Primary Source Investigation*, The Rosen Publishing Group.

(19) Elizabeth V. Spelman (1998), *Inessential Woman: Problems of Exclusion in Feminist Thought*, Beacon Press.

(20) Diana Fuss (1989), *Essentially Speaking*, Routledge, p. 36.

(21) 'The controversy over Chimamanda Ngozi Adichie and trans women, explained', *Vox*, 5 March 2017, https://www.vox.com/identities/2017/3/15/14910900/chimamandangozi-adichietransgender-women-comments-apology

(22) Elinor Burkett, 'What makes a woman?', *New York Times*, 6 June 2015, https://www.nytimes.com/2015/06/07/opinion/Sunday/whatmakes-a-woman.html

(23) Catharine MacKinnon (1989), *Towards a Feminist Theory of the State*, Harvard University Press, p. 178.

(24) Sally Haslanger (2000), 'Gender and Race: (What) are they? (What) do we want them to be?', *Noûs*, 34, pp. 31–55〔サリー・ハスランガー「ジェンダーと人種――ジェンダーと人種とは何か？私たちはそれらが何であってほしいのか？」、サリー・ハスランガーほか『分析フェミニズム基本論文集』木下頌子・渡辺一暁・飯塚理恵・小草泰訳、慶應義塾大学出版会、2022 年〕. その後ハスランガーは、驚くことに 180 度の方向転換をし、以前の論文に関連して告白した。「私は『女性』と『男性』という用語を不当に用いることで、一部の女性を女性とみなすことから排除したのは問題のあるやり方だった」（'Going on, not in the same way', in A. Plunkett, H. Cappelen, and D. Burgess (eds.) (2020), *Conceptual Ethics and Conceptual Engineering*, Oxford University Press）。

(25) Kate Bornstein (2012), *A Queer and Pleasant Danger*, Beacon Press, p. 198.

(26) Joy Ladin (2010), *Through the Door of Life. A Jewish Journey Between Genders*, University of Wisconsin Press, p. 38.

(27) Andrea Long Chu (2019), *Females*, Verso, p. 11.

(28) 'Sex, Gender, and Sexuality: The Trans Advocate interviews Catharine A. MacKinnon', *Trans Advocate*, 7 April 2015, https://www.transadvocate.com/sex-gender-and-sexuality-thetransadvocate-interviewscatharine-a-mackinnon_n_15037.htm

第6章　フィクションへの没入

(1) 'Gender Recognition Bill', Hansard, https://api.parliament.uk/historichansard/bills/gender-recognition-bill

(2) Ibid.

(3) '11 Feb 2004: Column 1093', Hansard, https://publications.parliament.uk/pa/ld200304/ldhansrd/vo040211/text/40211-01.htm

(4) 'Gender Recognition Bill', Hansard, 3 February 2004, https://api.parliament.uk/historic-hansard/lords/2004/feb/03/genderrecognition-bill-hl#S5LV0656P0_20040203_HOL_411

(5) 'Gender Recognition Bill', Hansard, 29 January 2004, https://api.parliament.uk/historic-hansard/lords/2004/jan/29/genderrecognition-bill-hl#S5LV0656P0_20040129_HOL_228

(6) 'Gender Recognition Bill', Hansard, 19 January 2004, https://api.parliament.uk/historic-hansard/writtenanswers/2004/jan/19/genderrecognition#S5LV0657P0_20040119_LWA_42

(7) Equality Act Explanatory Notes, http://www.legislation.gov.uk/ukpga/2010/15/notes/division/3/2/1/4

(8) https://onlinelaw.wustl.edu/blog/legal-english-legal-fiction/

(9) Sidney T. Miller (1910), 'The Reasons for Some Legal Fictions', *Michigan Law Review*, 8 (8), (Jun., 1910), 623–36.

(10) 'Gender Recognition Bill', Hansard, 18 December 2003, https://api.parliament.uk/historic-hansard/lords/2003/dec/18/genderrecognition-bill-hl#S5LV0655P0_20031218_HOL_58

(11) 'The General Guide for all Users, Gender Recognition Act 2004', https://assets.publishing.service.gov.uk/government/uploads/system/uploads/attachment_data/file/786910/t455-eng.pdf

(12) 'Gender Recognition Act 2004', http://www.legislation.gov.uk/ukpga/2004/7/pdfs/ukpga_20040007_en.pdf

(13) Debbie Hayton, 'Defend Me or Expel Me', https://debbiehayton.wordpress.com/2020/04/14/defend-me-or-expelme/

(14) Miranda Yardley, 'Why I Disavow "Woman" And Am No Longer "Gender Critical"', https://medium.com/@mirandayardley/why-idisavow-woman-and-am-no-longer-gender-critical-8352586e7aab

(15) Fionne Orlander, 14 November 2018, https://twitter.com/FionneOrlander/status/1062728906304827392

(16) すべての演技がそうだと言っているのではない。ドゥニ・ディドロは否定したし、ベルトルト・ブレヒトも否定した。私の主張は、そうである場合もあるというだけのことだ。

(17) Samuel Kampa (2018), 'Imaginative Transportation', *Australasian Journal of Philosophy*, 96 (4), p. 10.

(18) 2018 Populus poll, commissioned by 'Women Ask Questions', accessible at https://fairplayforwomen.com/wpcontent/uploads/2018/11/gender_recognition_act-1.pdf. これらの数字は四捨五入されているため、合計すると 101 パーセントになる。

(19) 'Woman billboard removed after transphobia row', *BBC News*, 26 September 2018, https://www.bbc.co.uk/news/uk-45650462

(20) Talia Mae Bettcher (2007), 'Evil Deceivers and Make-Believers: On Transphobic Violence and the Politics of Illusion', *Hypatia*, 22 (3), pp. 43–65.

(21) Susanna Schellenberg (2013), 'Belief and Desire in Imagination and Immersion', *Journal of Philosophy*,

110, p. 508.

(22) Mark J. Miller (1980), 'Role-Playing as a Therapeutic Strategy: A Research Review', *The School Counselor*, 27 (3), pp. 217–26.

(23) 'Cultural sexism in the world is very real when you've lived on both sides of the coin', *Time*, https://time.com/transgender-men-sexism/

(24) A. K. Przybylski et al. (2012), 'The Ideal Self at Play: The Appeal of Video Games That Let You Be All You Can Be', *Psychological Science*, 23 (1), pp. 69–76.

(25) Abigail Shrier (2020), *Irreversible Damage*, Regnery, p. 7〔アビゲイル・シュライアー『トランスジェンダーになりたい少女たち――SNS・学校・医療が煽る流行の悲劇』岩波明監訳、村山美雪・高橋知子・寺尾まち子訳、産経新聞出版、2024 年、31 頁〕.

(26) Judith Halberstam (1998), *Female Masculinity*, Duke University Press.

(27) Shrier, *Irreversible Damage*, p. 7〔シュライヤー『トランスジェンダーになりたい少女たち』31 頁〕.

(28) Stéphanie Laconi et al. (2017), 'Internet Gaming Disorder, Motives, Game Genres and Psychopathology', *Computers in Human Behavior*, 75, pp. 652–9.

(29) Katie Herzog, 'The Detransitioners: They Were Transgender, Until They Weren't', *The Stranger*, 28 June 2017, https://www.thestranger.com/features/2017/06/28/25252342/thedetransitioners-they-were-transgender-until-they-werent

(30) Sasha Sioni et al. (2017), 'Internet gaming Disorder: Social phobia and identifying with your virtual self', *Computers in Human Behavior*, 71, pp. 11–15.

(31) 関連する状況については、後述するストループ効果について論じた節を参照のこと。

(32) 以下を参照。Alex Sharpe (2016), 'Expanding Liability for Sexual Fraud Through the Concept of "Active Deception": A Flawed Approach', *The Journal of Criminal Law*, 80 (1), pp. 28–44.

(33) Bernadette Wren (2019), 'Ethical issues arising in the provision of medical interventions for gender diverse children and adolescents', *Clinical Child Psychology and Psychiatry*, 24 (2), pp. 203–22.

(34) San Francisco Aids Foundation, 'Q&A: Gynecologic and vaginal care for trans men', https://www.sfaf.org/collections/beta/qa-gynecologicand-vaginal-care-for-trans-men/

(35) Stonewall, 'Trans Inclusive Policies and Benefits: How to ensure your policies and benefits are trans inclusive', https://www.stonewall.org.uk/resources/trans-inclusive-policies-andbenefits

(36) Stonewall, 'Glossary', https://www.stonewall.org.uk/helpadvice/glossary-terms#t

(37) Stonewall, 'LGBT in Britain: Hate Crime and Discrimination', https://www.stonewall.org.uk/system/files/lgbt_in_britain_hate_crime.pdf

(38) Stonewall, 'Trans Inclusive Policies and Benefits: How to ensure your policies and benefits are trans inclusive'. https://acws.ca/wp-content/uploads/2022/08/Trans-Inclusive-Policies-Benefits_Stonewall.pdf

(39) Stonewall blog, 'It's International Pronouns Day, and it's time for all of us to step up as trans allies', 16 October 2019, https://www.stonewall.org.uk/about-us/blog/it%E2%80%99sinternational-pronouns-day-and-it%E2%80%99s-time-all-us-steptrans-allies

(40) Stonewall, 'Delivering LGBT-inclusive Higher Education: Academic provision, accommodation, catering, facilities, induction, recruitment, registry, societies, sports and student services', https://www.stonewall.org.uk/resources/delivering-lgbt-inclusivehigher-education

(41) 'Radical feminist warned to refer to transgender defendant as a "she" during assault case', *Daily Telegraph*, 12 April 2018, https://www.telegraph.co.uk/news/2018/04/12/radical-feministwarned-refer-transgender-defendant-assault/

(42) 'Judge rules against researcher who lost job over transgender tweets', *Guardian*, 18 December 2019, https://www.theguardian.com/society/2019/dec/18/judge-rules-againstcharity-worker-who-lost-job-over-transgender-tweets
(43) Crown Prosecution Service, 'Trans Equality Statement', https://www.cps.gov.uk/sites/default/files/documents/publications/Trans-equality-statement-July-2019.pdf
(44) *Equal Treatment Bench Book*, Judicial College, https://www.judiciary.uk/wp-content/uploads/2018/02/equal-treatmentbench-book-february-v6-2018.pdf
(45) Helga Varden (2020), *Sex, Love and Gender: A Kantian Theory*, Oxford University Press, p. xvi.
(46) Mary Leng, 'Harry Potter and the Reverse Voltaire', https://medium.com/@mary.leng/harry-potter-and-the-reverse-voltaire-4c7f3a07241
(47) 'Are academics freely able to criticise the idea of "gender identity" in UK Universities?', Kathleen Stock, 3 July 2019, https://medium.com/@kathleenstock/are-academics-freely-able-tocriticise-the-idea-of-gender-identity-in-uk-universities-67b97c6e04be
(48) 'Gender Dysphoria Isn't A "Social Contagion," According To A New Study', *Buzzfeed*, 22 April 2019, https://www.buzzfeednews.com/article/shannonkeating/rapid-onset-gender-dysphoria-flawed-methods-transgender; 'New paper ignites storm over whether teens experience "rapid onset" of transgender identity', *Science*, 30 August 2018, https://www.sciencemag.org/news/2018/08/new-paper-ignites-stormover-whether-teens-experience-rapid-onset-transgender-identity
(49) 'Doctor fired from gender identity clinic says he feels "vindicated" after CAMH apology, settlement', *The Globe and Mail*, 7 October 2018, https://www.theglobeandmail.com/canada/toronto/article-doctorfired-from-gender-identity-clinic-says-he-feels-vindicated/
(50) 'Staff at trans clinic fear damage to children as activists pile on pressure', *Sunday Times*, 16 February 2019, https://www.thetimes.co.uk/article/staff-at-trans-clinic-fear-damagetochildren-as-activists-pile-on-pressure-c5k655nq9
(51) Michael Biggs, 'The Tavistock's Experiment with Puberty Blockers', http://users.ox.ac.uk/~sfos0060/Biggs_ExperimentPubertyBlockers.pdf
(52) https://andersen.sdu.dk/vaerk/hersholt/TheEmperorsNewClothes_e.html
(53) L. van Maanen et al. (2009), 'Stroop and picture-word interference are two sides of the same coin', *Psychonomic Bulletin & Review*, 16, pp. 987–99.
(54) Barra Kerr, 'Pronouns are Rohypnol', *Fairplay for Women*, https://fairplayforwomen.com/pronouns/
(55) James Kirkup, 'Why was a transgender rapist put in a women's prison?', *Spectator*, 7 September 2018, https://www.spectator.co.uk/article/why-was-a-transgender-rapist-putin-a-women-s-prison-

第７章　なぜこんな事態にまで至ったのか

(1) Stonewall, 'A Vision for Change', https://www.stonewall.org.uk/system/files/a_vision_for_change.pdf
(2) 'Government Response to the Women and Equalities Committee Report on Transgender Equality', https://assets.publishing.service.gov.uk/government/uploads/system/uploads/attachment_data/file/535764/Government_Response_to_the_Women_and_Equalities_Committee_Report_on_Transgender_Equality.pdf
(3) 'Trans people to be able to register new identities more easily', *Guardian*, 3 July 2018, https://www.theguardian.com/society/2018/jul/03/trans-people-to-beable-to-register-new-identities-more-easily
(4) 'A timeline of LGBTQ communities in the UK', The British Library, https://www.bl.uk/lgbtq-histories/lgbtq-timeline

(5) 'Against The Law Review: A fitting tribute to gay men whose persecution in 1950s paved way for new rights', *The Conversation*, 26 July 2017, https://theconversation.com/against-the-law-review-afitting-tribute-to-gay-men-whose-persecution-in-1950s-paved-way-fornew-rights-74785

(6) 'Homosexuality', British Social Attitudes survey, https://www.bsa.natcen.ac.uk/latest-report/british-social-attitudes-30/personal-relationships/homosexuality.aspx

(7) ストーンウォールの 2020 年 5 月 24 日付のツイート「学校での LGBT に関する議論を禁止する破壊的な立法である地方自治法第 28 条が導入されてから 32 年が経った。それ以来、私たちは長い道のりを歩んできたが、LGBT コミュニティのだれもが例外なく受け入れられるようにするためには、まだまだやるべきことがある」https://twitter.com/stonewalluk/status/1264571946236366854

(8) 'British Social Attitudes 36', Natcen Social Research, https://www.bsa.natcen.ac.uk/media/39363/bsa_36.pdf

(9) 'David Cameron apologises to gay people for section 28', *Guardian*, 2 July 2009, https://www.theguardian.com/politics/2009/jul/02/davidcameron-gay-pride-apology

(10) Hubert C. Kennedy (1981), 'The "Third Sex" Theory of Karl Heinrich Ulrichs', *Journal of Homosexuality*, 6 (1–2), pp. 103–11.

(11) Richard von Krafft-Ebing (1927), *Psychopathia Sexualis: A Medicoforensic Study*, Heinemann, p. 399.

(12) Judith Green, 'Health care is a human right', Woman's Place UK, https://womansplaceuk.org/2020/06/14/health-care-human-right/

(13) 'Directive-type Memorandum-19-004', https://drive.google.com/file/d/1tQugAtmmgcDrhwQVRPtCGNBA6c7b3x2/view

(14) Stonewall, 'Transgender Day of Remembrance', https://www.stonewall.org.uk/node/21888

(15) Transgender Day of Remembrance, https://tdor.info/

(16) Stonewall, 'Step 4: Communicating an Inclusive Service', https://www2.le.ac.uk/offices/equalitiesunit/documents/step4Communication.pdf

(17) 'Jeremy Corbyn's Statement on Transgender Day of Remembrance', https://jeremycorbyn.org.uk/articles/jeremycorbyns-statement-ontransgender-day-of-remembrance/index.html; 'Labour's Dawn Butler vows to build a world where transphobia is a thing of the past', *Pink News*, 20 November 2019, https://www.pinknews.co.uk/2019/11/20/dawn-butler-labourtransgender-gra-reform-women-equalities-minister-exclusive/

(18) Woman's Place UK, 'Evidence of calls to remove single sex exemptions from Equality Act', https://womansplaceuk.org/referencesto-removal-of-single-sex-exemptions/; Stonewall, 'Inaccurate reporting', https://www.stonewall.org.uk/node/79306

(19) https://transrespect.org/wpcontent/uploads/2019/11/TvT_TMM_TDoR2019_SimpleTable.pdf

(20) 'TvT TMM UPDATE TRANS DAY OF REMEMBRANCE 2019', https://transrespect.org/wpcontent/uploads/2018/11/TvT_TMM_TDoR2018_SimpleTable_EN.pdf

(21) '"A devastating scenario": Brazil sets new record for homicides at 63,880 deaths', *Guardian*, 9 August 2018, https://www.theguardian.com/world/2018/aug/09/brazil-sets-newrecord-for-homicides-63880-deaths

(22) 'Brazil's Murder Rate Finally Fell — and by a Lot', *FP*, 22 April 2019, https://foreignpolicy.com/2019/04/22/brazils-murder-rate-finally-felland-by-a-lot/

(23) 'Murder Rate by Country 2020', World Population Review, https://worldpopulationreview.com/countries/murder-rate-by-country/

(24) 'The vicious circle of violence: Trans and gender-diverse people, migration, and sex work', TGEU, https://transrespect.org/wpcontent/uploads/2018/01/TvT-PS-Vol16-2017.pdf

(25) Talia Mae Bettcher (2014), 'Transphobia', *Transgender Studies Quarterly*, 1 (1–2), pp. 249–51.

(26) E. Evens et al. (2019), 'Experiences of gender-based violence among female sex workers, men who have sex with men, and transgender women in Latin America and the Caribbean: a qualitative study to inform HIV programming', *BMC International Health and Human Rights*, 19 (1), p. 9.

(27) R. L. Stotzer (2017), 'Data Sources Hinder Our Understanding of Transgender Murders', *American Journal of Public Health*, 107 (9), p. 1362–3; A. Dinno (2017), 'Homicide Rates of Transgender Individuals in the United States: 2010–2014', *American Journal of Public Health*, 107 (9), pp. 1441–7.

(28) Macrotrends, 'U.K. Murder/Homicide Rate 1990-2020', https://www.macrotrends.net/countries/GBR/united-kingdom/murderhomicide-rate

(29) Stonewall, 'The truth about trans', https://www.stonewall.org.uk/truthabout-trans#trans-people-britain

(30) Stonewall, 'Stonewall to work with trans charities to reduce discrimination in key public services', 4 July 2019, https://www.stonewall.org.uk/about-us/news/stonewall-work-transcharities-reduce-discrimination-key-public-services

(31) Samaritans, 'Media Guidelines for Reporting Suicide', https://media.samaritans.org/documents/Samaritans_Media_Guidelines_UK_Apr17_Final_web.pdf

(32) Mermaids, 'An open letter from Mermaids on World Suicide Prevention Day', 10 September 2019, https://mermaidsuk.org.uk/news/world-suicide-prevention-day

(33) Office for National Statistics, 'Suicides in the UK: 2017 registrations', https://www.ons.gov.uk/peoplepopulationandcommunity/birthsdeathsandmarriages/deaths/bulletins/suicidesintheunitedkingdom/2017registrations#suicide-patterns-by-age

(34) Stonewall, 'School Report: The experiences of lesbian, gay, bi and trans young people in Britain's schools in 2017', https://www.stonewall.org.uk/system/files/the_school_report_2017.pdf

(35) Transgender Trend, 'Stonewall School Report: What Does The 45% Attempted Suicide Rate Really Mean?', https://www.transgendertrend.com/stonewall-school-report-what-doessuicide-rate-mean/

(36) GIDS, 'Evidence base', https://gids.nhs.uk/evidence-base

(37) Michael Biggs, 'Suicide by trans-identified children in England and Wales', Transgender Trend, https://www.transgendertrend.com/suicide-by-trans-identifiedchildren-in-england-and-wales/

(38) Helen Joyce, 'Speaking up for female eunuchs', *Standpoint*, February 2020, https://standpointmag.co.uk/issues/february-2020/speaking-upfor-female-eunuchs/

(39) 全国宝くじコミュニティ基金が 2019 年に行なった、マーメイドへの 50 万ポンドの助成金に関する審査で、「マーメイドはジェンダーアイデンティティの問題を抱える子どもや若者の自殺率に関して、疑わしい統計を用いている」という疑惑が提起された。これに対してマーメイドが次のように反論したと紹介されている。「この申し立ては事実無根である。私たちの統計の利用方法は是認されるものであり、ウィリアムズ研究所（2014 年）、LGBT の若者のためのスコットランド生活（2017 年）、カナダのトランスの若者の健康調査アルバータなど、トランスジェンダーの若者の自殺リスクが高いという私たちの見解を支持する他の多くの研究結果を引用している」（「マーメイドへのリーチング・コミュニティー助成金授与に関する審査報告」 https://www.tnlcommunityfund.org.uk/media/documents/Mermaids-UK-Review-Report_February-2019.pdf?mtime=20190219142027&focal=none)。

(40) Transgender Trend, 'A Scientist Reviews Transgender Suicide Stats', https://www.transgendertrend.

com/a-scientist-reviews-transgendersuicide-stats/

(41) Linda Stupart, 'I Want To Show You A Body: Thinking Through Gender, Bodies, and Building Different Worlds', Tate London, https://www.tate.org.uk/file/i-want-show-you-body

(42) 'Hate crimes double in six years with transphobic abuse recording biggest rise, police figures show', *Telegraph*, 15 October 2019, https://www.telegraph.co.uk/news/2019/10/15/hate-crimes-double-six-years-transphobic-abuse-recording-biggest/

(43) 'Hate crimes double in five years in England and Wales', *Guardian*, 15 October 2019, https://www.theguardian.com/society/2019/oct/15/hatecrimes-double-england-wales

(44) College of Police, 'Responding to Hate', https://www.app.college.police.uk/app-content/major-investigationand-public-protection/hate-crime/responding-to-hate/#perceptionbased-recording

(45) Crown Prosecution Service, 'Homophobic, Biphobic and Transphobic Hate Crime – Prosecution Guidance', https://www.cps.gov.uk/legalguidance/homophobic-biphobic-andtransphobic-hate-crimeprosecution-guidance

(46) 'Less than one in 10 hate crimes prosecuted despite record attacks', *Independent*, 27 December 2019, https://www.independent.co.uk/news/uk/crime/hate-crime-attacksjewsmuslims-gay-prosecutions-police-falling-a9257256.html

(47) Crown Prosecution Service, 'Hate Crime Data', https://www.cps.gov.uk/cps/hate-crime-data

(48) Kathleen Stock, 'Presence of Mind', Forum for Philosophy blog, https://blogs.lse.ac.uk/theforum/presenceofmind/

(49) Lynda Nead (1990), 'The Female Nude: Pornography, Art, and Sexuality', *Signs*, 15 (2), pp. 323–35.

(50) Guerrilla Girls, 'Do women have to be naked to get into the Met. Museum?', National Gallery of Art, https://www.nga.gov/collection/art-object-page.139856.html

(51) https://artuk.org/discover/stories/the-eight-women-artists-of-thenational-gallery

(52) Jade King, 'The eight women artists of The National Gallery', *Art UK*, 11 February 2019, https://news.artnet.com/womens-place-in-the-artworld/female-artists-represent-just-2-percent-market-heres-canchange-1654954

(53) 'Fashion Photography Has A Real Gender Equality Problem', *Fashionista*, 5 October 2018, https://fashionista.com/2018/04/femalefashion-photographers-2018

(54) 'Sexism in advertising: "They talk about diversity, but they don't want to change"', *Guardian*, 14 April 2019, https://www.theguardian.com/media/2019/apr/14/sexism-inadvertising-industry-gender-pay-gap-diversity

(55) D. M. Quinn et al. (2006), 'The Disruptive Effect of Self-Objectification on Performance', *Psychology of Women Quarterly*, 30 (1), pp. 59–64.

(56) John Berger (1972), *Ways of Seeing*, Penguin, p. 47〔ジョン・バージャー『イメージ——視覚とメディア』伊藤俊治訳、ちくま学芸文庫、2013 年、69–70 頁〕.

(57) 'Selfie City London', http://www.selfiecity.net/london/

(58) C. P. Butkowski et al. (2020), 'Quantifying the feminine self(ie): Gender display and social media feedback in young women's Instagram selfies', *New Media & Society*, 22 (5), pp. 817–37.

(59) Joshua B. Grubbs et al. (2019), 'Internet pornography use and sexual motivation: a systematic review and integration', *Annals of the International Communication Association*, 43 (2), pp. 117–55.

(60) Anne A. Lawrence (2017), 'Autogynephilia and the Typology of Maleto-Female Transsexualism', *European Psychologist*, 22 (1), pp. 39–54.

(61) Alice Dreger (2015), *Galileo's Middle Finger: Heretics, Activists, and One Scholar's Search for Justice*,

Penguin〔アリス・ドレガー『ガリレオの中指——科学的研究とポリティクスが衝突するとき』鈴木光太郎訳、みすず書房、2022 年〕.

(62) J. Michael Bailey (2003), *The Man Who Would Be Queen: The Science of Gender Bending and Transsexualism*, Joseph Henry Press, p. 174〔生物学的女性の権利を守る会が翻訳しており、以下に入手方法が記されている。https://note.com/seibetu/n/nb308c2e8bbbc〕.

(63) Lawrence, 'Autogynephilia'.

(64) Ibid.

(65) Andrea Long Chu (2019), *Females*, Verso, p. 74.

(66) Charles Moser (2009), 'Autogynephilia in Women', *Journal of Homosexuality*, 56, pp. 539–47.

(67) Anne A. Lawrence (2009), 'Something Resembling Autogynephilia in Women: Comment on Moser (2009)', *Journal of Homosexuality*, 57 (1), pp. 1–4.

(68) '"I Cross-Dress. Do You Still Love Me?": The Secret Lives of Sissies', *Vice*, 28 July 2016, https://www.vice.com/en_us/article/9aeevy/i-crossdress-do-you-still-love-me-the-secret-lives-of-sissies

(69) Chu, *Females*, pp. 78–9.

(70) Sheila Jeffreys (2014), *Gender Hurts: A Feminist Analysis of the Politics of Transgenderism*, Routledge, p. 95.

第８章　今後のよりよい運動に向けて

(1) 'English Freemasons Open the Doors to Transgender Members', *New York Times*, 1 August 2018, https://www.nytimes.com/2018/08/01/world/europe/ukfreemasonstransgender.html

(2) R. Claire Snyder (2008), 'What Is Third-Wave Feminism? A New Directions Essay', *Signs*, 34 (1), 175–96.

(3) Snyder, 'What is Third-Wave Feminism?'

(4) Julia Long, 'A Meaningful Transition?', *Uncommon Ground*, 12 May 2020, https://uncommongroundmedia.com/a-meaningful-transitionjulia-long/

(5) Ibid.

(6) 'Why Everyday Feminism Is For Everyone', *Everyday Feminism*, 5 July 2012, https://everydayfeminism.com/2012/07/feminism-is-foreveryone/

(7) Meghan Murphy, 'Vancouver Women's March becomes opportunity for misogynist threats against women', *Feminist Current*, 22 January 2018, https://www.feministcurrent.com/2018/01/22/vancouverwomens-march-becomes-opportunity-misogynist-threats-women/

(8) Kitty-It blog https://web.archive.org/save/https://kittyit.tumblr.com/post/177744771682/kittyit-there-is-currentlya-video-going-around

(9) 'Ideals of Equality: feminisms in the twenty-first century', *LSE*, 27 February 2016, https://blogs.lse.ac.uk/theforum/from-the-vaultsfeminisms-in-the-twenty-first-century/

(10) 'BFI criticised for naming trans activist Munroe Bergdorf as speaker at women's summit', *Guardian*, 15 June 2018, https://www.theguardian.com/film/2018/jun/15/bfi-munroe-bergdorfwomen

(11) Stonewall, 'A Vision for Change', https://www.stonewall.org.uk/system/files/a_vision_for_change.pdf

(12) Alex Sharpe (2017), 'Blind desire: the troubling case of Gayle Newland', *Inherently Human*, https://inherentlyhuman.wordpress.com/2017/06/29/blind-desire-thetroubling-case-of-gayle-newland/

(13) K. W. Crenshaw (2010), 'Close Encounters of Three Kinds: On teaching dominance feminism and intersectionality', *Tulsa Law Review*, 46 (1), 162.

(14) Douglas Murray (2019), *The Madness of Crowds: Gender, Race, and Identity*, Bloomsbury〔ダグラス・

マレー『大衆の狂気——ジェンダー・人種・アイデンティティ』山田美明訳、徳間書店、2022 年].

(15) Combahee River Collective Statement, 1977, https://americanstudies.yale.edu/sites/default/files/files/Keyword%20Coalition_Readings.pdf

(16) K. W. Crenshaw (1989), 'Demarginalizing the Intersection of Race and Sex: A Black Feminist Critique of Antidiscrimination Doctrine, Feminist Theory, and Antiracist Politics', reprinted in K. Bartlett and R. Kennedy (eds.) (1992), *Feminist Legal Theory: Readings in law and gender*, Routledge.

(17) Kimberlé Crenshaw (1991), 'Mapping the Margins: Intersectionality, Identity Politics, and Violence against Women of Color', *Stanford Law Review*, 43 (6), 1241–99.

(18) Crenshaw, 'Demarginalizing'.

(19) bell hooks (1984), *Feminist Theory: From Margin to Center*, South End Press, pp. 133–4.

(20) 統計はすべて以下による。'Women in Prison: Key Facts', https://www.womeninprison.org.uk/research/key-facts.php

(21) W. Bailey (1999), 'The Socioeconomic Patterns of Forcible Rape for Major U.S. Cities', *Sociological Focus*, 32 (1), 57–8.

(22) 'Unisex changing rooms put women in danger', *The Times*, 2 September 2018.

(23) Woman's Place UK, 'Spousal Consent and the Liberal Democrats', https://womansplaceuk.org/2019/09/21/spousal-consent-and-theliberal-democrats/

(24) Rachel Anne Williams, 'What is girldick?', https://medium.com/@transphilosophr/what-is-girldick-9363515e0bfd

(25) I. T. Nolan et al. (2019), 'Demographic and temporal trends in transgender identities and gender confirming surgery', *Translational Andrology and Urology*, 8 (3), 184–90.

(26) Michael Biggs, 'LGBT facts and figures', http://users.ox.ac.uk/~sfos0060/LGBT_figures.shtml

(27) Stonewall, 'Transphobia at Pride in London', https://www.stonewall.org.uk/node/82236

(28) Ibid.

(29) 'Lottery thousands pay for former trans stripper to sway public opinion', *Sunday Times*, 23 December 2018, https://www.thetimes.co.uk/article/lottery-thousands-pay-for-formertrans-stripper-to-sway-public-opinion-6lw9xbwgr

(30) Morgan Page (2012), 'Overcoming the Cotton Ceiling: Breaking Down Sexual Barriers for Queer Trans Women'（家族計画トロントのワークショップでの広報資料）.

(31) Buck Angel, Twitter, 23 December 2019, https://twitter.com/BuckAngel/status/1209236297140834304

(32) Government Equalities Office, 'Trans People In the UK', https://assets.publishing.service.gov.uk/government/uploads/system/uploads/attachment_data/file/721642/GEO-LGBT-factsheet.pdf

(33) 'Sex question back on census in blow to trans lobby', *Sunday Times*, 24 January 2021.

(34) Michael Biggs, 'The Tavistock's Experiment with Puberty Blockers', http://users.ox.ac.uk/~sfos0060/Biggs_ExperimentPubertyBlockers.pdf

(35) Lisa Marchiano, 'The Ranks of Gender Detransitioners Are Growing. We Need to Understand Why', *Quillette*, 2 January 2020, https://quillette.com/2020/01/02/the-ranks-of-genderdetransitionersare-growing-we-need-to-understand-why/

(36) Ibid.

(37) Andrea Long Chu and Emmett Harsin Drager (2019), 'After Trans Studies', *Transgender Studies Quarterly*, 6 (1), 103–16.

マテリアル・ガールズ
——フェミニズムにとって現実はなぜ重要か

2024年9月20日　初版第1刷発行

著　者————キャスリン・ストック
訳　者————中里見博
発行者————大野友寛
発行所————慶應義塾大学出版会株式会社
〒108-8346　東京都港区三田2-19-30
TEL　〔編集部〕03-3451-0931
〔営業部〕03-3451-3584〈ご注文〉
〔　〃　〕03-3451-6926
FAX　〔営業部〕03-3451-3122
振替　00190-8-155497
https://www.keio-up.co.jp/
装　丁————中尾悠
組　版————株式会社キャップス
印刷・製本——中央精版印刷株式会社
カバー印刷——株式会社太平印刷

Printed in Japan ISBN978-4-7664-2987-9

慶應義塾大学出版会

美とミソジニー
美容行為の政治学

シーラ・ジェフリーズ著／ GC ジャパン翻訳グループ訳

美容行為（産業から日常的なものまで）を、男性支配と女性の従属を促進させる「有害な文化習慣」としてとらえ、西洋中心的・男性中心的価値観を痛烈に批判する。韓国・脱コルセット運動の原点にもなった、ラディカルフェミニズムの名著。

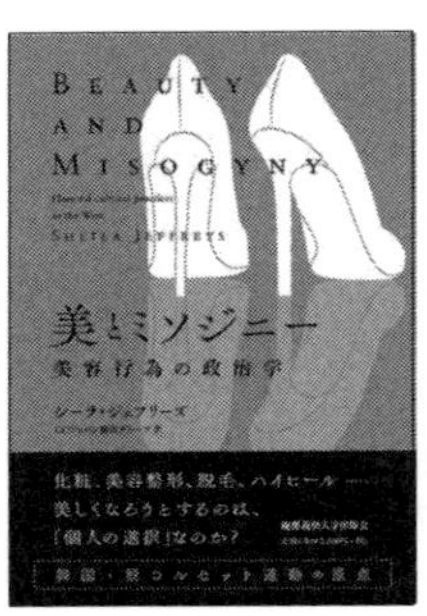

四六判／上製／368頁
ISBN 978-4-7664-2817-9
定価 3,520円（本体 3,200円）
2022年7月刊行

◆主要目次◆